KB071544

도덕발달 이론과 연구

도덕 판단력, 행동, 문화 그리고 교육

James R. Rest 편저
문용린, 유경재, 원현주, 이지혜 공역

Moral Development

학지사

㉣ ㉦ ㉭ ㉨

이 책은 미네소타 대학의 James Rest 교수가 쓴 *Moral development: Advances in Research and Theory*(1986)를 번역한 것이다. 따라서 J. Rest의 도덕발달 연구가 이 연구 분야에서 어떤 위상을 갖는지를 설명하는 것이 순서일 것이다. J. Rest 교수는 J. Piaget와 L. Kohlberg의 인지발달론적 전통을 충실히 따르고 있으면서, 그 접근의 이론적 정교화와 심화에 크게 공헌해 왔다. 이 책도 그런 공헌 중의 하나다.

도덕행동에 대한 본격적인 심리학적 연구의 효시는 아무래도 Hartshorne과 May(1928)의 방대한 인격교육 연구로 보아야 할 것이다. 그런데 불행하게도 이 실증 연구는 도덕행동의 심리학적 근거가 매우 불투명하다는 결론을 내려, 이후 1950년대 후반에 이르기까지 약 30년 동안 도덕행동에 대한 심리학자들의 관심을 동결시켰다.

1950년대 후반에 이르러 이런 무관심을 깨고 도덕심리 연구에 활기를 불어 넣은 사람이 L. Kohlberg다. 그는 J. Piaget의 아동의 도덕판단 연구(1930)를 토대로 도덕행동에 대한 새로운 접근을 제시한다. 이른바 인지발달론적 접근(Cognitive Developmental Approach)이다. 그는 도덕심리 연구의 세 가지 발판을 튼튼하게 구축한다.

하나는 도덕성이 위계적 단계(stage and sequence)를 거쳐 발달하고 성숙해 간다는 이론의 구축이며, 둘째는 도덕성을 측정하기 위한 도구(Standard Scoring Manual)의 개발이었으며, 셋째는 도덕성을 변화시키기 위한 교육 프로그램(Just Community Approach Program)을 개발하는 것이었다.

L. Kohlberg는 1959년에서 1987년에 이르는 30여 년 동안에 예일, 시카고 및 하버드 대학에서 많은 제자를 길러내는데, 이들이 그의 이론을 더욱 심화 발전시켜 오늘에 이르렀다. 이론의 심화는 C. Gillian과 E. Turiel에 의해서 이루어지고, 측정 방법론의 심화는 J. Rest와 J. C. Gibbs에 의해서, 교육 프로그램의 심화는 M. Bratt와 R. Mosher 등에 의해서 이루어진다.

L. Kohlberg의 도덕성 발달 측정은 그의 표준채점방법(Standard Scoring Manual, 1984)에 제시된 바와 같이 MJI(Moral Judgment Interview)를 통해서 MMS(Moral Maturity Score)를 확인해 내는 것이다. 즉, 개인별 인터뷰를 통해서 그의 도덕발달의 단계를 확인해 내는 것이다. 따라서 이런 측정은 시간이 많이 걸리고, 면담자의 주관적 판단과 전문성의 수준이 단계확인에 많은 영향을 미친다. 즉, 객관성 보장이 어렵다.

이런 측정문제에 주목하여 미네소타대학교의 James Rest 교수는 새로운 도덕성 측정방법을 개발하게 되는데, 그것이 바로 DIT(The Defining Issues Test)라는 '도덕판단력검사' 다. J. Rest는 1979년에 이 DIT를 표준화시키고, 이 검사를 통해서 많은 도덕발달 자료를 수집한다. 이후 도덕발달에 대한 인지발달론의 연구는 어떤 측정방법을 사용하는가에 따라 두 그룹으로 나뉘는데, 하나는 DIT를 사용하는 미네소타 접근이며, 다른 하나는 MJI를 선호하는 하버드 접근이다.

MJI 접근은 그 검사의 속성상 언제나 소수의 표집을 전제로 한 연구이며, 채점의 복잡성과 시간과 예산상의 문제로 이것을 이용한 연구는 상당히 제한적으로 증가한 반면, DIT 접근은 객관식 선택형 검사이며, OMR카드와 컴퓨터를 이용한 채점의 용이성 때문에 이를 이용한 연구는 폭발적으로 증가했다. 표준화된 DIT가 제작된 1979 이래로 매년 수백 개의 연구가 DIT를 사용해서 이루어졌으며, 그중의 상당수가 논문으로 출간되었다.

 미국 내에서 이루어진 DIT 연구뿐만이 아니라, 전 세계에서 이루어진 DIT 연구는 J. Rest 교수가 책임자로 있던 미네소타대학교의 도덕발달연구센터(Center for the Study of Ethical Development)로 수합되었는데, DIT 사용허가 조건으로 검사의 사용과 OMR 카드를 이용한 채점 서비스를 제공하는 대신에, DIT 원자료와 연구결과물의 제출을 요구했기 때문에 가능했다.

 이렇게 전 세계로부터 수합된 DIT 자료를 여러 가지 방법으로 재분석하여 J. Rest 교수는 Piaget와 Kohlberg가 제시한 인지발달론적 접근의 타당성을 재점검하기에 이른다. 그가 도달한 몇 가지 중요한 결론은 첫째로 Kohlberg의 단순단계모형보다는 복합단계모델이 더 적합하다는 것, 둘째로 도덕성의 발달에는 단순한 적합성 개념보다 사회적 협동(Social Cooperation) 개념이 더 비중 있게 다루어져야 한다는 것, 셋째로 DIT 형식의 검사로 도덕적 성숙을 신뢰롭게 유추해 낼 수 있고, 이 검사가 도덕성 연구에서 사고–행동의 관계 및 문화적 영향력을 유추하는 데도 유용하게 쓰일 수 있는 도구라는 것이 입증되었다는 것 등이다.

 그래서 DIT를 사용하는 미네소타식 접근은 오늘날 도덕성 발달 연구의 중심축으로 자리 잡아 가고 있다고 볼 수 있다. 우리나라의 경우에도 MJI를 사용하는 하버드식 접근은 아주 희귀하게 이루어지고 있는 반면, DIT를 이용한 연구는 점점 많아지고 있다. 따라서 DIT를 이용하는 연구는 당연히 James Rest의 이론과 연구를 참고로 하지 않을 수 없다.

 J. Rest 교수는 1970부터 1999년 타계하기까지 30여 년간 미네소타대학교에서 도덕발달 연구에 전념해 왔다. DIT를 개발하고, DIT를 사용한 연구에 몰두해 왔는데, 두 편의 기념비적 저술과 세 권의 책 및 100여 편의 학술논문을 썼다.

 두 편의 저술 중 하나는 DIT를 탄생시킨 *Manual for the Defining Issues Test*(1979)이며, 다른 하나는 *Manual of Child psychology*(Wiley, 1983)의 제3권 *Cognitive development*에 실린 "Morality"라는 긴 리뷰논문이다. 여기에서 그를 대표하는 이론인 4–구성요소모형(four component model)이 처음으로 선보인다.

세 권의 책 중 첫 번째는 *Development in Judging Moral Issues*(1979) 로, DIT 개발의 이론적, 경험적 배경을 기술한 책으로 Rest 교수의 도덕발달 심리학에 대한 기본 시각과 철학이 함께 담겨 있는 가장 중요한 저작이다. 두 번째는 *Moral Development: Advances in Research and Theory*(1986) 로, 1979년 이래 1986까지 10여 년간에 걸쳐 수행된 DIT 연구를 종합하여 리뷰해 놓은 책이다.

세 번째는 *Postconventional Moral Thinking: A Neo-Kohlbergian Approach*(1999)로, 1999년까지 DIT를 활용한 연구를 다시 수합하여 리뷰 한 책으로 도덕발달에 대한 이론을 더 정교화하여 Kohlberg 이후의 도덕발 달 연구의 경향과 과제를 도전적으로, 창의적으로 전망한 책이다.

J. Rest 교수는 30년간 다양한 분야에서 100여 편에 달하는 논문을 발표하 였다. 그러나 대체로 DIT 타당화와 관련된 연구, DIT 연구결과를 종합한 도 덕발달 이론의 정교화 연구, 상담분야에서의 도덕성 개발을 위한 연구, 대학 경험과 도덕성 발달 간의 관계연구 등으로 분류될 수 있다. 그는 1990년 '대 학에서의 도덕판단력 발달'이라는 주제로 당시의 한국정신문화연구원 학술 세미나에 참석한 바도 있다.

이 책은 J. Rest 교수의 두 번째 책 *Moral development: Advances in Research and Theory*(1986)를 번역한 것이다. 이 책은 모두 6개 장과 부록 으로 구성되어 있다. 부록에는 DIT 검사의 원본, 이 검사의 특징에 대한 설 명, 그리고 채점 서비스에 대한 안내가 수록되어 있다. 이 번역본에서는 한 국판 DIT 검사(KDIT)와 그것에 대한 설명을 추가해 넣었다.

이 책에서 Rest 교수는 제1장을 통하여, 그가 구상하고 있는 도덕발달 연 구의 틀을 제시한다. 이른바 "4구성요소 모형"이라 불리는 도덕성 연구의 틀 을 제시하고, 이 요소들을 자세하게 설명한다. 그에 의하면, 인간의 도덕행 동에는 시로 독립된 네 가지 심리직 과정이 포함되어 있다. 제1요소는 민감 성 차원으로 어떤 상황을 도덕적 상황으로 파악하는가 아닌가 하는 측면이고, 제2요소는 판단력 차원으로 도덕판단의 수준이 어느 단계에 도달했는가이며, 제3요소는 의사결정 차원으로 도덕적 가치와 다른 가치 중에서 어느 가치를 선택하는가 하는 것이고, 제4요소는 자아강도 차원으로 선택한 도덕적 행동을 결행할 의지가 어느 정도 있는가 하는 것이다. 따라서 이 네 가지 요소가 함께 작용하지 않으면, 기대하는 도덕행동은 발현되기 어렵다고 생각한다.

이 틀의 제시를 통해서 Rest 교수는 도덕성 발달에 대한 인지발달론의 정체성을 분명히 밝힌다. 즉, 인지발달론에서 이야기하는 도덕적 사고 구조와 그 발달 단계 및 도덕판단의 수준은 인간의 도덕행동을 충분하게 설명하지 못하는데, 그 까닭은 네 가지 구성요소 중에서 두 번째 구성요소에 대해서만 설명할 수 있기 때문이라고 본다. 다만 그는 도덕판단력이 네 구성요소 중에서 핵심적인 역할을 하고 있음은 확실하다고 언급한다.

따라서 Rest 교수가 생각하는 도덕 심리학은 이 네 구성요소 모두를 아우르는 것이다. 그래야만 우리는 도덕발달 단계가 높은 사람이 왜 언제나 그에 걸맞은 도덕행동을 하는 것은 아닌지를 설명할 수 있게 될 것이기 때문이다.

이렇게 도덕 심리학 연구의 종합적인 틀을 제1장에 제시한 후, 저자는 DIT를 활용한 연구를 분야별로 모아서 제2장에서부터 제5장까지에 정리한다.

우선 제2장에서 삶의 경로를 거치면서 도덕성이 어떻게 발달하는지를 밝힌다. 예컨대 대학에 입학해서 졸업할 때까지 4년 동안 어떤 삶의 궤적을 거친 사람들이 그렇지 않은 사람에 비해서 더 성숙한 도덕성을 갖게 되는가 하는 질문에 답하고자 하는 것이다. 기숙사생활 경험이나 아르바이트 경험이 학생들의 도덕발달에 어떤 영향을 주는지를 추적한 연구들이 소개된다.

제3장에서는 의도적으로 계획된 도덕발달을 겨냥한 교육 또는 개입 프로그램이 과연 효과가 있는 것인지를 분석한다. 즉, 수합된 교육관련 연구 55개를 메타분석하여, 과연 인지발달론에 입각하여 전개되는 교육 프로그램들이 효과가 있었는지 아닌지를 판단해 보고자 한 것이다.

제4장에서는 도덕발달의 집단 차이에 대한 연구가 리뷰된다. 예컨대 문화

(국가와 인종)가 다른 집단들 간에 도덕성 발달의 경로와 수준에 대한 분석이 이루어진다. 아울러 남녀 간에 종교적 신념에 따라 도덕발달이 어떻게 영향을 받게 되는지도 함께 다루어진다.

제5장에서는 도덕판단과 행동의 관계, 의사결정과정, 도덕발달과 태도의 관련성 등이 분석되는데, 이른바 판단과 행동의 괴리라는 문제가 다루어진다. DIT를 사용해서 판단과 행동의 일관성 문제를 다루는 방식에 관한 연구도 소개 된다. 이른바 U-점수에 대한 언급도 여기에서 이루어진다. 제6장은 요약 부분인데, 저자가 생각하는 좋은 연구, 잘된 연구의 기준이 제시되고, 장차 도덕발달 연구 그리고 DIT를 활용한 연구가 나아갈 방향에 대해서 언급한다.

이 책은 1976년 이후 1986년까지 미국을 포함한 전 세계에서 이루어진 DIT 연구를 수합해서 종합정리를 해 놓은 책이라는 점에서 의미가 크다. J. Piaget와 L. Kohlberg가 도덕성 발달 연구의 새로운 장르를 열었지만, 그들의 이론에 따른 연구는 방법론 때문에 결코 용이하지 않았다. 그러나 J. Rest가 DIT를 개발하면서부터 그 문제가 풀리기 시작했다. DIT를 통한 도덕발달 연구는 인지발달론의 이론적 정교화에 크게 공헌하고 있음이 이미 이 책으로 충분히 입증된 셈이다. 아무쪼록 우리나라에서도 DIT, 즉 한국에서는 KDIT(문용린, 2004, 부록 참조)를 활용해서 더 많은 연구가 진행될 수 있기를 기대한다.

이 책의 번역에는 많은 사람들의 노력이 배어 있다. 서울대학교 교육학과 도덕심리연구실에서 1990년 첫 학기 이래 이 책을 함께 읽고 토론해 준 모든 SIG 멤버들에게 고맙다는 말을 전하고 싶다. 특히, 도덕 팀의 초창기 멤버였던, 강윤정, 홍성훈, 이승미, 최지영, 문미희, 박종호, 김지영, 김은설, 류숙희, 곽윤정, 이선영, 김주현, 김민강 등 이젠 박사가 된 분들과 이제 막 박사가 될 준비에 바쁜 이강주, 김성훈, 강민수, 김성봉, 이미숙 선생들과 기쁜 마음을 함께하고 싶다. 아울러 지루한 막바지 작업을 함께 해 준 SIG의 현역들인 홍우림, 최경아, 전종희, 엄채윤 등의 박사과정 학생들과 신소연, 송창희, 백수현, 김성아, 김완희, 김호현 등의 석사과정 학생들께도 감사의 말을 전하고 싶다. 지루한 번역과정을 인내를 갖고 기다려 준 학지사의 김진환 사장님과 편집에 애써 주신 이지혜님께도 감사를 드린다. 그리고 무엇보다도 원고를 끌어안고, 안간힘으로 이 책을 가능하게 만든 우리의 공동 번역자 유경재, 원현주, 이지혜 선생의 노고에 진심으로 감사를 드린다.

2007. 11. 22

서울대 관악산 버들골 서재에서

이우(以愚) 몽련

저 자 서 문

1960년대와 1970년대는 사회 정의(social justice)라는 주장에 힘입어 시민 인권운동, 반전운동, 흑인인권운동 및 여성해방운동이 일어났다. 1980년대에 들어서면서부터는 종교 및 정치적 권리의 부상과 더불어 10년 전만 해도 진부하여 논쟁의 가치조차 없는 것처럼 여겼던 수많은 가정들이 도전받았다. 오늘날 현재 사회 정의가 대중의 관심을 사로잡았던 1970년대의 도덕판단력 연구 역시 인기를 끌기 시작했다. 사회 정의에 대한 대중의 관심이 줄어들면서, 도덕판단력 연구에 대한 관심 역시 약화된 듯 보이지만 도덕판단력 연구의 핵심 질문은 그 어느 때보다도 시사하는 바가 크다. 핵심 질문은 다음과 같다. 사람들은 도덕적으로 옳고 그름에 대한 개념을 어떻게 형성하는가? 현재의 정치 · 사회적 논쟁은 방법의 선택과 시간의 적절성뿐만 아니라, 우리 사회에서 무엇이 옳고 무엇이 정당한지에 대한 근본적인 차이점을 주제로 삼는다. 따라서 사람들의 도덕적 감수성(sense of morality)이 어디에서 비롯되는지, 그리고 도덕적 직관이 어떻게 작용하는지에 대한 이해가 그 어느 때보다 중요해졌다.

이 책은 주로 도덕판단력 검사(Defining Issues Test: DIT)를 활용하여 수행된 연구에 초점을 두고 있다(도덕판단력 검사지와 검사의 특성에 관한 논의는 부록을 참조하기 바란다.). 실제로 미국의 모든 주와 20여 개국 이상의 국외 연구자들이 DIT를 활용하여 수행한 연구는 무려 500편이 넘는다. 이 연구물들은 현재 도덕판단력에 관한 한 가장 방대하고 다양한 정보체계를 구성하고 있으며, 동일한 도덕판단력 평가 방법을 사용하기 때문에 연구들 간의 비교 및 요약이 가능하다. 하지만 이 방대한 연구물들의 개별 보고서가 광범위하게 흩어져 있을 뿐만 아니라 아직 출판되지 않은 것들이 많기 때문에 문헌을 분석하는 데 어려움이 있다. 따라서 이 책에서는 이러한 문헌들을 통합하고, 비슷한 연구들을 통해 중복되는 결과를 요약하여 그로부터 얻어진 일련의 지식을 이론적 관점에서 살펴보고자 한다.

연구의 첫 번째 국면

이 책은 수백 명의 연구자들이 수행한 결과물에 기반을 두고 있다. 또한 레스트가 1979년에 측정 문제에 초점을 맞춰 『도덕 판단력 발달(Development in Judging Moral Issues)』을 출간한 이후 새롭게 전개된 연구 국면을 보여 준다. 레스트는 이 책에서 도덕 판단력에 함의된 것을 추론하는 데 필요한 정보를 수집하는 방법, 평가 절차의 신뢰도, 내적 타당도를 위협하는 요소 및 도덕판단력 측정의 타당성을 주장하는 이론적 근거 등을 측정의 문제에서 다루었다. 이러한 초기 연구 단계에서 레스트는 DIT의 타당성을 다음과 같은 네 가지 주요 증거로 판단하였다.

1. 피험자들이 도덕판단을 하는 데 있어서 어느 정도 일관되고 안정적이었는지(단기간일지라도)에 대한 증거.
2. 시간이 지남에 따른 상승의 변화가 '상승(upward-검사상의 점수 향상을 의미)'이라는 이론적 특성과 부합하는지에 대한 증거. 여기서는 횡단적 자료, 종단적 자료 그리고 종단적 자료의 순차적 분석 등을 살펴보았다. 또한 '전문가' 집단(도덕 철학 및 정치학을 전공하는 박사과정 학생들)과 '초보자' 집단을 비교하였다.
3. 다른 심리측정법과의 상관관계에서 수렴적-발산적 경향이 나타나는지에 대한

증거. 즉, DIT 점수가 도덕판단력과 이론적으로 유사한 개념을 측정하는 심리 검사들과 높은 상관관계를 보이는지 살펴보고, 이론적으로 유사하지 않은 개념을 측정하는 심리검사들과는 낮은 상관관계를 보이는지 살펴보았다. 더 나아가 DIT 점수가 일반적인 인지발달, IQ, SES(socioeconomic status, 사회경제적 지위) 및 정치적 진보주의와 보수주의 같은 개념과 구분되는지도 확인해 보았다. 그 결과 DIT 점수는 이들 개념들과 상관관계를 보이기는 하나, 두 개념 간의 공변량으로는 설명할 수 없는 독특하고도 유용한 정보를 제공해 준다는 사실을 알게 되었다.

4. DIT 점수가 점수 향상을 목적으로 설계된 이론적 처치(적절한 도덕교육 프로그램)를 통해 상승하지만, DIT 점수가 변하지 않도록 하는 실험 조작을 한 후에는 점수가 원상태로 복귀되는지에 대한 증거(예를 들어, 피험자들에게 일부러 "선한 척하라."는 지시를 내린 후 측정한 경우 최근의 몇몇 연구들에서 이러한 해석이 뒷받침되었다. 제5장 참고).

지금까지 DIT와 관련된 수많은 연구가 진행되었다. 다양한 연구 결과들과 반복 검증 연구들을 수렴한 결과 도덕판단력(우리가 심리적 구인으로 정의한)은 DIT라는 유용한 평가도구로 측정할 수 있는 확고한 현상이라는 결론에 도달하였다.

연구의 두 번째 국면

1979년 이후 학자들의 관심은 측정의 신뢰도와 타당도로부터 다른 문제들로 옮겨 가기 시작했다. 이때부터 학자들은 DIT가 적절한 신뢰도와 타당도를 가진다고 가정하고, 새로운 연구문제로 나아갔다(Berndt, 1985). 새로운 연구들에서는 도덕판단에 영향을 미치는 삶의 경험은 어떤 것인지, 서로 다른 사람들이 동일한 도덕발달 단계를 거치는지에 대해 다루었다. 또한 도덕판단력은 실제 의사결정 및 행동에서 어떤 역할을 수행하는지, 그리고 도덕발달을 촉진하는 도덕교육 프로그램은 어떤 종류인지 등을 다루었다. 저자들은 이 책의 각 장에서 위와 같은 질문에 대한 답을 제시하고자 한다.

　제1장에서는 도덕성과 관련된 심리과정을 개관하였다. 그 출발점은 "도덕적인 행동을 하기 위해서는 어떤 심리과정과 기능이 작용하는가?"라는 질문이다. 제1장에서는 적어도 네 가지 과정이 요구된다고 주장하고 있다. 그중 하나가 특정 상황에서 도덕적으로 옳은 행동이 무엇인지에 대한 개인의 판단이다. 이것은 도덕판단이라는 구인의 특별한 기능에 해당된다. 또한 도덕판단력을 더 광범위한 맥락에서 보고 그 과정을 다른 과정과 이론적으로 연계시키고자 했다. 더불어 4-구성요소모형(Four Component Model)이 프로그램 연구 및 교육 프로그램 개발에 어떠한 시사점을 줄 수 있는지를 제안했다.

　제2장에서는 도덕판단력 발달에 관한 연구들을 통해 도덕판단력이 시간이 경과함에 따라 이론이 제시한 방향대로 변화하는지를 확인해 보았다. 그 과정에서 도덕판단력 발달을 촉진하는 자연 조건들을 개념화하는 방법에 관한 이론적 쟁점들과 도덕판단력 발달과 관련된 삶의 경험에 대한 정보를 수집하고 분류하는 방법론에 대해 논의해 보았다. 종단 연구를 통해 발달 수준이 높은 사람과 발달 수준이 낮은 사람은 삶의 양식 및 행동 유형 측면에서 어떠한 차이점이 있는지도 상세히 알아보았다.

　제3장에서는 도덕판단력의 발달을 촉진하기 위해 정교하게 설계된 교육적 개입을 다루었다. 다양한 피험자의 특성에 맞는 효과적인 교육 프로그램이 무엇인지에 대한 최근의 연구들과 이러한 연구를 수행할 때 발생할 수 있는 어려움에 대해서도 논의하였다.

　제4장에서는 성, 종교, 문화, 국가의 차이가 도덕성에 어떠한 영향을 미치는지에 대해 논의하였다. 이 주제와 관련지어 이론적으로 중요한 질문은 '일반적인 도덕발달 단계 모형이 다양한 삶을 살아가는 모든 사람들에게 적용될 수 있는지, 아니면 특정 상황에서 살아가는 일부 사람들에게만 적용될 수 있는지'에 관한 것이다. 이는 보편주의 형태가 구조적-발달접근의 기본가정에서 이론적으로 요구되는지, 아니면 이런 접근이 상대주의의 형태로 조정될 수 있는지에 대해 생각해 보도록 이끈다.

제5장에서는 도덕판단력과 행동의 관련성을 다루었다. 먼저 그 둘 사이에 실증적인 상관관계가 존재한다고 보고한 몇 개의 연구를 살펴본 다음, 그 둘 사이에 어떤 관련성이 존재하는지에 대한 이론 및 실증 연구의 전략 그리고 그것을 증명하는 새로운 과정을 소개한 보고서 등을 제시하였다.

제6장에서는 다음과 같은 세 가지 목록을 새로운 정보에 따라 요약하였다. 첫째는 근거가 합리적으로 잘 확립되어 있는 현재까지의 주요 실증 증거에 관한 것이고, 둘째는 개념 정교화 및 새로운 이론적 관점에 대한 것이며, 셋째는 새로운 연구 방향에 관한 것이다. 다음 장으로 넘어가기 전에 결말을 알고 싶다면 6장을 먼저 읽는 것이 도움이 될 것이다.

DIT 연구는 콜버그 채점 체계(Kohlberg system)와 그의 동료들이 이 새로운 채점 체계를 이용하여 실시한 연구, 예컨대 콜비, 콜버그, 깁스와 리버만 (Colby, Kohlberg, Gibbs, & Lieberman, 1983)의 연구와 밀접하게 관련되어 있다. 그럼에도 불구하고 아직도 DIT 연구에만 초점을 맞춘 책을 펴내는 것에는 몇 가지 이유가 있다. 첫째로는 미네소타에서는 DIT를 활용한 연구에 접근하고 DIT에 대한 지식을 가지고 있지만, 그 연구가 콜버그 채점 체계를 사용한 문헌에서의 '내부 경로(inside track)'와 완전히 일치하지 않는다는 분명하면서도 실질적인 한계가 있기 때문이다. 또한 DIT는 1970년대 초부터 표준화되어 사용되었지만, 콜버그 채점 체계는 최근에 들어서야 표준화되었기 때문이다. DIT를 이용한 연구는 500편이 넘지만, 콜버그 채점 체계를 이용한 연구는 그에 한참 미치지 못하는 것도 이유가 된다. 최근에 나온 콜버그식 검사보다는 즉시 요약이 가능한 DIT에서 좀 더 실질적인 데이터베이스를 구할 수 있기 때문에, DIT 연구에만 초점을 맞춘 책이 나올 수밖에 없었다. 그러나 이보다 좀 더 근본적인 이유는 DIT와 콜버그 채점 체계 사이에 존재하는 중요한 방법과 개념상의 차이 때문이다(부록 참조). 그 검사들은 콜버그 채점 체계로 사용되는 조건과 동질 표본 조건에서 보통 약 0.3~0.7의 상관도를 갖기 때문에 동등한 것으로 볼 수 없다. 이런 차이점으로 볼 때, 주요한 변인을 기준으로 서로 비교 가능한 연구들을 요약하는 것이 도덕판단력에 대하여 보다 확실한 결론을 이끈다. DIT에 익숙하지 않아서 짤막한 개관 정도를 원하는 독자를 위해 부록에 DIT 검사지와 DIT의 주요 특징에 대한 논의 및 콜버그식 검사와의 비교 등을 제시하였다.

이 책은 이 분야에 입문한 학생들 중에서도 특별한 기여를 하고자 하는 이들을 격려하고자 저술되었다. 이를 위해 그에 필요한 도구와 연구 전략 그리고 관련 문헌들을 제공하였다. 가장 중요한 점은 확실하게 입증된 실증 증거들이 나온 경향을 분명하게 제시했다는 것이다. 이는 새로운 연구의 기반이 되는 결론들이며, 단지 불완전한 아이디어에 그치는 것이 아니라 새로운 연구자들이 확신할 수 있는 믿을 만한 현상들이다.

이 책을 저술하는 데 미네소타 주립 대학을 비롯하여 여러 지역에서 활약하는 수많은 학자들이 중요한 도움을 주었다. 우선, DIT를 이용한 자신의 연구 보고서를 보내 준 수많은 학자들에게 감사의 인사를 전한다. 이들의 연구는 DIT를 이용한 500편에 달하는 방대한 연구 자료로, 본인의 검토 작업에 기반이 되어 주었다. 이들 학자들 중 상당수가 이 책에서 연구 저자로 언급되었다. 다음으로 수년 동안 '도덕발달연구센터'에 모여 활동한 미네소타대학교의 학생들과 동료 교수들에게 감사를 드린다. 이들은 '학문 공동체'를 대표하는 이상적인 집단으로서, 시간과 정력을 쏟을 만한 가치가 있는 주제에 대하여 서로의 이해 및 관심을 공유하였다. 그들에게 이 책을 바친다. 세 번째로 이 책을 집필하는 데 있어 특별한 역할과 책임을 다한 연구자들을 여러 장의 공동 저자로 소개하였다. 이들의 독창적인 연구, 문헌 검토 및 논의들이 이 책의 중심축을 형성하고 있음을 밝힌다.

차 례

도덕심리 개관

0**1**

도덕의 영역

도덕은 사회 상황과 인간 심리에 뿌리를 두고 있다. 사람은 집단을 이루어 살아가며 한 사람의 행동이 다른 사람에게 영향을 미칠 수 있다는 점에서, 도덕은 사회적인 상황에서 비롯된다고 할 수 있다. 만약 어떤 사람이 붐비는 도시에서 총 쏘는 것을 즐긴다면, 다른 무고한 사람들이 상처를 입을 수 있다. 또 누군가 유독성 화학물질을 자신의 뒷마당에 쏟아 버린다면, 다른 사람들이 그로 인해 해를 입을 수 있다. 또한 한 집에 불이 났을 때, 다른 사람들이 불 끄는 것을 도와주지 않는다면 불은 크게 번질 것이다. 어떤 사람이 질병 치료법을 발명했다면, 모든 이들을 위한 가장 효과적인 보호책은 그 치료법을 공유하여 질병을 근절하는 것이다. 인간은 함께 살아가면서 서로 상호작용을 한다. 만약 전쟁처럼 모두가 반대하는 상황을 피하고자 한다면, 사회적인 협동과 조정의 토대가 세워져야 한다.

도덕의 기능은 사람들 간의 이해관계에서 발생하는 충돌을 어떻게 해결할

* James Rest, with Muriel Bebeau and Joseph Volker

지를 결정하고, 함께 살고 있는 집단에서 사람들의 상호이익을 극대화하기 위한 기본적인 지침을 제공하는 것이다. 그것이 사회조직의 첫 번째 원리다. 물론 두 번째 아이디어들로서, 사회기구와 역할구조 그리고 관습을 만드는 것과 같은 세부사항들은 정치학과 경제학, 사회학의 몫으로 남아 있다. 튜리엘(Turiel)과 누치(Nucci) 그리고 다른 학자들이 언급했던 것처럼(Nucci, 1981; Turiel, 1978), 도덕은 에티켓이나 사회관습 그리고 경제학과 같은 사회기능의 다른 영역들과 구별된다. 도덕은 누가 누구에게 무엇을 빚졌는지, 협동생활에서 권리와 의무가 어떻게 분배되어야 하는지(Rawls, 1971)에 대한 지침을 제공해 주는 특별한 분야다. 도덕체계는 한 사회의 모든 구성원들이 자신의 상호작용을 지배하는 원칙을 알고 있을 때와 자신의 이익이 고려된 다는 것을 인식할 때 그리고 권리와 의무의 분배에 있어 독단적인 불평이 없다는 것을 인식할 때 함께 살아가면서 상호이익을 극대화하기 때문에 그 체계를 지지하길 원할 때 제대로 기능하게 된다.

도덕은 협동적인 사회조직에 기본이 되는 필요조건일 뿐만 아니라, 개별 인간 심리에도 근간을 두고 있다. 먼저 최근 대두된 분야로서 '친사회적 행동'은 공감(empathy)이 인간의 본성에 유전적으로 계획된 것이 아니라, 인간이 매우 이른 시기에 습득한 것이라고 제안한다(예: Eisenberg, 1982; Hoffman, 1981; Radke-Yarrow, Zahn-Waxler, & Chapman, 1983). 즉, 사람들은 다른 사람들의 고통을 목격했을 때 괴로운 느낌을 갖게 된다. 다음으로는, 다른 사람과 더불어 살아가면서 행하는 상호 지지나 배려는 인간이 가치를 두는 근본적인 선(primary goods) 중 하나다. 따라서 개개인들이 자신의 이익이 사회제도의 특별한 장치를 통해 어떻게 다루어지는가를 평가할 때, 그들의 주요한 관심 중에 하나는 사회적 타협(arrangement)이 밀접한 관계나 감정의 유대 그리고 충실함을 얼마나 북돋아 주는가에 달려 있다. 즉, 타인과의 좋은 사회적 관계는 사회적 타협으로부터 얻을 수 있는 가장 중요한 이익 중 한 가지다. 셋째, 최근의 증거에 의하면, 사람들은 자아개념 발달과 관련하여 개인의 성격체계가 발달함에 따라, 자기 자신을 품위 있고, 공정하며, 도덕적

이라고 생각해 주기를 원한다. 도덕적인 사람으로서의 개인 정체성 발달은 적
어도 도덕적이고자 하는 동기의 일부분을 제공한다고 한다(Blasi, 1984; Damon,
1984). 마지막으로, 사람들은 자신의 사회적인 경험을 반추하여, 사회에 대해
서 보다 더 풍부하고, 보다 더 통찰력 있는 인식을 발달시킨다. 그들은 훨씬
더 정교한 추론과 더 포괄적인 계획을 수립하는 데 있어서 사회적인 정보사용
능력을 발달시킨다. 그리고 심지어 어떤 사람들은 사회에 대한 이상적인 비전
을 구조화하는 관점에도 사회적 정보사용 능력을 발달시키기도 한다. 사회 인
지 발달이란 어느 정도까지는 자기중심주의에서 벗어나 자기 자신의 위치를
보다 큰 사회 관계망의 일부분으로 간주하는 것을 의미한다.

　　인간 발달의 또 다른 예들은 위의 네 가지에 더하여, 도덕 심리와 관련되어
있다. 그러나 이러한 사례들은 도덕발달이 뿌리를 두고 있는 개인의 인간발
달에 자연스러운 경향성이 있다는 점을 설명하기에 충분하다. 물론, 이것은
사람들이 냉정하리만큼 모든 면에서 매일매일 점점 더 좋아지고 있음을 의
미하는 것은 아니다. 도덕발달을 설명해 주는 발달 경향성은 다른 방향으로
옮겨질 수도 있고, 다른 경향에 의해 왜곡되거나 미리 선점될 수도 있다. 공
감은 편견이 될 수 있고, 친밀한 관계는 제한적일 수 있으며, 자아개념 체계
의 발달은 도덕과 무관한 가치들로 조직될 수 있고, 높은 사회 인지는 도덕적
인 목적을 위해서뿐 아니라 착취를 위해서도 이용될 수 있다. 그러나 레스트
(Rest)는 도덕발달에 대한 개념이 이 모든 요소들과 관련이 있다고 주장한다.
이 책 전체에서 레스트는 '도덕성'이라는 용어를 인간이 보다 나은 복지를
실현하기 위해 자신의 활동들을 어떻게 협력하고 조정하는지, 그리고 그들
이 개인의 이해관계에서 발생하는 충돌을 어떻게 조정하는지를 다루는 특별
한 사회적 가치형태로 언급한다(도덕성 정의에 관한 추가 논의는 Frankena,
1970 참조).

4-구성요소모형

도덕발달은 서로 얽혀 상호작용하는 요소로 이루어진다. 우리는 사람들이 언제 도덕적으로 행동하는지 그리고 그러한 행동을 하게끔 하는 심리적 요인은 무엇인지와 같은 질문을 함으로써, 복잡한 도덕성의 문제에 보다 쉽게 접근할 수 있다는 것을 알았다. 여전히 다소 모호하고 잠정적이기는 하지만, 그 질문에 대한 답변으로 도덕적인 행동이 일어나기 위한 네 가지 중요한 심리 과정을 가정하고 있다. 우리는 이러한 아이디어를 간단하게 '4-구성요소 모형'으로 설명하고자 한다.

어떤 사람이 특별한 상황에서 우리가 '도덕적인 행위(behaving morally)'라고 부르는 방식으로 행동했다고 가정해 보자. 논리적으로 우리는 그 사람이 적어도 네 가지 기본적인 심리적 절차를 수행했다고 주장할 수 있다.

1. 그 사람은 특별한 상황에서 몇 가지 해석을 할 수 있었을 것이다. 즉, 가능한 행동이 무엇이고, 자신을 포함해서 누가 영향을 받으며, 이해관계에 놓여 있는 집단은 자신들의 복지에 끼칠 영향을 어떻게 간주할 것인가에 대한 모종의 해석을 할 수 있었을 것이다.
2. 그 사람은 그 상황에서 도덕적으로 해야만 하는 행동을 하나의 가능한 계열로 분류하면서 어떤 행위 과정이 도덕적으로 옳은지 또는 공정한지, 정의로운지 또는 도덕적으로 선한 것인지를 판단할 수 있었을 것이다.
3. 그 사람은 도덕적으로 옳은 것을 유도하여 결정하게끔 만든 도덕적 가치를 다른 개인적 가치들보다 우선순위에 두었을 것이다.
4. 그 사람은 도덕적으로 행동하고, 피로와 쇠약한 의지에 저항하며, 장애를 극복하고자 하는 자신의 의지에 뒤따르는 충분한 인내심과 자아강도 그리고 수행기술을 가지고 있었을 것이다.

4-구성요소모형은 현존하는 도덕 심리학 연구를 체계화하는 데 유용하게

사용되어 왔다. 4-구성요소모형은 인지, 정서, 행동 사이의 관계와 같은 이론적인 문제들에 접근하는 분석적인 도구 및 프로그램 연구를 위한 틀과 도덕 교육 프로그램들의 목적을 명확하게 제시하는 기초로서 유용하게 사용되었다. 여기에 4-구성요소모형을 보다 자세하게 설명하기에 앞서 염두에 두어야 할 몇 가지가 있다.

첫째, 4-구성요소모형은 도덕발달이나 도덕 행동이 특정한 단일 과정의 결과임을 부인한다는 점에 주목해야 한다. 비록 하나의 과정이 다른 것들과 상호작용을 하고 영향력을 발휘한다고 해도, 네 가지 과정은 구별되는 기능을 가지고 있다. 한 과정에서 대단한 재능을 보이는 사람이 다른 과정에는 부적합할 수도 있다. 매우 식견 있는 판단은 할 수 있으나, 어떠한 행동도 뒤따르지 않는 사람이 있을 수 있는 반면, 엄청난 집착력과 끈기를 가지고 있지만, 판단은 단순한 사람도 있을 수 있다. 간단히 말해서, 도덕 심리는 하나의 변수나 과정으로 설명할 수 없다.

둘째, 우리는 레스트가 도덕성의 기본 요소를 인지, 정서, 행동으로 환원하여 설명하지 않는다는 점에 유의해야 한다. 도덕성 연구에 있어서 인지 발달 이론가들은 사고를 연구하고, 정신분석 심리학자들은 정서를 연구하며, 사회학습 심리학자들은 행동을 연구한다고 진술하는 것은 진부한 사고방식이다. 인지, 정서, 행동이 각각 독립된 발달 경로를 가지면서 기본적인 과정들과 구별된 요소들이라고 추정하는 것도 진부한 것이다. 오히려 레스트는 정서가 결여된 도덕인지는 없고, 도덕인지가 완전히 결여된 도덕정서는 없으며, 행위를 유발하는 인지나, 정서와 분리된 도덕행위는 없다는 입장이다. 어떤 이론적 연구가 인지, 정서, 행동을 강조할 수는 있지만, 도덕현상의 실제에서 인지는 항상 정서와 상호 연결되어 있으며, 그 반대도 마찬가지다. 두 가지 모두는 항상 도덕행위를 도출하는 데에 관련되어 있다. 도덕성의 네 가지 기본 과정들을 주의 깊게 고려할 때, 인지나 정서가 결코 별개의 상태가 아니라 많은 상호관련성을 가진다는 것을 알게 될 것이다. 4-구성요소 과정 각각은 단지 하나의 관련이 아닌, 다른 종류의 인지-정서적 상호관계를 포함한다. 다음의 논의에서 레스트는 이러한 관점을 설명하려고 노력한다.

셋째, 4-구성요소들은 사람의 일반적인 기질이 아니라 도덕행위 산출에 포함되는 과정들을 나타낸다는 점에 유의해야 한다. 4-구성요소는 도덕적으로 이상적인 인간을 만드는 네 가지 덕목을 나타내는 것이 아니라, 특정 행위과정이 특정 상황 맥락에서 어떻게 행하여지는지를 찾아내는 데 주요한 분석 단위가 된다. 4-구성요소는 특별한 상황에서 도덕행위를 유발하는 과정들의 총체를 의미한다.

마지막으로 레스트는 4-구성요소들이 실제로 직선적인 순서로 설명된다고 주장하지 않는다. 즉, 미시적 분석에 의해 먼저 구성요소 1을 실행하고, 구성요소 2, 3, 4가 순서대로 뒤따라 나온다는 인상을 주지 않으려고 의도한다는 점에 유의해야 한다. 사실, 구성요소들 사이에 복잡한 상호작용을 언급하는 연구도 있다. 예를 들면, 개인이 도덕적으로 옳은 것을 판단하는 방식(구성요소 2)은 상황에 대한 그의 해석(구성요소 1)에 영향을 준다. 네 가지 과정들은 논리전개상 도덕행위가 일어나기 위해서 무엇이 계속되어야만 하는지를 설명하기 위한 분석적인 틀로써 설명된다.

이제 각각의 구성요소에 대해 좀 더 깊이 있는 설명을 할 것이다. 연구 사례들은 각 구성요소 아래에서 구성요소의 의미를 설명함과 동시에 다양한 연구 방식이 각각의 구성요소를 이해하는 데 있어서 어떻게 기여하는가를 보여 주기 위해 인용될 것이다. 또한 각 구성요소에서 인지-정서의 상호연결 예들을 제시하고자 노력할 것이다.

구성요소 1

상황을 해석한다는 것은 어떤 행위 과정이 가능한지를 상상하는 것과, 각 행동이 관련자들의 복지에 어떻게 영향을 미치는지에 대해 행위 결과를 추적하는 것과 관련이 있다. 사람들은 자기 자신에게 "이것은 도덕적 문제다."라고 말하기도 하고 그 사례에 적용되는 특정한 도덕 규범이나 원리에 대해 생각해 보기도 한다. 그러나 이것은 필수적이지도, 필연적이지도 않다. 구성요소 1에서 개인은 적어도 자신이 다른 사람의 이익, 복지, 기대들에 영향을 미칠 수 있음을 인식한다. 즉, 사람의 행동이 어떤 도덕 규범이나 원리를 위배할 수 있다는 인식은 한 사람의 행동이 다른 사람에게 영향을 주는 방식 중 하나라는 것에 주목해야 한다. 이런 경우 일반적인 법, 규범 또는 도덕 원리가 관련되어 있기 때문에 사회는 대체로 행동에서의 이해관계에 관심을 갖는다.

심리 연구에서 발견된 몇 가지는 특히 구성요소 1에 관한 것이다. 첫째는 많은 사람들이 비교적 간단한 사태를 해석하는 데에도 어려움을 겪는다는 것이다. 이는 긴급 상황에서의 방관자적 반응에 대한 연구에서 알 수 있다. 예를 들어, 스타웁(Staub, 1978)은 돕는 행위가 상황 속에서의 모호한 단서들과 관련이 있음을 보여 주었다. 피험자들은 무슨 일이 일어났는지에 대해 명확히 알지 못하면, 그것을 확실히 인식했을 때만큼 돕지 않는 경향이 있었다. 우리는 사회적 상황을 해석하는 데 있어서의 어려움을 과소평가해서도 안 되고, 모든 오해가 본질적으로 방어적이라고 가정해서도 안 된다. 왜냐하면 사람들은 가끔 의식적인 재인을 방어적으로 가로막아서 보지 못하게 하기 때문이다. 우리는 이제 사회 상황들을 해석하는 것이 얼마나 복잡한지를 이해할 수 있게 되었다. 최근 대두된 사회 인지 분야(예를 들어, Cllins, Wellman, Keniston, & Westby, 1978; Shantz, 1983)는 사회 상황을 해석하는 능력 발달과 관련된 단서 발견, 정보통합, 추론의 복잡함을 명확하게 한다.

두 번째 연구는 타인의 복지와 필요들에 대한 민감성에 있어서, 사람들 사이에 현저한 개인차가 있음을 보여 준다. 어떤 사람은 피가 흐르는 것을 봐야만 도덕 문제가 포함된 상황으로 간주한다. 다른 사람은 초감각적이어서 모든 행동, 일 또는 찡그린 얼굴을 통해 순간적으로 도덕적 함의를 인식한다. 슈바르츠(Schwartz, 1977)의 연구는 '결과에 대한 자각'이라는 변수를 고려하는 데 개인차가 있음을 증명한다.

세 번째 연구결과에서는 포괄적인 인지부호화 이전에도 사회 상황이 강한 느낌을 불러일으킬 수 있다는 것을 보여 준다. 아주 짧은 순간에도 우리는 누군가에 대해 강한 반감을 느낄 수도 있고 즉각적인 공감을 느낄 수도 있다. 이는 우리가 사회 상황을 반추하거나 숙고하기 전에 이루어진다(Zajonc, 1980). 물론 이것은 감정이 인지와 독립적이라고 말하는 것은 아니다. 보다 원초적 인지들과 그에 수반되는 감정들은 판단에 대해 심사숙고하거나 반성을 하지 않고 사실에 대해 신중한 고려 없이 암묵적이고 자동적으로 일어난다. 그러므로 사회 문제에 직면하게 되면, 이러한 첫인상과 '본능적인 감정들' 은 구성요소 1에서 설명할 필요가 있는 부분이다. 때때로 이런 감정들은 상황의 중요한 양상을 알리고, '보다 나은 자아' 를 위한 동기를 제공한다. 예를 들어, 우리가 희생자들에 대해 공감을 하면 그들을 돕게 된다. 그러나 때론 상황 속에서 일어난 정서가 보다 나은 판단을 방해할 수도 있다. 예컨대 우리가 희생자를 보고도 순간적으로 눈을 돌린다면, 그 사람이 가진 충분한 권리를 부정하는 것이 된다. 어떤 경우에 우리는 첫인상을 확실히 인식하고 주의해야 한다. 그리고 또한 첫인상이 행동을 잘못 유도할 수 있음도 깨달아야만 한다. 그럼에도 불구하고 정서적인 각성은 우리가 그것을 의도하는 것과 관계없이 일어난다. 그리고 이런 감정은 해석을 필요로 하는 상황(우리 자신의 즉각적인 감정은 구성요소 1에서 해석될 필요가 있는 부분이다) 중 하나다. 요컨대 구성요소 1은 우리가 특정한 상황에서 무엇을 할 수 있는가를 확인하는 것과 그 행동이 어떤 결과를 초래하는지 이해하는 것 그리고 문제에 대한 자신의 원초적 감정을 확인하고 이해하는 것을 포함한다.

　구성요소 1에서 인지와 정서의 상호연결은 호프만(Hoffman)의 공감 연구에서 설명된다(1976, 1981). 호프만에 의하면 공감(타인의 고통을 인식함으로써 느끼는 고통)의 기본은 매우 어린 유아들에게서도 일어날 수 있으며, 이는 인지발달이 거의 요구되지 않는 원초적인 감정 반응이다. 예를 들어, 신생아들은 다른 아이가 우는 것을 들으면 따라 운다. 매우 어린아이들에게서 이미 나타나는 원초적 정서 반응을 보다 복잡한 공감의 형태로 산출해내기 위해 정서가 인지발달과 어떻게 상호작용하는지를 설명하는 호프만의 주장은 매우 흥미롭다.

1. 생후 1년까지 아이는 다른 사람들이 보내는 고통의 신호를 보면 불편하고 불안할 것이다. 그러나 이런 점에서 아이는 다른 사람과 자신을 확실하게 구별하지 못하고 있으며 누구에게 무슨 일이 일어났는지에 대해 명확하게 알지 못한다.

2. 그 다음 아이는 점차적으로 자신과 다른 사람들 간의 명확한 차이를 인식한다. 그런 까닭에 타인이 다치면 아이는 자신이 아니라는 것을 알지만 여전히 타인에 대해 동정을 느낀다. 이때에 아이는 타인에게 적절하지는 않으나 자신이 좋아하는 방식으로 반응할 것이다. 예를 들어, 엄마가 슬퍼 보이면 엄마에게 자신의 인형을 주려고 하는 행동이 이에 해당된다.

3. 2~3세경에, 아이는 타인의 감정과 요구가 자신과 다를 수 있음을 인식한다. 그래서 타인에게 유용한 도움을 주기 위해 그 상황에서 요구되는 것을 추론할 때, 세계와 타인에 대한 정보를 사용하기 시작한다.

4. 후기 아동기의 아이는 타인도 자신의 고유한 개인사와 정체성이 있다는 개념을 발전시킨다. 이런 점에서 아이의 공감은 걱정에 대한 특별한 징후보다는 타인과의 일반적인 생활 장면에서 어떤 결핍에 대한 인식에 의해 자극을 받는다. 예를 들면, 어떤 사람은 한 지체아가 운동장에서 즐겁게 놀고 있는 것을 보는 것만으로도 연민을 느낄 수 있다. 호프만의 연구는 어떻게 정서적인 반응(공감적 고통에 대한 각성)들이 타인에 대한 개념 발달과 상호작용하는지를 설명한다. 정서(공감)는 인지 및 정서의 질을 변화시키는 인지발달과 결코 분리될 수 없는 것이다.

구성요소 2

구성요소 1의 과정이 여러 가지가 가능한 행위 과정임을 인식하고 그 결과가 사람들의 복지를 위한 것이라고 하면, 구성요소 2는 사람들이 행위 과정 중 도덕적으로 옳은 것을 어떻게 판단하는지에 관한 것이다.

도덕 판단을 하는 것은 사람들에게 자연스러운 것처럼 보인다. 심지어 어린이들도 그들에게 행해진 불공정하고 잘못된 일을 느낄 때, 도덕적 분노를 보인다. 마찬가지로 성인들도 사회에서 보건 복지(health care)의 배분, 군비 확대 경쟁, 소수에 대한 사회적 정의, 군사력 이용 등등 도덕적으로 어려운 문제에 직면하게 된다. 그리고 비록 이런 문제들이 크고 복잡함에도 불구하고, 대부분의 사람들은 적어도 낙태, 군대 징병, 차별 철폐 조처와 같은 안건들에 관해 도덕적으로 옳고 그른 것에 대한 직관을 가지고 있는 듯 보인다. 유전적으로 사람들은 도덕 판단을 하거나 도덕 판단을 하는 사회 경험에 의해 빠르게 조건화되는 것 같다. 또한 사람들의 도덕적 직관이 매우 다르다는 사실은 놀라운 일이다. 그래서 사람들은 더욱 열정과 확신을 가지고 복잡한 문제에 대해서 도덕적 선택을 할 수 있다. 한 사람은 문제에 대해 어떤 해결책이 옳다고 완전히 확신하는 반면, 다른 사람은 반대 입장의 해결책이 옳다고 확신할 수도 있다. 즉, 사람들은 쉽게 도덕 판단을 한다. 또는 적어도 옳고 그름에 대한 직관을 가지고 있다. 이 활동은 발달 초기에 나타나며, 옳은 것과 그른 것에 대한 직관은 극적으로 다르고, 도덕적 신념에 대해 강하게 확신할 수도 있다. 심리학자들의 일은 비록 아주 복잡한 문제에 대한 것이라도 사람들이 어떻게 판단을 내리는가(어떻게 도덕적 직관이 작용하는가)를 규명하고, 판단의 차이점과 그러한 판단에 있어서 사람들의 확신을 고려하는 것이다.

인지 발달 심리학자들(피아제, 콜버그 그리고 DIT 연구자들을 포함해서)이 이러한 분야에 기여하였다. 레스트가 모두 네 가지 구성요소로 이해될 수 있는 도덕발달의 전체 이론을 구성하는 데 있어 피아제나 콜버그의 연구(또는 DIT 연구)를 고려하지 않았다고 해도, 이러한 인지발달연구는 우리가 구성요소 2를 설명하는 데에 많은 것을 제공한다. 인지발달연구는 매우 직접적인 방법으로 도덕 판단 현상을 연구한다. 몇 가지 도덕 문제 상황들을 제시함으로써, 옳고 그름을 정의하는 사람들의 전략을 알아보고, 옳은 것과 그른 것이 무엇인지 물어본다. 사람들이 제공한 설명과 정당화는 도덕 판단을 위한 서로 다른 체계로 데이터베이스를 구성한다. 이러한 종류의 데이터베이스는 구성요소 2의 과정에 초점을 맞추며 다른 구성요소에 대한 정보를 제공하는 데는 적합하지 않음을 염두에 두어야 한다. 쓰인 단락이나 면담자에 의해서 구두로 제시된 짧은 삽화처럼, 도덕적 딜레마의 제시를 통해서 상황이 이미 해독되고 해석되었기 때문에(이미 어떤 행위 과정이 가능한지와 그 상황에서 누가 이

해관계에 있는지를 알고 있고, 각각의 행위 과정의 결과가 무엇인지를 제시하였다),
구성요소 1은 딜레마 방식으로 연구되지 않았다. 이러한 정보가 이미 자극
재료로 제공되었기 때문에, 우리는 피험자가 구성요소 1을 어떻게 수행하는
지는 알 수 없다. 또한 구성요소 3과 4에 대한 정보는 보편적 도덕 판단 절차
에 의해서 도출되지 않는다. 도덕 판단 과제는 해야만 하는 일과 도덕적으로
옳고 그른 것에 대해서 피험자와 대화하기를 요구한다. 피험자가 상황 속에
서 실제로 자신의 가치를 어떻게 순위 매기는지와(구성요소 3) 의도된 목표에
실제로 도달할 만한 지구력, 해결책, 수행기술을 가지고 있는지를(구성요소
4) 결정하는 것은 적합하지 않다. 이러한 제한점에도 불구하고 도덕 판단에
대한 인지발달연구는 이 책에서 제시하고자 하는 구성요소 2의 과정에 대해
서 매우 흥미 있는 점들을 제공한다.

　여기서 도덕 판단에 대한 인지발달연구를 고찰하려는 것은 아니다(Rest,
1983 참고). 그러나 이러한 연구의 일반적인 분야에 대한 상세화는 4-구성요
소모형에 대한 논의를 충실하게 구체화하기 위해 여기서 제시될 수도 있다.
"사람들은 어떻게 옳고 그른 것을 결정하는가?"에 대한 질문에 대해, 인지발
달연구가 어떤 공헌을 했는가에 대한 적절한 해답은 다음 몇 가지 가정들에
나타나 있다. 첫 번째 가정은 사람들이 사회적 경험을 가질수록 사회에 대해
보다 정교한 개념, 특히 사람들 사이에 협동을 조직하는 것이 어떻게 가능한
지에 대한 개념을 발달시킨다는 것이다. 다시 말하면 사람들은 자동적으로
사회 경험을 반추하고 그러한 사회 경험을 조직하는 의미 구조를 만든다. 발
전된 중요 개념 중 한 가지는 사람들이 협동하고 긍정적인 사회관계를 조정
할 수 있는 방법에 대한 것이다. 사람은 그런 이슈들에 집중하게 하는 사회적
환경 내의 진화적이고 유전적인 힘을 쉽게 예상할 수 있다. 예를 들어, 다른
사람들과 사이좋게 지내는 문제를 염두에 두지 못하는 한 개인의 삶을 고려
해 보자. 인지발달론자들의 견해에 의하면, 어린아이들은 처음에 매우 간단
한 개념을 형성한다. 사람은 요구에 따르거나 복종함으로써 중요한 타인과
사이좋게 지낼 수 있다. 호의를 교환하거나 나누면서 관계를 유지한다. 그런

다음, 보다 복잡한 개념, 즉 상호 이해, 충성 그리고 호의를 기반으로 한 타인과의 장기적이고 긍정적인 관계를 수립하는 것에 대한 개념이 발달한다. 그런 후, 개념들은 공식적인 제도, 역할체제, 법으로 발휘되는 정책 등에 기초하여 사회규모의 협동 망(society-wide networks of cooperation)을 포함하게 된다. 이를 위해, 협동을 조직하는 것에 대한 사고는 인간복지의 극대화라는 원리에 따라 이상적인 사회 조직을 위한 도식을 가진다고 말해도 좋을 상태까지 발달한다(보다 확장된 논의를 위해서 Rest(1972a)의 2장 참고). 여기서 기본 요점은 사람들이 사회 경험을 통해 협동을 어떻게 조직하는지에 대한 더 정교한 개념을 발전시킨다는 것이다. 그러므로 사회 경험의 누적 효과는 단지 옳고 그름에 대한 더 많은 목록을 배우는 것이 아니라, 사회 안에서 협동을 조직하는 방법에 대한 개념을 발달시키는 것이다.

인지발달론자들의 설명에서 중요한 두 번째 가정은 사회 조직화의 각 개념과 함께, 공정성, 즉 내가 타인에게 신세를 진 것과 타인이 나에게 신세를 진 것에 대한 차별적 인식이 있다는 것이다. 예를 들면, 호의를 호의로 직접 갚는 단순한 생각(2단계의 논리)에서의 공정성 개념은 내가 타인에게 가치 있는 것을 주었을 때, 나도 또한 무엇인가를 보상받게 된다는 것을 인식하는 것이다. 그러므로 가치와 가치의 상호교환은 공정한 합의에 도달하게 된다. 긍정적이고 장기적인 관계를 유지하는 것에 대한 생각(3단계)으로서의 공정성 개념은 내가 타인에게 의지할 수 있음과 타인이 나에게 의지할 수 있음을 알고 있다는 점, 그리고 각자의 복지를 위해서 상호 간에 충실함과 헌신을 고려할 수 있다는 점을 깨닫는 것에서 나온다. 사회규모의 협동 망(4단계) 인식에 따른 공정성 개념은 사회 안에서 타인도 그렇게 하기를 기대하면서 내가 내 직업을 가지고 법 안에 있다는 점을 인식하는 것에서 나온다. 위와 같이 사회 협동 조직에 대한 개념이 다르면(다른 단계), 공정성에 대한 차별적 인식과 협동의 상호호혜성에 대한 이해도 다르다.

인지발달론적 설명에서 결정적인 세 번째 가정은 사회 상황에서 무엇이 도덕적으로 옳은지를 판단해야 할 때, 협동과 공정성이 도덕 판단을 이끈다는 점이다. 이 가정을 확인하기에 앞서, 이러한 상황을 서술해 보면 다음과 같다. '내가 특정한 사회 상황에서 취하게 될 행동들에는 여러 선택이 가능하다는 점을 알고 있다, 나는 내 행동에 다양한 사람들이 관련되고 이해관계로 얽혀 있다는 것을 알고 있다. 내게 남은 일은 나를 도덕적으로 옳은 길로 인도해 줄 결정을 내려야만 한다는 것이다.' 인지발달론적 관점에 의하면 사회적 협동에 대한 다양한 개념과 이를 수반하는 공정성에 대한 의지들이 이러한 상황에서 확실한 해결책이 될 수 있다. 우리가 접하는 사회 상황은 문제 해결을 위해 고려해야 할 사항을 확인하는 방법과 사람들의 다양한 요구들 간에 균형을 잡고 우선순위를 정하는 방법이 분명히 내포되어 있다. 만약 우리가 어떤 상황을 협동과 이를 수반하는 공정성과 관련된 특정 사회문제와 결부시켜 생각하게 된다면, 그 상황은 도덕적으로 옳은 것이 무엇인가를 판단하는 데에 기초가 된다. 실제로 주어진 상황을 일반적인 도식에 맞추는 과정은 사람들에게 확신과 신념을 심어 준다. 예를 들어, 만약 내가 어떤 사회문제를 콜버그 도덕발달의 4단계 정의 도식과 완전히 결부시켜 생각한다면, 나는 내가 내린 도덕 판단에 대해 확신을 갖게 될 것이다.

　구체적인 사례를 살펴보면 이를 이해하는 데 도움이 될 것이다. 피험자가 하인츠와 약에 대한 콜버그의 고전적인 딜레마를 접했다고 가정해 보자. 하인츠의 딜레마에 대해 들어보지 못한 독자들을 위해 줄거리를 요약하면 다음과 같다. 하인츠의 아내는 암으로 죽어가고 있는데 그 마을 약사가 개발한 약을 복용하면 살 수가 있다. 그러나 약사는 하인츠가 도저히 지불할 수 없는 정도의 엄청난 액수의 약값을 요구하고 있다. 과연 하인츠는 죽어 가는 아내를 살리기 위해서 약사로부터 약을 훔쳐내야만 하는가?

　피험자의 장기기억 속에 4단계 도식('법과 질서'의 단계로 불리는)이 들어 있다고 가정해 보자. 이 도식은 피험자가 법을 수호하고 사회질서를 유지하는 방법을 가장 중요하게 고려하도록 한다. 하인츠가 약을 훔치는 것은 법을 어기는 것이라고 생각하는 것은 피험자의 판단에 결정적인 영향을 미칠 것이다. 피험자는 이야기로부터 새로운 정보를 찾아 약사가 약을 팔지 않는 것이

법적으로 문제가 없는지를 확인할 수도 있다.

그러나 피험자는 법적으로 문제가 없다는 사실만을 확인하게 될 것이다. 물론 피험자는 하인츠의 아내에게 약이 필요하다는 사실을 알고 있다. 그러나 아내의 요구와 자신의 복지를 법의 유지에 의존하고 있는 수많은 사람들을 동시에 고려해 보면, 4단계 도식으로부터 도출된 문제해결 방법은 당연히 법을 지켜야 한다는 결론으로 이어질 것이다. 비록 이 상황에서 피험자가 하인츠가 법을 어길 만큼 도덕성이 약해진 이유에 대해 충분히 공감할지라도 약을 훔치는 것은 잘못이라는 판단을 내릴 것이다.

일반적으로 인지발달론적 관점에서는 사회적 경험을 통해서 사람들이 어떻게 협동을 조직하는가에 대한 개념을 발달시킨다고 본다. 이런 서로 다른 개념에 따라 도덕 판단의 '단계' 차원에서 언급되는 공정성이 뒤따르게 된다. 단계 도식은 장기 기억 속에 위치해 있다가, 무엇이 도덕적으로 옳은지에 대해 판단해야 하는 사회적 문제 상황 인식을 돕기 위해 작동된다. 일반적인 단계 도식은 한 가지 혹은 또 다른 행위 방식을 지지하기 위해 피험자들로 하여금 특정한 고려 사항에 주의를 기울이고, 사람들의 요구에 우선순위를 정하도록 방향을 제시한다. 단계 도식은 도덕 문제를 해결하는 데에 발견적 방법을 제시한다. 일반 도식하에서 상황을 쉽거나 완벽한 동화로 이끌 때, 그들은 도덕 판단에 대해 확신과 신념을 가지게 된다. 비록 각자가 자신의 관점에 대해 확신할지라도, 어떤 행위 방식이 도덕적으로 옳은지에 대해 판단하는 데에는 사람들 사이에 차이가 있다. 왜냐하면 사람마다 각자 다른 구조가 유용하고, 같은 상황에서 각자 다른 방식으로 일반 도식을 이용하는 것이 가능하기 때문이다.

구성요소 2에서, 인지와 정서의 상호연결은 사회적 협동을 조직화하는 사람들의 개념과 그것들에 수반되는 공정성에 대한 서로 다른 인식의 연합을 전제로 한다. 사회 조직화의 특정 형태를 인지적으로 이해하는 것은 각자의 몫에 보답하고 수행하기 위한 도덕적 책임감을 가진다는 것이며, 그렇지 않을 경우 타인과의 협동에서 불공평한 이익을 얻게 된다는 느낌을 수반한다.

인지발달론적 관점의 개요를 기술함과 동시에 레스트는 사람들이 무엇을 도덕적으로 옳다고 판단 내리는가에 대해서 다른 이론가들과 연구자들이 다른 심리적 절차를 제안했다는 것을 첨가하였다. 대안적 과정으로 증명된 증거는 기독교 근본주의자를 연구한 로렌스(Lawrence, 1979)의 연구에서 나왔다. 그녀의 연구는 사람들이 고의적이고 자기 의식적으로 자신의 공정성 개념을 파기하는 것에 대하여 확실하게 보여 주었다. 기독교 근본주의자들에 의하면, 공정하거나 정의로운 것처럼 보이는 것에 대한 자신들의 개인적인 관점들은 가치에 대한 모든 질문들이 보다 높은 권위(신에 의해서 드러나는 것 같은 진실)에 의해서 결정되기 때문에 무엇이 도덕적으로 정당한지를 결정하는 것을 강요해서는 안 된다는 것이다. 그러므로 그들은 무엇이 옳은지를 결정하는 방법으로 상황을 교회 설교나 성서에서 언급하는 것과 동일시하고 도덕 판단을 결정하도록 시도하였다.

로렌스의 연구에서 일반적 함의는 인지발달론자들에 의해서 설명되는 것처럼 도덕 판단을 하는 데에는 정의에 대한 단계 도식 외에도 다른 종류의 문제해결 전략이 있다는 점에 있다. 로렌스의 연구에 의하면 사람들이 도덕적 옳음을 결정하는 데 있어서 믿음 체계와 이데올로기에 대한 충실함이 공정성에 대한 개인 인식의 영향보다 우위에 있을 수 있다는 것이다. 우리는 보수적 이데올로기에 대한 이러한 메커니즘을 제한할 필요는 없다. 왜냐하면 진보적 이데올로기 또한 무엇이 도덕적으로 옳은지를 결정하는 것에 대한 공정성의 개념을 선점할 수 있기 때문이다.

게다가, 정의와 공정성 외에 다른 개념들도 사람들로 하여금 무엇이 도덕적으로 옳은 것인지를 판단하는 방법을 결정하는 열쇠가 될 가능성도 있다. 철학자들과 이론가들은 도덕성이 토대를 두는 다른 개념들을 제안하였다. 예를 들면, 기독교적 개념인 아가페는 무엇이 도덕적으로 옳은지를 규정하는 데 있어서 정의를 뛰어넘는다. 길리건(Gilligan, 1982)은 콜버그의 실험 대상으로부터 여성들은 '다른 목소리'를 이용한다고 주장했다. 비서구권 연구자들은 타 문화권 사람들이 서구 문명 사람들과는 철저하게 다른 방법으로 도덕 개념을 발달시켰다고 주장하였다. 4장에서 우리는 증거를 고찰하고 이러한 주요 관점을 다시 살펴볼 것이다.

구성요소 3

구성요소 2는 한 가지 행위 과정만을 도덕적으로 옳은 것으로 분류하였다. 그러나 사람들이 도덕 가치만을 가지고 있는 것은 아니다. 사람들은 공정성이나 도덕성 외에도 그들의 일, 예술, 오랫동안 열심히 일했던 프로젝트의 성과와 같은 다양한 것에 가치를 둔다. 이러한 가치들은 도덕적 가치와 갈등을 일으킬 수 있으며, 도덕적으로 행동하는 것은 이러한 가치 실현에 방해가 되기도 한다.

비도덕적 가치들이 매우 강력하고 매력적이기 때문에, 사람들이 도덕적 이상을 회피하거나 타협하는 행위를 선택하는 것은 놀랄 만한 일이 아니다. 예를 들어, 존 딘(John Dean, 1976)은 그의 책『맹목적 야망』에서 닉슨 대통령의 특별고문으로 있을 때 자신의 행동은 닉슨 정부를 성공시키기 위한 야망에 의해 동기화되었었다고 고백한다. 닉슨이 추구한 '강경 정치'를 국민에게 납득시키려는 욕망에 사로잡힌 나머지 도덕성과 정의를 져버리고 말았다는 것이다. 연구의 예로 데이몬(Damon, 1977)은 어린아이들에게 팔찌를 만든 것에 대한 보상으로 10개의 막대 사탕을 어떻게 분배해야 하는지를 질문하였다. 인터뷰에서 어린이들은 분배의 이유를 설명하면서 팔찌를 만든 개수에 대한 보상으로 공정한 분배에 대한 도식을 형성했음을 보여 주었다. 그러나 실제로 10개의 막대 사탕을 주었을 때 아이들은 스스로 지지했던 정의 도식과 달리 자신에게 불공평할 정도로 많은 수의 사탕을 주었다. 어린이들이 지지한 도덕적 이상은 다른 동기―이 경우에는 맛있는 사탕을 먹고 싶다는 욕구―에 의해서 타협되고 만 것이다.

각기 다른 결과나 목적으로 유도될 여러 행위과정을 인식하고 특히 그것이 어떤 개인의 가치를 희생하거나 누군가는 어려움에 고통받을 것을 포함한다면, 과연 무엇 때문에 도덕적 대안을 선택하는가? 무엇이 여러 가치들 중 도덕 가치를 선택하도록 동기화하는가? 이러한 의문들에 대해 깊이 생각할수록 심리학 이론에 대한 도전이 절실해질 것이다.

심리학자들이 다른 가치들보다 도덕적 가치들을 우선시하는 이유에는 다양한 답변들이 있다. 레스트는 여기에서 몇 가지 주요 이론들과 제안자들을 간략한 목록으로 만들었다(보다 많은 논의는 Rest, 1983 참조).

1. 사람들은 도덕적으로 행동한다. 왜냐하면 진화는 이타주의를 우리의 유전형질 안에 발생시켰기 때문이다(Wilson, 1975).
2. "양심은 우리 모두를 겁쟁이로 만든다." 즉, 부끄러움, 죄책감 그리고 공포가 도덕성을 동기화한다(Aronfreed, 1968; Eysenck, 1976).
3. 도덕적이기 위한 특별한 동기는 존재하지 않는다. 사람들은 단지 강화와 모델링의 기회에 반응하고 비과학자들이 '도덕성'이라고 부를 수도 있는 사회적 행동을 '학습한다'(Bandura, 1977; Goldiamond, 1968).
4. 협동적이고 바람직한 사회를 만드는 이해관계에 대한 사회적 합의는 도덕성을 동기화시킬 것이다(Dewey, 1959; Piaget, 1965). 자유 계몽주의적 전통은 교육이 편견과 인색함을 극복할 수 있고 사회적 책임을 조장할 수 있게 하는 확장된 경험이라는 견해에 동의하였다.
5. 도덕적 동기화는 자기보다 더 위대한 것에 대한 경외와 복종에서 나온다. 어떤 사람은 도덕적 동기화를 십자군원정, 국가, 신에 대한 경외심과 동일시한다(Durkheim, 1961; Erickson, 1958).
6. 공감은 이타적 동기화를 위한 기초다(Hoffman, 1976).
7. 정의롭고 서로 돌보는 공동체에서 살아가는 경험은 도덕적 수행을 이끈다(Kohlberg, 1985; Rawls, 1971).
8. 도덕적 대상으로서 청렴의식과 자아정체성에 대한 관심은 도덕적 행동을 동기화한다(Blasi, 1984).

도덕적 동기화에 대한 여덟 가지 이론들은 논제에 대한 다양한 관점의 차이를 보여 준다. 현재 연구에서는 이러한 관점들이 모두 비중 있게 고려되고 있다. 도덕적 동기에 대한 연구에서 고려해야 할 부분은 한 시점에 있는 개인의 내부에서 한 가지 이상의 결정요인들이 동시에 작용할지도 모른다는 것이다. 그러므로 연구자는 한 이론만이 옳고 다른 이론들은 잘못되었다는 것을 증명하는 대신, 주어진 상황에서 동기의 강도를 결정하는 원인이 무엇인지를 밝혀내야 한다.

구성요소 3에서는 인지와 정서 사이에 많은 상호작용이 있었다. 한 가지 명백한 것은 바람직한 목표나 결과를 상상하는 것은 일종의 인지적 표상을 가지고 있음을 암시하며 이를 갈망하는 것은 그에 대한 긍정적 정서를 가지고 있다는 것을 의미한다. 정확성이 다소 떨어지긴 하지만, 인지와 정서의 상호작용에 관한 연구가 아이센과 동료들(Isen et al., 1970)에 의해 수행된 적이 있다. 아이센은 지각-운동 과제를 매우 잘 해낸 성공적인 경험을 함으로써 행복을 느낀 실험대상자들은 매우 서툴렀던 실패 경험을 한 대조군보다 자선 사업에 더 많은 돈을 기부하는 경향이 있음을 밝혀냈다.

볼링 게임에서 이긴 후에 더 많은 기부를 하는 어린이들이나 쿠키를 제공받은 후에 연구에 자발적으로 참여한 대학생들 또는 공중전화에서 10센트 은화를 주운 후에 흩어진 종이를 줍는 것을 도와준 사람들 그리고 행복한 경험에 대해서 회고하고 나서 더 많은 자선을 베푼 어린이들에 대한 연구들에서도 비슷한 결과를 얻을 수 있었다(Staub, 1978 참조).

일반적으로 내릴 수 있는 결론은 즐거운 기억, 최근의 성공 경험, 무엇인가를 받은 것과 같은 행복한 기분을 누린 사람들이 더 긍정적이고 관대하며 협동적이라는 것이다. 이 연구자들은 "밝은 면에서 찾은 긍정적인 효과"에 대해 말한다. 그들은 인지의 회복(retrievability)에 관여하는 좋은 기분은 돕기와 협동의 이익을 강조하는 인지 활성화에 영향을 미치며, 나쁜 기분은 돕기의 불이익을 강조하는 인지 활성화를 높인다고 서술했다. 이것은 구성요소 3 과정에서 정서와 인지의 상호작용에 대한 예가 될 것이다.

구성요소 4: 수행력과 자아강도

구성요소 4는 행동을 수행하거나 이행하는 것을 의미한다. 선한 의도가 언제나 행위로 나타나지는 않는다. 구성요소 4는 구체적인 행동의 순서를 이해하고, 장애와 예상치 못한 어려움을 헤쳐 나가며, 피로와 좌절을 극복하고, 마음의 혼란과 다른 유혹에 저항하며, 궁극적인 목표를 바라보게 하는 것이다. 인내, 결의, 능력 그리고 인성은 구성요소 4에서 성공을 이끌어내는 귀인들이다. 때때로 심리학자들은 이런 과정들이 '자아강도'나 '자아조절'을 포함한다고 말한다. 그래서 성경적 언어로 구성요소 4의 실패를 "정욕으로 인한 나약함"이라고 한다. 굳은 결심, 인내, 의지, 강한 인성과 자아강도는 좋게 이용될 수도 있고 나쁘게 이용될 수도 있다. 자아강도는 은행을 털 때, 마라톤을 준비할 때, 콘서트에서 피아노를 연주할 때, 대량 학살을 일으킬 때처럼 여러 상황에 쓰일 수 있다.

4단계 "법과 질서" 단계에 관한 연구에서 높은 자아강도를 가진 사람들은 낮은 자아강도를 가진 사람들보다 거짓말을 덜 했다. 그것은 아마도 자아강도가 높은 피험자들은 '강한 믿음'을 가지고 있는 반면, 낮은 자아강도를 보인 피험자들은 그러한 믿음은 있지만 그것을 행동으로 옮기지는 않기 때문인 것으로 보인다(Krebs, 1967). 또 다른 연구에서는 특정한 내적 강도—즉, 행동으로 동기화시키는 능력—가 도덕 행동을 이끌어내는 요인이라고 제시하였다. 바렛과 야로우(Barrett & Yarrow, 1977)[1]는 어린이가 '친사회적인' 행동을 하는 중요한 구성요인으로 어린이의 사회성을 제안하였다. 런던

---

1) 조력 행동을 하겠다는 결정을 했을 때라도 실제로 하지 않을 수가 있다. 그렇게 되는 데는 여러 가지 이유가 있는데, 첫째는 시간이 지나면서 동기가 감소되었을 수 있다. 예를 들어, 동정 같은 정서적 반응이 시간이 경과하면서 사라질 수가 있다. 더욱이 상황 자체가 시간에 따라 변화할 수도 있다. 예를 들어, 도움이 필요했던 사람이 도움이 덜 필요하게 될 수도 있고 조력 행동으로 인한 손실이 변화할 수도 있다. 또 조력 행동을 하고자 하는 사람이 실제로는 도울 능력이 없다는 것을 잘못 지각한 데서 실제로 조력 행동을 하지 못할 수가 있다. 예를 들어, 헌혈을 하려고 했는데 헌혈을 할 수 있는 조건을 갖추지 못해서 실제로 하지 못하는 경우(Pomazal & Jaccard, 1976)가 있다. 또 어떤 사람들은 조력 행동을 하고 싶을 때라도 도움이 필요한 사람에게 접근하여 돕기 위한 사회적 기술이나 사회적 주장이 결여되어 있을 수도 있다(Barrett & Yarrow, 1977).

(London, 1970)은 나치 독일에 의해서 탄압받던 유대인들을 구해 주는 데 연루되었던 사람들을 인터뷰하면서 그들에게서 보이는 배려와 대담성에 강한 인상을 받았다.

자기 조절 과정에 대한 최근의 몇 가지 연구는 자기 조절을 개선하거나 변화시키는 기술들을 설명하고 있다. 그중 한 기술은 목적 대상에 대한 '인지의 전환'이다. 예를 들면, 미셸(Mischel, 1974)은 보상물(마시멜로)을 기다리는 어린 피험자들의 능력을 연구하였다. 몇몇 어린이들은 마시멜로를 달콤하고 부드러운 맛으로 생각하도록 지시받고, 다른 어린이들은 마시멜로를 솜뭉치로 생각하도록 지시받았다. 마시멜로의 완전한 질감(달콤하고 부드러운 맛)에 초점을 맞춘 어린이들은 다른 것으로 주의집중하도록 지시받은 어린이들만큼 기다릴 수가 없었다. 미셸(1974: 94)의 말에 의하면,

> 자기 조절을 하는 동안 인지의 전환과 관련 있는 규칙들을 알고 그 규칙들을 이용하게 된다면, 비록 강한 대응이 필요한 상황으로부터 심리적 압박을 느낀다 할지라도 자신의 목표에 다다를 수 있는 상당한 자기완성을 얻을 수 있을 것이다.

스타웁(1979: 134)은 "인간이 타인을 돕는 과정에 대해서 생각하는 것이 도움의 지속성을 결정한다고 해도 무방하다."고 추가하였다. 이 연구는 구성요소 4에서 정서와 인지와의 상호관련성을 설명해 주고 교육적 개입을 위한 접근법을 제시하고 있다.

마스터즈와 샌드트록(Masters & Sandtrock, 1976)은 이러한 기술을 구체화시켰다. 자기 조절 과정은 주어진 과제를 재미있고, 쉽고, 만족스럽다고 생각하도록 지시함으로써 조정될 수 있다. 어떤 과제가 수행되는 동안에 몇몇 어린이들은 혼잣말로 "이것은 재미있어, 정말 재미있어."라고 말하도록 지시를 받았다. 이 어린이들은 "우! 이건 재미없어."라고 말하도록 지시받은 어린이들보다 더 길게 과업을 수행하는 경향을 보였다. 이처럼 어떤 인지에

의해서 유도된 긍정적인 정서 상태는 노력의 지속성과 관련되어 있다. 치어리더처럼 행동할 수 있는 사람은 높은 자아강도를 더 오래 유지하고 증가시킬 수 있어 보인다. 반두라[2]는 효능감의 기대(예를 들면, 나는 할 수 있다. 이것은 재미있다)는 "어떤 행동을 하게 된다면, 내가 얼마나 많은 노력을 투자할 수 있을지, 그리고 얼마나 오랫동안 어려움을 감수할 수 있을지"를 결정해 준다고 말하였다(Bandura, 1977).

합리적 정서 치료(Rational Emotive Therapy; Ellis, 1977) 연구는 기본적으로 마스터즈와 샌드트록이 사용한 기술을 더 나이 많은 피험자를 대상으로 했을 때 가져올 수 있는 결과를 기대하게 함으로써 행동을 변화시키려고 하였다.

도덕행위의 4-구성요소들 간의 상호작용

과제수행에서의 인내심과 자기동기화는 그 사람의 주의집중과 지속적인 노력을 필요로 한다는 것이 밝혀졌다. 그러나 때때로 과제를 수행하는 데 필요한 주의집중과 노력의 정도가 너무 크면, 다른 면에 대해선 신경을 쓰지 못하는 경우도 발생할 수 있다. 달리와 베이트슨(Darley & Batson, 1973)은 위와 같은 경우를 프린스턴 신학교 신학생들의 연구에서 밝혔다. 신학생들은 착한 사마리아인에 대한 이야기를 준비해서 발표한 후, 다른 건물로 걸어가서 그들의 이야기를 전달하라고 요구받았다. 달리와 베이트슨은 건물과 건물 사이를 걷는 것을 예루살렘과 예리코로 가는 길에 비유하였다. 그리고 그 시나리오를 완성하기 위해서, 그 학생들로 하여금 곤경에 빠져 허름한 옷을 입고 기침하며 신음하는 사람이 있는 곳을 지나가게 했다. 달리와 베이트슨은 실험대상이 된 신학생들이 그 '불쌍한 사람'을 얼마나 도와줄 것인지를 알아보았다. 도움행동에 차이를 보이게 한 요인은 그 과제에 주어진 시간 압

---

2) 반두라는 사회학습맥락에서 행동선택이나 노력투여는 동기조건보다는 오히려 효능감의 지각에 의해 지배된다고 주장하였다.

박이었다. 시간에 쫓긴 신학생들은 상대적으로 시간 압박이 덜했던 신학생들에 비해 도움행동을 적게 하는 경향이 있었다. 시간에 쫓긴 신학생들은 이야기를 전해야 한다는 그들의 첫 번째 과제에 몰두한 나머지 새로운 상황('불쌍한 사람')에 대한 인식을 하지 못했다. "실제로 많은 경우, 착한 사마리아인 이야기를 전해 주러 가는 신학생들은 자신의 과제수행을 서두르면서도 말 그대로 그 불쌍한 사람을 그냥 지나친 것이다!"(Darley & Batson, 1973: 107) 이 실험에 대하여 레스트는 시간에 쫓긴 피험자들은 첫 번째 과제 완수에 너무 몰두한 나머지(첫 번째 상황에 대응하기 위해 네 번째 구성요소인 도덕적 실행력의 힘을 대부분 다 써서) 새로운 상황에 민감하지 못했다(새로운 상황에 대한 도덕적 민감성(구성요소 1)의 작동)고 분석했다. 이러한 연구는 동시에 주어지는 과제의 부담감이 사람들의 반응에 영향을 줄 수 있음을 시사한다. 즉, 하나의 도덕적 관심사에 대한 의무감이, 처음의 과제가 완수되기 전에 요구되는 도덕적 사태에 대하여는 둔감하게 만들 수 있다는 것을 의미한다. 또한 한 구성요소의 역할이 집중적으로 발휘될 경우, 이는 다른 요소의 역할에 대한 관심을 줄여 버릴 수 있다(강직함은 민감성의 발휘를 방해할 수 있고 그 반대의 경우도 가능하다.).

슈바르츠(1977)는 요소들 간 상호작용의 다른 예를 제시한다. 피험자들은 때때로 도덕적 의무감을 부정하거나 최소화하기 위해 상황에 대한 방어적 평가에 의존한다. 도덕적 행위에 따르는 대가를 인식하게 되면, 사람들은 행동을 해야 할 필요를 부정하거나 다른 행동이 더 적절한 것이 되도록 그 상황을 재평가함으로써 도덕적 의무감을 왜곡시킬 수 있다. 다시 말하면, 구성요소 2(도덕적 판단)와 구성요소 3(도덕적 동기화)의 과정을 거친 후, 도덕 행동에 따르는 희생이 분명해지면, 사람들은 상황에 대한 스스로의 인식(구성요소 1, 도덕적 민감성)을 방어적으로 재평가하거나 바꿀 수 있다. 결과적으로 그들이 치러야 할 대가는 가능한 한 최소화하면서도 스스로를 인간적으로 괜찮은 사람으로 느끼게 하는 것이다(Bandura, Underwood, & Fromson, 1975; Walster & Walster, 1975).

　구성요소들 간 상호작용에 대해서는 더 많은 예를 제시할 수 있지만, 중요한 점은 도덕 행동이란 매우 복잡한 현상이기 때문에 단일한 요인(공감, 친 사회적 성향, 도덕 추론 능력의 단계 등) 중 어떤 것도 도덕 심리학을 완벽하게 대표할 만큼 포괄적일 수는 없다는 사실이다.

연구 길잡이로서 도덕행위의 4-구성요소모형

　4-구성요소모형은 도덕 판단에 대한 연구를 좀 더 넓은 역사적 관점에서 수행할 수 있게 하고 후속 연구를 설계하는 데에도 새로운 방향을 제공해 준다. 인지발달론적 연구 전통에 있는 연구자들은 때때로 '도덕 판단력 발달'을 '도덕발달'이라는 말과 교환 가능한 것으로 사용하면서, 도덕 판단력에 관한 연구를 도덕심리 연구 전체를 나타내는 것으로 여기곤 했다. 따라서 다른 관점에서 도덕성을 연구해 온 연구자들은 도덕 심리에 관한 적절하지 않거나 잘못된 연구를 행하는 것으로 간주해 버렸다. 몇몇 인지발달론자들의 이러한 태도는 도덕적 사고에 대한 연구가 부적절한 연구거나 잘못된 것이라고 주장하는 다른 이론가들로부터 도전을 받는 표적이 되기도 했다 (Bandura & McDonald, 1963). 그 후 20여 년 동안의 수많은 연구들이 인지발달 접근이나 사회학습이론 전체를 반박하기 위한 '비판적 실험'이었다고 할 수 있다. 이 모든 연구들은 서로 다른 이론적 접근의 약점만을 파헤치면서 하나의 이론이 도덕성의 한 측면을 설명하는 데 유용한 점이 있다면 다른 이론들은 모두 틀린 것으로 치부하고 말았다.

　1966년에 피텔과 멘델손(Pittel & Mendelsohn)은 20세기 초부터 1960년대 초까지 이루어진 도덕 심리에 관한 연구 업적들을 개관했다. 그들의 견해에 따르면, 피험자의 언어적 표현에 근거하여 행동을 예측하려는 시도는 매번 실패해 왔으므로 주관적인 현상으로서의 도덕적 가치들에 대한 연구를 위해서는 개선이 필요하다. 피텔과 멘델손은 도덕 판단에 대한 피아제의 선구자적 연구에서 깊은 인상을 받았다. 피텔과 멘델손의 제안은 거의 20여 년 동안 인지발달론자들에게 지배적인 관점이었다. 다시 말해, 도덕 판단은 행동과의 관련성과는 무관하게 그 자체만으로도 연구할 만한 가치가 있다는 것이다. 인지발달론자들은 도덕적 가상 딜레마에 대한 의사결정의 정당화에 대한 문제만으로 연구의 폭을 제한함으로써 다른 측면을 무시한 면이 있지만, 주관적인 현상에 대한 연구에 있어서는 발전을 가져왔다. 때때로 인지발달론 이외의 이론적 입장에 선 연구자들로부터 받는 비난(예를 들어, 도덕성은 인지적 판단 이상의 것이라는 점이나 사람들이 실제로 어떻게 행동하는가가 자신의 행동에 대하여 어떻게 말하는가보다 더 중요하다는 점)에 다소 신경이 쓰이긴 했지만, 그러한 비난 때문에 도덕 판단에 초점을 맞춘 연구의 방향을 바꾸진 않았다.

돌아보면 도덕 판단에 초점을 맞춘 지속적인 연구로 인하여 많은 학문적 발전이 있었다. 덕분에 이제는 사람들이 옳고 그른 행동에 대한 판단을 어떻게 내리는가에 관하여 훨씬 깊은 이해를 할 수 있게 되었다. 그러나 동시에, 인지발달론자들은 자신들의 이러한 연구가 도덕적 과정의 다른 부분(도덕 행위에 따르는 심리적 과정들 중 도덕 판단 이외의 다른 과정들)을 통합하지 못한 점을 인정해야 한다. 4-구성요소모형은 도덕 판단 요소 외에도 관심을 가져야 할 다른 요소들과 함께 도덕 판단 구성요소에 대한 연구에 도움이 될 것이다.

1970년대의 인지발달론자들은 측정도구의 개발에 우선적으로 몰두했었다. 커틴스와 그리프(Kurtines & Grief, 1974)는 콜버그의 연구에 대하여 비판적으로 고찰하면서, 주로 도덕 판단력을 측정하는 방법의 신뢰도와 타당도 문제를 지적했다. 이 검토과정에서 인지발달론자들은 도덕 판단력 발달을 측정할 수 있음을 증명하지 못했다는 지적을 받았다. 콜버그와 그의 동료들은 이러한 비판에 대한 반론을 펴는 데 거의 10여 년이 걸렸다(Colby, Kohlberg, Gibbs, & Lieberman, 1983, "도덕 판단에 대한 종단 연구"). DIT에 관한 연구는 1970년대 초기에 시작되었고, 레스트의 도덕 문제에 관한 판단력 발달(Rest, 1979a)이라는 논문은 주로 측정 관련 문제들에 대한 것이다. 1970년대에 이루어진 주된 문제는 도덕 판단에 대한 단계 접근에 대하여 타당한 측정도구들을 만들어낼 수 있는가에 있었다.

  그러나 연구의 초점이 바뀌어, 최근 학술회의장(1985)에서 토마스 베른트 (Thomas Berndt)는 도덕 판단력 연구자들은 측정관련 문제를 넘어서야 한다 고 제안했다.

　　1970년대, 도덕발달 연구의 중요한 문제는 도덕 판단 및 추론의 특징적 양식 을 타당하고 신뢰할 수 있게 측정해낼 수 있는지에 관한 것이었다. 그러나 이제 는 대부분의 심리학자들이 도덕 및 추론의 방식이 믿을 만하고 타당하게 측정 될 수 있는 것으로 받아들이고 있다. 요약하면, 도덕성 발달에 대한 연구에서 도 덕 추론의 측정에 대한 논쟁은 이제 낡은 것으로 더 이상 연구 대상이 아니다.
　　그러면 도덕발달 연구에서 새로운 문제는 무엇인가? 이는 도덕 추론 능력의 발달에 도움이 되는 경험들이 무엇인지와 도덕 경험에 대해 좀 더 개방적이 되 느냐 폐쇄적이 되느냐를 결정하는 개인 특성들이 무엇인지에 관한 기본적인 질 문들에 있다(Berndt, 1985: 1-3).

  베른트가 말한 도덕 판단 연구에서 새로운 국면은 이 책의 중심 주제기도 하다. 레스트는 이 책에서 측정도구의 문제를 떠나, 도덕 판단에 영향을 미 치는 삶의 조건들에 대한 이론적 문제와 도덕 판단력이 어떻게 삶의 방향에 영향을 주는지에 대한 숙고 등이 이루어지도록 연구 방향을 제시하였다. 여 기에서 논의된 연구들은 DIT의 타당성을 가정하고 있다. 그리고 도덕 판단 력의 성격을 탐구하고 다른 것들과의 상호관련성을 탐색한다. 우리는 여기 서 주관적인 도덕 가치에 대한 연구를 넘어서는 것을 추구하고 있다.

  도덕 판단력에 대한 초기의 연구와는 달리, 도덕 판단이 도덕 심리에서 유 일한 과정이라는 가정은 더 이상 받아들여지지 않는다. 미네소타의 레스트 와 그의 동료들은 좀 더 실용적인 연구를 위하여 4-구성요소모형을 이용해 왔다. 이 책의 궁극적인 목표는 실제적인 도덕행동과 의사결정을 이해하거 나 예측하는 것이다. 가상적인 도덕딜레마에 대한 언어적 표현 연구는 도덕 심리에 대해 많은 통찰을 제공해 주었다. 그러나 여기에서 멈추어서는 안 된 다. 궁극적으로 우리는 도덕성에 관한 연구를 실제 삶의 맥락에서 행동으로 옮길 수 있기 위한 이론과 방법론을 필요로 한다. 도덕성의 다른 구성요소들과 관련하여 이루어진 도덕 판단에 대한 연구는 복잡한 현상의 다양한 측면들을 개념화하는 데 필요한 많은 것들을 제공해 주었다. 그러나 가상 딜레마에 대한 언어적 표현을 연구하는 것에서 실제적인 도덕 행동의 영역으로 연구의 방향을 옮김으로써, 현상의 복잡성과 많은 변인들 간의 상호관련성 그리고 그와 동시에 이루어지는 과정 등을 포함하는 학문적 도약을 이루게 되었다. 우리들의 지적 모험이 과거 수십 년 동안에 이루어진 연구결과들의 토대 위에서 안내되기를 희망한다.

우리의 실생활 장면에서의 연구는 의료분야에 종사하는 전문직 종사자들의 도덕적 의사결정 과정에 대한 것이었다. 연구의 시작을 전문직 종사자들의 의사결정 과정으로 하는 데에는 많은 이점이 있는 듯하다. 첫 번째 장점은 전문직에서 발생하는 의사결정 과정에는 그 사람의 반성적이고 사려 깊은 추론의 과정이 포함된다는 것이다. 사실 이러한 의사결정들 중 대다수는 그것을 얼마나 잘 방어할 수 있으며 정당화를 잘 할 수 있는지와 관련되어 이루어진다. 의사결정자는 정당한 근거를 제공하도록 요구받을 것을 예상하기 때문에, 의사결정의 정당화는 행동의 일차적 선택이 된다. 일반적으로 연구자들은 피험자들에게 의사결정에 대한 정당화를 요구한다. 그리고 이러한 정당화는 피험자가 단지 연구목적만을 위해서 생각하는 것이 아니라 이전부터 생각해 오던 것들이다. 그렇다고 모든 도덕적 의사결정이 이렇게 사려 깊고 반성적이며 깊이 있는 것이라고 주장하는 것은 아니라는 것에 유의해야 한다. 오히려 레스트는 자신의 연구 전략상 숙고하고 반성적인 의사결정을 내리는 집단에 대한 연구를 시작으로 이들 전문직 종사자들을 선택한 것이라고 말하고 있다. 레스트는 사람들 중 어느 누구도 인간의 정신에 대하여 충분히 안다고 가정하지 않는다. 그러나 비밀스럽고 비합리적이며 가장 개연성이 낮은 영역에서 연구를 시작하기보다는, 가장 공개적이고 반성적인 행동영역에 대한 연구로 시작하는 것이 좀 더 타당해 보인다는 것이다.

전문직 종사자들의 의사결정 과정을 연구하는 두 번째 장점은 개인의 주된 관심사와 옳은 일을 행하는 것 사이의 갈등이 그다지 심하지 않은 사건들을 선택할 수 있다는 점이다. 즉, 의사결정에서 전문직의 주된 관심사는 무엇이 옳은 것인지를 아는 것과 가장 방어를 잘할 수 있는 행동을 선택하는 것이다. 예를 들어, 가망이 없는 말기환자의 인공호흡기를 떼야 할 것인지 아닌지를 결정해야 하는 의사는 올바른 결정을 해야 하는 것에만 관심이 있다. 이는 의사 자신의 개인관심사와 무관한 결정을 하는 것이다. 이처럼 의사결정자의 관심사가 무엇이 옳은 것인가(즉, 가장 방어적이고 이후에 자신을 괴롭히지 않을 것 같은 것)를 아는 것일 뿐인 경우는 전문직업인이 내리는 의사결정의 예들에 많이 있다. 이런 딜레마들을 연구하는 것은 연구방법을 찾아내기 가장 어려운 구성요소 3의 과정에 깊이 개입하여 복잡해지는 것보다는, 오히려 구성요소 2와 관련된 의사결정으로 연구를 시작하는 이점이 있다.

의료전문직 종사자들(의사, 치과의사, 간호사 등)의 의사결정 과정을 연구하는 세 번째 장점은 이 사람들이 도덕적 결정이 어떻게 이루어지는가를 연구하는 우리들에게 매우 협조적이라는 것이다. 신문에 나타난 세상사에 무심한 독자들조차도 의료전문직 종사자들이 겪고 있는 까다로운 도덕적 딜레마 상황에 대해서 알 것이다. 예를 들어, 카렌 퀸란 사건,[3] 베이비 제인 도우 사건,[4] 그리고 의료수가가 가파르게 치솟음으로 인한 의료수가 정액제화에 대

---

3) 카렌 퀸란 사건(The Karen Quinlan Case): 1975년 4월 11일 카렌 퀸란(21세)은 몇 알의 약을 먹은 뒤 친구의 생일 파티에 참석해 술을 마시고 혼수상태에 빠졌다. 그녀는 뉴저지에 있는 성 글라라 병원에서 6개월 간 정맥 주사와 인공호흡기로 연명하는 식물인간 상태가 되었다. 그의 부모는 소생이 불가능하다는 의사의 판단과, 가톨릭 전통에서는 희망이 없는 환자에게 인공호흡기를 사용하는 예외적 수단을 쓰면서 연명해야 할 윤리적 의무가 없다는 본당 신부의 윤리 신학적 해석에 고무되어 품위와 존엄 속에 죽을 수 있도록 인공호흡기의 제거를 요청했다. 그러나 담당의사는 인공호흡기 제거를 거절하였다. 이 문제는 법정으로 옮겨졌고 지방 법원은 인공호흡기 제거는 명백한 살인 행위라고 판결하였다. 그 후 1976년 3월 31일, 뉴저지 주 대법원은 헌법에 보장된 사생활 보호권의 관점에서 의사와 병원 당국이 찬성한다면 가족들의 뜻에 따라 인공호흡기를 제거해도 좋다는 판결을 내렸다. 1976년 5월 23일 마침내 카렌 퀸란의 인공호흡기가 제거되었다. 그러나 그녀는 인공호흡기의 도움 없이 10여 년을 살아 있다가 1986년 6월 13일에 사망하였다.
4) 제인 도우 사건(Baby Doe cases): 뉴욕 주에 제인 도우라는 한 아이가 태어났는데, 그 아이는 척추가 부러져 튀어나오고 뇌에 물이 차 있었으며 뇌가 비정상적으로 작은 신체적 결함을 가지고 있었다. 병원에서는 이 아이의 부모에게 즉각적인 수술을 하도록 권했다. 그러나 부모는 수술을 시키지

한 전망, 낙태 문제 등이 그것이다. 의료전문직 종사자들은 이러한 문제들에 매우 민감하고 관심이 많기 때문에, 더 현명한 결정을 하는 데 도움이 될 수 있는 심리학 연구에 참여한다. 그리고 그들의 일에서 피할 수 없는 도덕 문제들을 잘 다룰 수 있도록 도와주는 교육프로그램들을 위해 기꺼이 자신의 시간을 할애하려고 한다.

따라서 우리 연구의 첫 번째 단계는 실생활 장면에서 이루어지는 도덕 결정에 대해 연구할 수 있도록 상황을 구성하는 것이고, 다음 단계는 4구성요소들 각각을 측정할 수 있는 측정도구들을 구안하는 것이다. 구성요소 1(도덕 민감성)에 대한 연구는 미네소타대학교 치의학과에 있는 비보(Bebeau) 박사에 의해서 여러 해 동안 이루어지고 있다. 다음은 이 연구에 대한 설명을 간략하게 기술한 것이다.

실생활 장면에서의 구성요소 1에 대한 연구

비보는 치과 진료에서 반복되는 중요한 딜레마가 무엇인지를 규명하는 것으로 연구를 시작하였다. 그녀는 먼저 실습생들과 인터뷰를 하고, 그들의 진료행위에는 어떠한 종류의 상황과 문제가 발생하는지에 대해 파악하기 위해 700명의 치과의사들을 조사하였다. 그 결과, 치과의사들이 직면하는 딜레마 상황은 다른 의사가 진료한 오진을 발견했을 때 무엇을 어떻게 해야 할지에 대한 갈등상황이나 모든 치아를 다 뽑아 달라는 요구와 같이 장기적으로 볼 때 건강에 해로운 진료를 요구하는 환자들로 인하여 갈등이 되기도 하였다. 또한 치과진료의 문제를 넘어선 심각한 문제를 안고 있는데 그 문제를 건드리기를 꺼려하는 환자들을 어떻게 해야 할지에 관한 것도 갈등이 된다. 그리

않기로 결정하였다. 이런 사실을 안 변호사 로렌스 워시번은 법원에 수술명령을 요구하는 소청을 올리면서 이 사건은 공개적인 사안이 되었다. 부모님의 결정이 옳았는가에 대한 논쟁에서 '모든 사람의 생명은 존귀하다.'는 원리와 수술을 받을 경우 아이는 20대까지 생존할 기회를 가질지 모르나 정신적으로는 크게 지체되고 더 심한 질병에 감염될 수 있어서 아이의 생명연장이 아이에게나 그 부모에게 아무런 이익도 줄 수 없다는 점이 중요하게 고려되어야 할 쟁점이 되었다.

고 최적의 치료를 위해 비용이 많이 들어가는 진료를 해 줄 것인지, 아니면 비용은 저렴하지만 최적의 진료라 할 수 없는 보통의 진료를 해 줘야 하는지에 대해서 발생하는 갈등도 있다(Bebeau, Reifel, & Speide, 1981).

비보는 치과 진료 분야에서 중요한 도덕 딜레마가 무엇인지 찾은 뒤, 그것들을 이야기로 꾸몄다. 그 이야기는 치과 진료실에서 전형적으로 볼 수 있는 환자와 의사 간 대화로 이루어졌다. 원고를 쓰고, 그것은 배우들에 의해 녹음되었다. 그 원고들은 피험자들이 듣고 나서, 무슨 일이 일어나고 있는지, 그 이야기 속에 어떤 문제가 담겨 있는지, 그리고 그 상황에서 어떻게 대처할 것인지에 대한 역할극을 하기 위한 검사자료가 된다. 예를 들어, 이야기들 중 하나는 마을에 새로 이사 온 해링턴 여사가 새로 개업한 치과에 진료를 받으러 간 상황에 대하여 묘사하고 있다. 피험 학생은 검사가 시작되면서 치과 진료실에서 전형적으로 들을 수 있는 일상적인 대화를 듣게 된다. 극중 의사는 이전까지 해링턴 여사가 받은 진료(틀림없이 비싼)에 대하여 결함이 있다고 말하고, 인공치아를 다시 만들어야 한다고 말하기 시작한다. 극중 의사는 치주질환이 이미 상당히 진전되었다고 말한다(이 치주질환은 치과의대생에게 분명히 보이지만, 이전 진료 의사는 치료하지 않은 것이다.). 극중 의사를 통해 이러한 문제점들이 드러나면서, 해링턴 여사는 몇 가지 질문을 하게 된다. 예를 들면, "인공치아를 새로 하고 이미 그에 대한 비용을 다 지불했는데, 그 인공치아 중 일부를 다시 해야 한다는 것이 말이 되는가?"와 같은 질문이다. 테이프를 듣고 있던 피험 학생은 이 시점에서 극중에서 자신이 의사라면 그 상황을 어떻게 다룰 것인지에 대하여 질문을 받는다. 그리고 학생은 그 상황을 어떻게 해석하는지와 그 상황에서 무슨 일이 일어날 것인지에 대하여 면담을 받는다.

이러한 종류의 검사 자료는 콜버그의 인터뷰나 DIT에서의 질문들과 몇 가지 중요한 차이가 있다. (1) 이런 상황은 피험자를 위해 사전에 해석된 것도 아니며, 대안이 제시되지도 않는다는 것이다. 검사 자료는 밀도 높은 딜레마 대본이 아니라, 두 사람 간의 대화일 뿐이다. (2) 설정 상황은 현실성과 발생

빈도가 높은 것으로 선택·개발된 것이다. 그 드라마는 실생활과 같은 생생한 상황과 대화를 묘사하기 위해서 그 분야에 종사하는 실습생의 도움을 받아 개발되었다. (3) 실험 도구의 주된 목적은 피험자가 문제 상황에 대한 해결책을 찾고 그에 대한 정당화를 유도하는 것이 아니라, 오히려 피험자가 그 상황을 어떻게 인식하고 해석하는지를 알아내는 것이 주된 목적이다. (4) 그 상황을 다루기 위해서 피험자는 도덕 문제와 함께 기술적인(technical) 정보와 문제해결을 동시에 다루어야 한다. 우리가 믿기로는 전문직 딜레마는 대부분 기술적인 문제와 도덕 문제가 섞여 있다. 또한 전문직 교육에서는 그 직업의 기술적 측면을 강조하기 때문에, 학생들이 그 일의 도덕적 측면을 인식하지 못하고 해결하지 못하도록 조건화되는 것이 보통이다. 일부러 의도한 바는 아니지만, 현재의 전문 교육은 기술적인 면만을 지나치게 강조하기 때문에 전문직 종사자를 도덕 문제에서 멀어지게 하는 경향이 있다.

비보는 치과 대학생들이 해링턴 딜레마에 대하여 다양하게 반응하고 있음을 발견했다. 어떤 학생들은 그들이 취할 수 있는 행동 방법들을 상상조차 하지 못했다. 예를 들면, 먼저 진료했던 의사에게 인공치아의 오진상황에 대하여 물어 볼 수도 있었지만, 일부 학생들에겐 그러한 대처 행동 방안이 생각나지 않았던 것이다. 어떤 학생들은 나중에 진료하게 된 의사가 해링턴을 오진한 의사에게 진료비를 지원해 달라고 부탁하는 방안도 생각하지 못했다. 어떤 학생들은 이러한 경우를 동료 의료 협의체에 알리는 방안도 생각해내지 못했다. 비보는 어떤 학생들은 이 상황에서 누가 책임이 있는지와 그 책임은 무엇인지에 대해서도 명료하게 알지 못하고 있다는 것도 발견했다. 예를 들어, 일부 학생들은 치과의사는 전반적으로 진료의 질을 보장해야 할 책임이 있으며, 환자는 치료의 일정 기준을 요구할 권리를 가지고 있다는 것을 깨닫지 못했다.

비보는 구성요소 1을 점수화할 수 있는 체계를 개발했다. 취할 수 있는 행동 방안들을 명확하게 알고 있는 피험자들은 그렇지 못한 사람보다 더 높은 점수를 받게 된다. 그 상황에서 누가 책임을 지는지와 극 중 환자가 처한 상황을 어떻게 고려해야 하는지를 분명하게 알고 있는 사람에게는 그렇지 못한 사람보다 더 높은 점수를 주었다. 점수화하는 구체적인 방법은 각 딜레마에 대한 피험자들의 인터뷰를 분석하고, 각 문항당 1점에서 3점까지 점수를 주는 것이다. 첫 번째 연구에서는 4개의 이야기가 사용되었다. 각 사례들을 채점한 결과, 점수 분포가 34점에서 102점으로 나왔다. 그리고 4개의 사례로 구성된 또 다른 검사 자료가 구안되었다(Bebeau, Oberle, & Rest, 1984). 두 검사상의 높은 점수는 구성요소 1, 즉 '도덕 민감성'이 높다고 해석되었다. 여기에서 주목할 만한 점은 채점의 기준을 도덕 철학자들의 도움만이 아니라 실제 진료를 담당하고 있는 치과의사들의 협조를 받아 개발했다는 것이다.

비보가 개발한 측정도구의 신뢰도에 대해서는 여러 연구들에 의해 확인되었다(Bebeau, Oberle, & Rest, 1984; Bebeau, Rest, & Dian, 1985). 상관관계와 관련하여 평정자간 일치도가 평균 0.87이었다. 한 연구에서 일치의 정도가 평균 86.5%였고, 다른 연구에서는 평균 89.8%이었다. 여러 연구들에서 내적 일치도는 Cronbach α 수치가 .70 ~ .78이었다. 그리고 검사-재검사 신뢰도는 여러 주에 걸쳐 이루어졌는데, 개별 이야기 수준에서 평균 .68이었고, Spearman-Brown 공식으로 전반적인 검증을 한 결과 .90으로 추정되었다. 간단히 말하면, 측정도구는 적절한 심리 측정적 속성을 보여 주고 있다고 할 수 있다.

전문직 상황에서의 도덕 민감성에 관한 측정도구의 속성을 탐색하는 연구는 아직도 진행 중이다. 여기서 얻어진 몇 가지 사실들은 다음과 같다.

1. 도덕 민감성(치과 진료 상황에서 구성요소 1에 대한 비보 척도)은 DIT점수와 어느 정도(moderate) 상관관계가 있다(0.2~0.5 정도). 이는 구성요소 1이 구성요소 2와 분리될 수 있다는 견해를 뒷받침해 주고 있다. 그리고 도덕성이라는 것이 하나의 단일한 과정이 아님을 보여 주고 있다. 어떤 사람의 도덕 민감성은 매우 높으나 공정한 해결책을 찾기 위해 필요한 균형 잡힌 관점을 지니지는 못할 수도 있고 그 반대의 경우도 있을 수 있다.

2. 수렴 타당도와 확산적 타당도에 대한 증거도 있다. 아메리칸 치과대학과 미네

소타 치과대학 임상의들은 극화한 치과 진료 상황에 대한 피험자들의 반응 테이프를 검토하였다. 이때 임상의들은 도덕 민감성에 대한 반응 결과를 비보가 개발한 점수 체계를 사용하지 않고, 직관에 근거하여 점수를 매겼다. 비보의 도덕 민감성 척도는 직관에 근거하여 매긴 도덕 민감성에 대한 임상의들의 점수와 0.69 정도의 상관을 보였다. 그리고 피험자들의 언어 유창성, 기술적 지식 그리고 반응단어 수 등과는 0.20~0.40 정도의 상관을 보였다. 임상의들 간의 일치 정도보다 비보의 측정치와의 일치 정도가 더 높았다. 간단히 말하면, DEST(치과 윤리 민감성 검사)는 이론적으로 비슷한 변인들과는 상관관계가 있으나 이론적으로 다른 변인들과는 그렇지 않았다.

3. 설정 상황의 유형마다 도덕 민감성에서 상황 특수성이 작용한다는 증거가 있다. 이러한 상황 특수성에 대한 증거는 Cronbach α의 수치가 상당히 높기 때문에 도덕 민감성에 내재해 있는 구인이 존재하지 않는다고 해석하기보다는, 오히려 도덕 민감성이 강력하고 영향력 있는 성격 특질로 여겨질 수 있다고 간주되어야 한다. 구성요소 1의 과정은 다른 상황들에 의하여 영향을 받는 것처럼 보이므로 다음에 해야 할 연구 목적은 구성요소 1에 영향을 미치는 상황적 특징과 개인사 요인들을 밝힐 방법을 구안하는 것이다. 우리가 궁극적으로 실생활 속에서 이루어지는 도덕행동들을 이해하기 위해서는 사람들이 직면하게 되는 상황에 대한 해석에 영향을 주는 것이 무엇인지를 알아봐야 할 것이다.

비보의 선구적 연구를 바탕으로, 볼커(Volker)는 치과 의료직과 마찬가지로 사람들의 건강을 도와주는 직업이지만 건강의 다른 측면에 관심을 가지고 있는 상담직 종사자들의 도덕 민감성을 측정하는 절차를 개발했다. 볼커는 상담자들의 교육이 다른 상담자의 치료 상담과정에 관한 테이프(카운슬러와 내담자 간의 대화)를 듣고 그 상담에 대하여 분석하면서 이루어진다는 것에 주목했다. 볼커는 두 개의 테이프를 개발했다. 두 개의 테이프에서 내담자는 제3자에게 나타날 수 있는 잠재적 위험성에 대하여 비밀을 털어놓는다. 한 테이프에서 내담자는 누군가가 제3자에게 성적 학대를 하자고 제안하고 있다는 정보를 제공했다. 두 번째 테이프에서는 인턴의사인 내담자가 스트레스로 인한 정신착란 때문에 자신의 환자를 위험하게 하고 있다고 밝힌다. 그러나 제3자들에게 미치는 위험성에 대한 애기는 미묘한 방식으로 이루어졌고, 상담시간 중 아주 잠깐 동안만 이루어졌다. 그 테이프들을 들은 후에, 피험자들은 테이프에서 상담자가 어떤 행동을 취해야 하는지를 포함하는 일련의 질문에 답해야 한다. 피험자들은 연구 목적을 모르며 각 사례에 대해 윤리적 대답을 하도록 지시받지도 않았다. 연구의 주된 관심은 피험자의 관심이 상담자와 내담자의 관계에만 국한되는지, 또는 제3자의 복지에 대한 언급이 이루어지는지, 그리고 상담자가 취해야 할 행동으로 제3자의 안전을 위해서 무언가 조치를 취해야 한다는 제안을 하고 있는지 등에 대한 것이다.

볼커가 개발한 측정 절차는 비보의 것과 다음 몇 가지 점에서 다르다.

1. 전문직종의 차이가 명백하다(상담과 치과의료).
2. 볼커의 테이프에서는 윤리적 문제가 미묘하고 분명하게 드러나지 않으며 테이프 내용 전반에 스며들어 있다. 따라서 여기에서 점수는 윤리적 이슈를 인식하는지와 상담자와 내담자의 관계에만 초점을 맞추는 일반적인 경향으로부터 얼마나 벗어나는지에 따라 받게 된다. 그러나 비보의 테이프에서는 윤리적 딜레마가 가장 주된 문제이며, 모든 피험자는 그 테이프의 내용에는 일정한 가치 혹은 도덕적 문제가 있음을 알고 있다. 또한 그 검사에서의 높은 점수는 다양한 사람들과 그들의 특성에 대한 정보로부터 추론해낼 수 있는지와 가능한 대처방안을 충분하게 알고 있는지에 달려 있다.
3. 볼커의 측정도구는 피험자들이 실험 자료들의 진짜 목적을 모를 때에 성공적일 수 있다. 그러나 비보의 측정에서는 피험자들의 측정 목적에 대한 인지여부와 측정의 성패 사이에 관계가 없다.
4. 볼커의 점수 체계는 각 딜레마 별로 전체 등급(1~5)을 주는 방식이며, 제3자의 입장에서 행동해야 하는 것에 대한 인식과 관심의 정도 그리고 제3자의 입장에서 행동하고자 하는 의지의 정도에 초점이 맞추어져 있다. 비보의 점수 방식은 딜레마마다 대략 7~12개 정도의 문항들로 나누어 문항별로 점수들이 매겨지며, 딜레마에 대한 전반적인 반응 특징보다는 딜레마 자체의 특징들에 더 초점이 맞추어져 있다.

비보의 측정도구에서와 마찬가지로, 볼커의 측정도구도 도덕 민감성을 측정하는 데에서 상당한 평정자 간 신뢰도(0.86 정도의 상관관계)를 보이고 있다. 비보의 연구에서처럼, 볼커도 도덕 민감성이 DIT점수들과 관계가 없음을 발견했다. 그리고 도덕 민감성에는 상당한 정도의 상황 특수성이 반영되고 있음도 발견했다. 또한 볼커도 숙련된 상담치료사에게 자신이 개발한 점수체계 없이 도덕 민감성에 대한 피험자의 반응들에 대해 등급을 매겨 보라고 하였다. 이것과 그의 점수체계로 채점한 점수 결과를 비교했을 때, 그의 점수 방식에 근거한 결과와 숙련된 상담치료사의 직관에 근거한 점수 사이에 상당한 일치를(상관관계가 0.95) 보여 주었으며, 측정도구의 수렴 타당도도 상당히 높게 나타났다. 한편, 도덕 민감성 점수들이 단순히 언어적 유창성 때문이 아님을 보여 주고 있다(0.52의 부적 상관을 보임). 또한 숙련된 상담자와 초보자 간 비교도 이루어졌다. DIT점수에서는 초보자와 전문가 집단 간 유의미한 차이가 있었지만, 도덕 민감성에 있어서는 기대했던 것과는 달리 두 집단 간 의미 있는 차이가 발견되지 않았다. 볼커는 이러한 결과들에 대하여 논의하고 있으며, 그의 두 가지 딜레마 간 도덕 민감성에 미치는 상황적 차이에 대한 설명도 일부 제공해 주고 있다.

비보와 볼커의 연구는 몇 가지 점에서는 다르나, 두 연구 모두 전문직에서 도덕적 의사결정이 어떻게 이루어지는지에 대한 연구 전략을 보여 주고 있다는 점에서 공통점이 있다. 물론 아직은 구성요소 1에 대해서만 연구가 시작되었고, 구체적인 직업상황에서 나머지 세 가지 구성요소들이 어떠한 심리과정들을 거치게 되는지에 대한 연구는 이루어지지 않았다. 또한 구성요소들 간의 상호작용, 즉 행동을 보다 잘 예측하기 위해서 각 구성요소들로부터 얻은 정보들을 결합해야 하는데 아직은 이러한 연구가 시작되지 않았다. 그러나 다행히도 이들에 대한 연구 계획은 분명히 있다. 5장에서는 도덕 판단 연구를 다른 구성요소들의 심리과정들과 연계시키는 또 하나의 연구 영역이 설명될 것이다.

이 장의 목적은 도덕성에 대한 연구는 무엇으로 이루어져 있는가에 대한 일반적인 관점을 제공하는 것이고, 도덕성에 대한 연구가 어디에서 시작되었고 어떤 방향으로 가고자 하는지에 대한 몇 가지 관점을 제시하는 것이다. 다음 장에서는 보다 구체적인 문제들에 대하여 훨씬 더 면밀한 관점을 제공할 것이며, DIT를 사용한 수많은 연구들로부터 나온 결과들을 요약할 것이다.

삶의 경험과 발달경로

02

도덕 판단력에서의 연령 경향성

인지발달 전통에서 모든 연구는 특정한 이론에 의해 정의된 바와 같이 나이가 많은 피험자들이 나이가 어린 피험자들보다 '더 높은' 단계에 반응하는지에 대한 연령 경향성을 알아보는 데에서 시작되었다. 발달이론은 이와 같은 경험적 연구의 뒷받침이 없이는 출발조차 하기 힘들다. 이러한 경험적 지지는 도덕 판단력에 관한 피아제(Piaget)의 초기 연구에서 나타났으며 (1965), 1958년 콜버그(Kohlberg)의 탁월한 논문 역시 연령 경향성을 나타내는 데이터를 포함하고 있었다. 25년이 지난 후, 하버드 대학에서 콜버그와 그의 동료들은(Colby, Kohlberg, Gibbs, & Lieberman, 1983) 동일한 피험자를 대상으로 한 연구에서 보다 정확하고 정교한 종단적 경향성을 보고하였다. 이 보고서에서 중요한 경험적인 결과는 연령 경향성을 다루고 있다는 점이다. 콜버그의 초기 표집에서의 연령 경향성은 그의 새로운 채점절차를 사용한 다른 많은 표집에서도 여러 번 되풀이되었다. 또한 이 속에는 다른 나라에

---

* James Rest and Deborah Deemer, with Robert Barnett, James Spickelmier, and Joseph Volker

서의 종단연구들도 포함되어 있었다(예를 들면, Gibbs & Widaman, 1982; Nisan & Kohlberg, 1982; Snarey, Reimer, & Kohlberg, 1985). 발달 이론에서 가장 중요한 것은 사람들이 시간이 지남에 따라 이론에서 요구하는 방향으로 변화하는지를 증명하는 것이다. 따라서 도덕 판단력 측정의 타당도에 관한 첫 번째 문제는 측정치가 연령 경향성을 나타내는지의 여부에 달려 있다.

  DIT를 사용한 연구의 첫 번째 국면에서도 연령 경향성에 대한 증거를 찾으려 애썼고, 측정도구의 신뢰도와 타당도에도 초점을 맞추었다. 레스트는 1979년 책에서 DIT의 연령 경향성을 보고하였는데, 여기에는 횡단적(cross-sectional) 자료와 종단적 자료 그리고 순차적 분석이 포함되었다. 횡단적 자료는 약 3,000명의 피험자를 대상으로 한 이차분석을 통해 요약·정리되었고, 연령 및 학력 요인은 DIT점수에서 변량의 38~49%를 설명하였다. 종단연구에서는 상승 추이(upward movement)가 나타났다(이는 퇴행 추이보다 약 10배의 상승을 보인다.). 순차적 분석(Baltes, 1968; Schaie, 1970이 제안함)에 따르면, 상승 경향성은 동년배집단(cohort)이나 문화적 변화 때문에 잘 설명될 수 없었다. 또한 분석을 통해 상승 경향성이 테스트 효과에서 기인한 것이 아니었음을 지적하였다.

  DIT에서의 연령 경향성에 관한 최근의 증거가 초기 데이터와 일치한다. 토마(Thoma, 1984)에 의한 횡단적 자료에서 6,000명 이상의 피험자를 대상으로 실시한 메타분석에 따르면, 연령과 학력이 DIT점수 변량의 52%를 설명해 준다는 것이다. 또한 DIT의 비교문화 연구에서도 연령 경향성이 나타났다(4장을 참조). 실제로 횡단연구 표집에서의 연령 경향성을 보고한 연구목록들이 여러 페이지를 차지했으며, 그것은 두 차례의 대규모 메타분석에서도 적절하게 제시되었다.

  게다가 상승 경향성은 DIT의 약 12개의 새로운 종단연구에서도 나타났다(〈표 2-1〉 참조). 〈표 2-1〉에서도 알 수 있듯이, 모든 종단연구는 시간이 지남에 따라 상승하는 경향을 보이며, 그러한 경향은 검사 간 간격이 2년 이상일 때 유의미한 것으로 나타났다. 최근에 저자는 1970년대 초에 처음 DIT를 측

표 2-1　종단연구의 고찰

저자, 연도, 연구기간	표집대상	검사 시점의 평균				검사 통계치	예언도
		표집수	T1	T2	T3	T4		
Kitchner & 동료들 (1984) 2년	고등학교	16	43.34	46.93	–	–	F(1,106)=4.92 Time	p=0.05
	전문대학	26	44.61	49.51	–	–	F(2,106)=20.85 Group	p=0.001
	대학원	14	60.54	69.98	–	–		
Bridges & Priest (1983) 5년	West Point Cadets							
	표집 1	24	–	38.3	39.8	41.5	F=0.6	
	표집 2	37	33.0	–	37.8	41.8	F=5.8	p<.05
	표집 3	17	32.6	–	–	41.4	F=2.5	
	표집 4	113	36.7	38.5	41.3	–	F=9.2	p<0.05
	표집 5	27	34.9	35.3	40.8	45.9	F=5.8	p<0.05
Mentkowski & Strait(1983) 4년	대학생	140	39.24	46.61	48.94	–	t=40.79 T1-T2 t=4.48 T2-T3	p=0.001 p=0.05
McGeorge(1976) 2년	대학생	93	42.7	44.2	–	–	NA	NS
Rest & 동료들(1978) 8년	13~23세의 다양한 학생	41	36.5	47.5	49.8	51.3	F=17.6	p=0.0001
Kraack(1985) 2년		117	22.5	28.4	–	–	t=6.19	p=0.00
Spickelmier(1983) 6년	대학생	24	42.26	48.09	46.80	–	t=1.048	p=NS
Thoma(1983) 1년	대학 1년생	44	45.34	50.35	–	–	t=5.92	p=0.02
Whiteley(1982)	대학생	187	38.12	42.20	–	–	t=15.88	p=0.001
Sheehan, Husted, & Candee(1981) 3년	의대생	52	53.7	58.0	–	–	t=6.4	p=0.02
Biggs & Barnett (1981) 4년	대학생	82	38.60	48.03	–	–	NA	p=0.001
Broadhurst(1980)	사회 사업가	52	43.54	47.36	50.56	–	t=2.82	p=0.01

NA: 유효하지 않음, NS: 유의미하지 않음.
출처: 저자들에 의해 집계됨.

정한 100명의 피험자에 대한 10년간의 추수연구(follow-up study)를 완성하였다. 지금까지와 같이 전체 표집 그리고 남성과 여성을 각기 분리하였을 때에도 DIT점수가 상승하는 경향성이 나타났다(상관 t-test(95 d.f.)=9.7, p<.0001; 남성 t=-3.2; 여성 t=-5.6).

우리는 콜버그와 DIT연구, 횡단 및 종단 연구 그리고 비교문화연구 모두를 수합하여 콜버그 학파의 전통에서 측정된 바와 같이 도덕 판단에서의 일반적인 발달경향성의 증거가 압도적이라는 결론을 얻어야만 한다. 물론 역행(reversion)과 퇴행을 보이는 범위에 대한 논의가 여전히 남아 있고, 또한 얼마나 많은 다른 종류의 오차가 각각의 측정도구 속에 포함되어 있는지도 논쟁의 여지로 남아 있다. 그럼에도 불구하고 상승, 즉 이론에 의해 정의된 방향에서의 전반적인 변화 경향성은 매우 분명하다. 반면에, 도덕 판단력이 발달한다는 것을 부인하는 몇몇 사람도 있다(예를 들면, Beck, 1985; Emler, Renwick, & Malone, 1983). 그러나 그들은 연령 경향성을 조사하지 않았을 뿐만 아니라 현존하는 결과를 반박할 만한 새로운 연령 경향성 자료도 가지고 있지 않다. 오히려 그들은 오직 개인적 신념에 기반을 둔 근거를 주장할 뿐이다. 만약 어떤 사람이 도덕 판단에 연령경향성이 있다는 사실에 대해 회의적이라면, 그 사람은 사회과학의 어떠한 발견도 받아들이지 않을 것이다.

요컨대, 도덕 판단력 연구의 첫 번째 국면에서 발견된 사실 중의 하나는 연령과 관련이 있다는 것이고, 이러한 연구결과는 계속 되풀이되어 나타난다는 것이다.

발달의 원인이 무엇인가: 정규교육

연령 경향성 자료에 따르면, 사람들은 시간이 지남에 따라 발달한다. 그러나 발달이 왜 일어나는지 또는 어떻게 일어나는지에 대해서는 밝혀내지 못하고 있다. 즉, 발달의 원인이나 발달을 위한 조건 그리고 메커니즘에 대한 것은 제시하지 못하고 있다. 연구자들이 측정도구의 타당도를 검증하게 될 때 비로소 발달의 본질에 대한 이러한 질문이 보다 중요해질 것이다.

피아제(1970)에 따르면, 인간은 자신의 경험을 적극적으로 해석하기 때문에 인지발달이 일어나게 된다. 인간은 자신의 경험을 이해하기 위해 의미를 구성하고, 경험을 자신의 것으로 동화시킴으로써 일반적인 의미 범주를 형성해 나간다. 그리고 그들은 무슨 일이 일어날지를 예측한다. 새로운 경험이 기존의 경험 범주 속에 존재하지 않거나 경험이 자신의 예상과 다를 때, 그들은 경험이 다시 의미를 갖고 예측할 수 있는 형태가 되도록 자신의 범주와 기대를 수정한다. 인간의 인지변화는 초기 개념에 맞지 않는 경험이 발생하면서 시작되는 것이다. 즉, 인지 불균형은 발달을 위한 필요조건이 된다.

콜버그에 따르면, 특별한 종류의 사회 경험들은 '역할채택(role-taking)' 경험으로부터 나온 도덕적 사고의 발달에 기여하는 바가 매우 크다(1969). 역할채택 경험은 어떤 사람이 다른 사람의 관점을 취해 보는 사회적 경험이다. 어린 시절에 친구들과 신뢰를 나누는 것도 역할채택 경험이다. 부모와 자녀들은 도덕규칙의 추론에 대해서 토론을 하면서 또 다른 경우의 역할채택을 경험한다. 도덕적 토론은 다른 사람의 관점을 배우는 또 다른 방법이다. 동료 또는 부하 직원의 역할을 취해 봄으로써 그들의 관심에 대해 생각해 보는 것도 역할 채택의 또 다른 예다. 아마도 더 많은 역할채택의 기회를 통해 사람들은 그들 사이의 이해관계를 조정하는 보다 정교한 방법을 고안할 것이며, 그로 인해 정의(justice) 개념은 더욱 발전할 것이다.

그러나 도덕성 연구자들이 인지 불균형이나 역할채택 기회를 직접적으로 측정할 수 없다는 것이 입증되고 있다. 예컨대, 버코비츠(Berkowitz, 1980)는 도덕교육 프로그램에서 인지 불균형을 측정하려 했던 시도를 통해 자신과 보조연구자는 불균형이 일어난 시점에 대해 합의할 수 없었다고 기술한다.[1]

---

1) 튜리엘(Turiel)은 자신의 1966년 연구에서 인지적 불균형상태를 조정하기 위해 설계된 실험조작을 소개했다. 자신의 단계보다 한 단계 낮은 진술을 해야 하는 피험자들보다 자신의 단계보다 한 단계 위의 진술을 하도록 요구된 피험자들이 인지적 불균형의 양상을 더 보일 것이라고 추정했으나 이러한 가정이 확보되지는 않았다. 이 실험에서 물론 인지 불균형의 독립적인 측정이나 조작체크는 없었으나 이러한 조작에 대한 또 다른 해석은 가능하다.

이와 유사하게 연구자들은 특정한 피험자가 얼마나 많은 역할채택 경험을 받아들이는지를 측정하는 데에 어려움을 겪었다. 이 두 가지는 모두 너무나 일반적인 것이었기 때문에 직접 평가하고 파악하기 어려운 일이었다. 어쩌면 이것은 조작적 연구 구조가 아닌 순수한 이론적 수준에서 작용하는 것일지 모른다. 따라서 연구자들은 어떠한 특정 경험이 발달을 촉진시키는지에 대해 조작 가능한 수준에서 보다 더 구체화시켜야만 했다. 아마도 인지적 갈등과 역할채택의 중간에 있을 것으로 추측되었다.

도덕 판단력 발달과 가장 강력하고 일관성 있는 관련 요소 중 하나는 생물학적 연령 그 자체라기보다는 오히려 몇 년간의 정규교육이었다. 정규교육의 영향은 놀라울 정도였다. 콜비, 콜버그, 깁스와 리버만(Colby, Kohlberg, Gibbs, & Lieberman, 1983)의 연구에서 정규교육과 도덕 판단력 발달의 상관은 .53 ～ .60으로 나타났다. DIT(1979a)와 관련된 인구통계학적 상관의 이차 분석에서도 정규교육은 가장 강한 상관을 보였다. 우리의 최근 10년간의 DIT점수 종단연구는 훨씬 극적인 정규교육의 효과를 보여 주고 있다. [그림 2-1]은 DIT를 네 가지 점수로 보여 준다. 피험자들은 세 개의 교육그룹으로

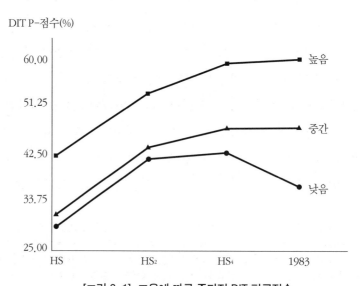

[그림 2-1] 교육에 따른 종단적 DIT 평균점수

나뉘었다. 가장 높은 선은 고등교육을 받은 피험자들의 발달추이를 나타내고, 중간선은 적정한 양의 교육을 받은 피험자들의 발달추이를 나타내며, 가장 낮은 선은 교육받은 양이 가장 적은 피험자들의 발달추이를 나타내고 있다. 높은 그룹은 시간이 지남에 따라 지속적인 발달 추이를 보였으며, 중간 그룹은 어느 정도 향상되다가 일정한 수준에서 유지되었다. 낮은 그룹은 실제로 2년 동안만 증가하다가 하락하는 경향을 보였다. 첫 번째 검사에서 세 그룹 간의 초기 차이는 그들의 교육수준에 따라 극적으로 커졌다. 다르게 말하면 지속적으로 교육을 받았는지의 여부가 고등학교 이후의 일반적인 발달 추이를 결정한다는 것이다.

그러므로 몇 년간의 정규교육과 높은 도덕 판단력 점수와의 상관이 경험적으로 뚜렷하게 존재하는 것으로 보인다. 그러나 이러한 결과의 이론적 해석은 명확하지 않다. 경험이나 피험자 활동 또는 과정과 메커니즘이 실제로 몇 년의 정규교육을 통해 나타나는지는 분명하지 않기 때문이다(이와 관련하여 좀 더 자세한 논의는 Rest & Thoma, 1985 참조).

1. 대학환경이 말로 표현하는 태도와 방식을 '사회화시키기' 때문일지 모른다. 대학에서 보내게 되는 더 많은 시간은 '진정한 대학생(collegiate)'이 될 수 있는 모델링의 기회가 더 많아지고 더 많은 강화를 받는다는 것을 말해 준다(DIT가 몇 가지 방식을 통해 어떤 사람이 어떻게 대학조직의 학생이 되는지를 측정한다고 가정한다.).

2. 다른 식으로는, (미국대통령의 이름이나 제곱근을 구하는 방식을 배우는 것 같은) 몇몇 특정 기술이나 단편적인 지식들을 대학에서 가르치고 있기 때문일지 모른다. 그리고 상승하는 경향은 학생들이 시간이 지날수록 이러한 기술을 더 많이 배우고 있다는 것을 반영한다(이것은 DIT가 이러한 특정 기술과 단편적인 지식을 반영하고 있다는 것을 가정한다.).

3. 대학활동이 학생들에게 일반적인 관점을 불어넣기 때문일지 모른다. 이러한 대안은 대학이 일련의 특정한 가치나 신념을 직접 가르치는 곳이 아니라 보다 일반적인 세계관에 간접적으로 영향을 준다는 것이다(이것은 DIT가 몇몇의 일반적 세계관을 고수하여 반영한다는 것을 가정한다.).

4. 대학이 일반적으로 도덕성에 관한 아이디어를 개별적으로 성취하도록 강화하는 환경을 제공하기 때문일지 모른다. 이러한 대안은 대학환경이 위의 1~3번에서 언급한 것처럼 어떤 특정 이데올로기를 조장한다고 가정하지는 않는다. 오히려 자기발견과 성찰을 증진시킨다고 가정한다(이러한 대안은 도덕 판단에서 스스로 구조화된 발달이 보다 원리화된 사고를 불가피하게 이끈다고 가정한다.).

5. 교육 연한은 환경 그 자체에 대하여 어떤 것도 의미하지 않는다. 오히려 확장된 학교교육을 추구하는 사람들에 대한 어떤 것을 의미한다. 아마도 대학을 가고자 선택한 사람들은 좀 더 숙고하는 경향이 있고, 지적인 자극을 추구하며, 인지적으로 발달하기 위해 스스로 동기화된 사람들이다. 결국 대학은 지나치게 많은 사람들을 끌어들이는 장소가 되어 버렸다. 그러나 대학시절 동안의 경험은 대학 그 자체를 통해서가 아니라 대학을 다니겠다고 스스로 선택한 개인에 달려 있다.

논리적으로 이러한 설명들 또는 이러한 설명의 조합들 중에는 도덕 판단력 발달이 몇 년간의 정규교육과 관련되어 있다는 경험적인 결과를 설명할 수도 있을 것이다. 성장을 촉진시키는 결정적인 경험은 과외 활동이나 대학 분위기, 커피 한 잔을 마시며 나누는 대화, 정규교육과정과 강독교육과정, 대학생들의 생활 스타일, 캠퍼스 근처 극장에서 상영되는 영화 혹은 대학 상황과는 별개로 반성적이고 호기심어린 개인성향에 있을 수 있다.

정규교육과정과 도덕 판단력 발달 간에 관계를 더 잘 이해하고, 어떤 삶의 경험이 도덕 판단력 발달을 촉진시키는지 이해하기 위해 몇 가지 연구가 시작되었다. 정규교육과 도덕 판단력 간의 일관되고 강한 경험적 발견들은 연구를 시작하는 데에 적절한 토대를 제공해 주었다. 바넷과 볼커(Barnett & Volker, 1985)는 최근에 열 개의 연구를 재검토했는데, 연구결과를 〈표 2-2〉와 〈표 2-3〉에 요약하여 제시하고 있다.

첫 번째 연구 유형은 어떤 활동이나 관심사 그리고 생활 스타일과 도덕 판단력을 연결시켜 설계되었다. 여기에 제시된 기본적인 질문은 "높은 도덕 판단력 점수를 획득한 피험자들은 도덕 판단력 점수가 낮았던 피험자들과는 구별되는 관심사와 활동들을 가지는가?"였다. 피험자들은 체크리스트에 활동과 관심사에 대해 표시하였다. 예를 들어, 빅스와 숌버그 그리고 브라운 (Biggs, Schomberg, & Brown, 1977)의 "학문적-개념적" 차원은 피험자들이 ① 마르크스주의, ② 수학적 귀납법, ③ 정신분석치료, ④ 빅토리아 시대, ⑤ 주기율표 와 같은 것을 읽었는지를 묻는 문항에 대한 응답과 관련이 있었다. 피험자들이 읽었다고 체크한 문항이 많으면 많을수록 "학문적-개념적" 항목에서 더 높은 점수를 받게 된다. 이와 유사하게 피험자들은 ① U Thant,[2] ② Earl Warren,[3] ③ Mao-Tse Tung, ④ Melina Mercouri,[4] ⑤ James Shannon에 대해 들어본 적이 있는지를 질문받았다. 피험자들이 위의 목록 중에 들어본 것이 많으면 많을수록 "사회적 혹은 정치적 인물" 항목의 점수는 더 높아졌다. 〈표 2-2〉의 처음 세 연구에서는 이러한 방식으로 '경험 측정치(Experience Measure)'를 알아보기 위해 실생활 경험을 체크리스트를 통해 확인하는 방법이 사용되었다. 일반적으로 이러한 연구들은 더 높은 도덕 판단력 점수를 가진 피험자들이 더 많이 공부하고 더 지적이며 학문적 경험도 많으며 대학의 첫 일 년 동안 보다 많은 사회적 활동을 했음을 보여 준다. 최고 학년처럼 더 높은 도덕 판단력 점수를 획득한 사람들은 보다 더 사회적이고 정치적이며 학문적이고 문화적인 사람일 것이다. 그럼에도 불구하고 이러한 '경험 측정치'의 경향성은 보다 간단한 변인인 정규교육 연한과의 상관 정도에서 그리 대단한 것은 아니었다.

---

2) U Thant: 유엔 사무총장(1961~9171) 역임. 미얀마.

3) Earl Warren: 미국 대법원장.

4) Melina Mercouri(1925~1994): 그리스의 영화배우이자 문화부 장관, 정치가. 당시 세계에서 단 열 명뿐인 여성장관 중 하나.

| 표 2-2 | 도덕 판단 수준과 삶의 경험과의 관계 |

연구	방법론적 문제점	표집 수	표집 집단	경험측정 방법	높은 도덕 판단력과 관련 있는 경험	낮은 도덕 판단력과 관련 있는 경험
Biggs, Schomberg, & Brown(1977)	가, 다	767	대학 신입생	체크 리스트	학문적 개념** 사회/정치적 인물** 문학** 예술**	
Schomberg (1978)	가	407	대학 신입생	체크 리스트	학문적 개념** 학업*, 예술**, 문학** 이 문화에 대한 경험** 사회적 논쟁** 문화적 경험**	
Barnett (1982)	가, 다	128	대학 4학년	체크 리스트	사회적 논쟁** 정치적 활동** 문학** 사회적/정치적 인물** 문화적 경험	캠퍼스 활동** 종교 경험*
Spickelmier (1983)	다, 라	24	성인 초기	인터뷰 기초한 평정	강한 교육적 지향성* 학업 성공 경험* 다양성 인정* 대학 졸업 후의 학문적 환경*	약한 교육적 지향성** 학업 실패 경험* 냉담/참을성 부족* 대학졸업 후의 비학문적환경**
Volker (1979)	가, 마	42	대학생	체크 리스트 (MREC)	정규교육* 성숙된 사고에의 노출경험* 정치적 활동 룸메이트와의 조화	다른 사람에게 느끼는 책임감* 비극, 조장(촉진) 관계, 직업 결정 보수적 종교 신념 및 실제
Cady (1982)	가, 마	57	성직자	체크 리스트 (MREC)	교육*, 다수결 결정* 논쟁거리에 대한 연구* 다른 관점에의 노출* 신뢰적/개방적 관계** 일을 통한 성숙한 사고에의 노출* 고통 경험* 개방적인 종교 이론**	보수적인 종교 이론** 종교 경험

*p＜.05, **p＜.01

• 방법론적 문제점: ㉮ 비무선적 혹은 비전형적인 표집; ㉯ 피험자 사망률의 유의미성(40% 이상); ㉰ 평균으로 회귀하는데 통계적인 통제 불가; ㉱ 통계적인 검증을 뒷받침할 만한 피험자 수의 부족; ㉲ 다중통계검증, 1종 오류 가능성 (영가설이 채택되었음에도 불구하고 영가설을 기각할 때 생기는 오류).
출처: 저자들에 의해 집계됨.

표 2-3 도덕 판단력 변화와 삶의 경험과의 관계

연구	방법론적 문제점	표집 수	표집 집단	경험 측정 방법	도덕 판단력 발달과 관련 있는 경험	도덕 판단력 발달과 관련 없는 경험
Rest(1975)	가, 나	88	성인 초기	피험자에 의해 지명된 경험	정규 교육, 독서, 학업* 새로운 실세계에 대한 책임감*	성숙 사회 세계의 확장 종교경험 공동체 참여
Rest(1979)	가, 나, 다, 라	59	성인 초기	피험자에 의해 지명된 경험	현재의 논쟁거리/사건 논쟁거리에 대한 심사숙고 새로운 실세계에 대한 책임감 미래를 위한 의사 결정 종교적 경험 공동체 참여 개인적인 스트레스 삶의 스타일 변화 여행	독서 정규 교육 성숙 새로운 사회적 접촉 특별히 영향력 있는 사람들 의사 결정 집을 떠나서 생활한 경험 비극적인 사건의 경험
Kraack (출간예정)	나	177	대학 1, 2년	체크리스트		일/캠퍼스 밖 활동 캠퍼스 참여 경험 참여 정도 참여 유형(예: 정치, 종교, 예술, 통합교과, 사회적 경험, 출판) 자기가 보고한 리더십 판단을 받은 리더십

*$p < .05$, **$p < .01$

• 방법론적 문제점: ㉮ 비무선적 혹은 비전형적인 표집; ㉯ 피험자 사망률의 유의미성(40% 이상); ㉰ 평균으로 회귀하는데 통계적인 통제 불가; ㉱ 통계적인 검증을 뒷받침할 만한 피험자 수의 부족; ㉲ 다중통계검증, 1종 오류 가능성(영가설이 채택되었음에도 불구하고 영가설을 기각할 때 생기는 오류).
출처: 저자들에 의해 집계됨.

연구의 두 번째 유형에서는 볼커(Volker)에 의해 설계된 "도덕추론경험 체크리스트(MREC)"가 사용되었다. 볼커의 도구는 피험자들에게 다음과 같은 경험을 한 적이 있었는지를 질문한다. 즉, "다른 관점을 가지도록 의도하는 수업에 참석했던 경험" "보다 성숙한 사고를 하는 사람을 만났던 활동 경험" "잔인한 행위나 고통스러운 경험" "가족들과 함께 중요한 의사결정을 했던 경험"이 이에 속한다. 이는 〈표 2-2〉에 제시된 '경험' 범주 목록에서 확인할 수 있다. 또한 피험자들은 이러한 경험들이 자기자신에게 얼마나 중요한지에 대한 평가를 내리도록 질문받았다. 볼커는 대학생들을 집중적으로 인터뷰했던 것과 도덕 판단 연구를 통해 지속적으로 제안되었던 것들로부터 도덕추론경험 체크리스트(MREC)의 문항들을 추출했다. 한 가지 혁신적인 것은 피험자가 어떤 사건을 경험했었는지의 여부와 피험자의 경험에 대한 견해가 특별히 자신의 발달이라는 측면에서 중요한 것이었는지의 여부를 분리하여 분석하고 제공했다는 점이다. 아마도 몇몇 피험자들은 어떤 사건을 경험했지만 그러한 경험이 본인에게 그다지 영향을 미치지 않았을 수도 있기 때문이다. MREC는 주의를 기울이고 창의적으로 고안된 것임에도 불구하고 MREC 체크리스트를 사용한 연구들은 유의수준이 매우 낮거나 일관되지 못한 결과를 나타냄으로써 실망을 안겨 주었다.

연구의 세 번째 유형은 피험자들에게 그들 자신의 관점에서 무엇이 도덕적 사고발달에 영향을 미쳤는지에 대해 간단한 질문을 던지고 이를 통해 삶의 경험을 설명하도록 하는 접근이었다. 이러한 자유해답식의 질문반응에서 피험자들은 몇몇 문장이나 문맥을 제시받고 자신의 삶에서 무엇이 영향을 미쳤는지를 제시하는 것으로 그들의 의견을 대신했다. 분류체계는 이러한 유형을 분류해내기 위해 귀납적으로 고안되었다. 범주의 예를 들면 "새로운 실세계에 대한 책임감" "읽기와 공부의 정규교육" "공동업무에의 참여" 등 등이다. 이는 〈표 2-3〉에서 확인할 수 있다. 레스트의 연구(1975, 1979a)에서 이러한 생활경험 데이터는 몇 년이 지나서 얻어지는 도덕 판단 점수와 관련이 있었다. 이러한 연구 설계는 부수적인 관련성에 기초한 것이 아니라 생활

경험과 관련된 종단연구에서 획득된 것이었다. 그러나 MREC 연구와 마찬가지로 연구결과는 일관되지 않았고 발견된 부분도 미약하여 실망스러웠다. 이러한 실망감은 우리의 가정을 재검토하게 만들었다.

한편, 도덕 판단력과 정규교육 간에는 강한 상관과 일관성이 있었다. "몇 년간의 정규교육"이라는 변인은 간접적으로 몇 가지 종류의 강화 경험이나 발달을 촉진시키는 심리적 절차를 대표해야만 한다. 다른 한편으로는 어떤 경험이 이러한 상관에 책임이 있었는지를 보다 정확하게 설명하고자 했을 때, 보다 일관되고 보다 강한 상관을 이끌어내는 생활경험의 어떤 특성도 찾아내지 못했다는 것이다. 그렇다면 무엇이 잘못되었는가?

몇 가지 가능성은 있다. 한 가지 어려움은 단일한 생활경험을 너무나 구체적이고 특수한 기술(description) 수준으로 특징지으려는 데 있는지도 모른다. 우리가 비만의 원인에 대해 관심이 있다고 유추하여 상상해 보자. 우리는 피험자에게 그들이 햄버거나 생선, 견과류나 과일 등을 먹었는지 질문을 할 것이다. 몇몇 피험자는 각각의 항목에 대해 그렇다고 답할 것이다. 살이 찌는 이유와 각각의 특정한 음식의 종류를 상관시킨다면 이것들이 일관성이 없거나 상관이 낮다는 것을 발견할 수 있을 것이다. 그 이유는 햄버거를 많이 먹는 사람이 견과류나 과일은 많이 먹지 않을 수 있으며, 어떤 사람은 편식을 하지 않고 음식을 골고루 먹지만 살이 많이 찔 수 있기 때문이다. 높은 상관관계는 오직 살이 많이 찐 사람들이 특정한 음식을 많이 먹을 때나 체중이 적게 나가는 사람들이 특정한 음식을 잘 먹지 않을 때만 나타나는 것이다. 특정한 하나의 음식이 비만과 높은 상관을 가지지 않는다는 것을 발견했을 때, 우리는 '햄버거를 먹는 것과 비만은 관계가 없다.' 처럼 음식의 종류들 중 어떤 것도 체중이 늘어나는 것과는 관계가 없다고 잘못된 결론을 내릴 수 있다. 사실상 문제는 어떤 사람은 햄버거를 많이 먹어서 살이 찌고, 어떤 사람은 견과류나 과일을 먹고 살이 찌며, 또 다른 사람은 많은 종류의 음식을 골고루 먹고도 살이 찌는 것이다. 우리의 논리적 약점은 일반적으로 하나의 특정한 음식의 양과 비만집단의 상관을 보려 한다는 것이다. 보다 적절한 기술

(description)을 하려면 기간이나 칼로리를 포함시켜야 한다. 우리가 햄버거, 생선, 견과류와 과일의 칼로리를 동일하게 환산한다면, 상관을 발견할 수 있을 것이다. 또한 칼로리 이외에도 물질대사나 에너지소비량과 같은 다른 요인들도 비만에 영향을 줄 수 있을 것이다. 도덕성 연구와 비교해 볼 때, 도덕 판단력 발달을 여행, 그룹 토의, 삶에 대한 책임감 같은 경험과 관련짓는 것은 체중 증가의 원인을 햄버거, 생선, 견과류, 과실 등으로 구분하여 생각하는 것과 같다. 따라서 앞서 예로 들었던 칼로리 개념과 같이 비교를 가능하게 해 줄 서술 수준을 찾아야 한다. 여행을 통해서나 그룹 토의를 통해서 또는 삶의 책임감을 경험하면서 도덕발달이 이루어졌을 수도 있다. 그러나 도덕 판단력의 획득은 각 범주 중에 한 가지와만 높은 상관관계를 가지는 것은 아니다. 왜냐하면 높은 상관은 피험자가 일반적으로 겪게 되는 경험의 양에 의해서 나타나기 때문이다. 요컨대 우리의 탐색 전략은 주어진 과제와 맞지 않는 것이었다.

또 다른 의문은 경험을 기술하는 데 얼마나 객관적이거나 혹은 주관적일 수 있는지의 여부다. 과도하게 객관적일 때의 문제는 동일한 사건이 서로 다른 사람에게 다르게 영향을 미칠 수 있다는 점이다. 예를 들어, 두 사람이 함께 여행을 할 때 한 사람은 그 경험으로부터 깊은 영향을 받을 수도 있지만 다른 사람은 별다른 영향을 받지 못할 수 있다. 피험자가 사건을 경험하는 것뿐만 아니라 그 개인이 어떻게 그 사건에 반응했는지 혹은 그 사건에 대한 주관적인 경험은 어떠했는지도 중요하다. 그러나 연구자는 어떤 사건이 피험자에게 미친 영향을 측정하기 위해 피험자 자신의 회고적인 이론(retrospective theory)에 의존하여 파악하게 된다. 우리는 피험자에게 그 사건이 어떻게 그들의 발달에 중요한 영향을 미쳤는지를 이론화시켜 보라고 부탁한다. 그러나 그들이 자신의 도덕 판단력 발달에 중요한 영향을 미친 사건들이 무엇인지 정확히 알고 있을 것이라고 믿을 만한 근거는 없다.

실제로 사람들은 시간이 경과하면서 변화하는 도덕 판단력의 기본 구조를 인식하지 못할 뿐만 아니라 그 기본 구조에 영향을 주는 것이 무엇인지는 더

더욱 알지 못한다. 따라서 우리가 경험에 대한 주관적인 영향을 측정하는 것
또한 잘못된 것이다.

새로운 접근

이러한 고찰을 통해 우리는 삶의 경험을 기술하기 위한 새로운 접근을 시
도하게 되었다. 그것은 지나치게 구체적이지는 않으며 경험의 주관적인 반
응에 대한 정보를 포함하고 있다. 탐색적 사례연구(1983)가 제임스 슈피켈마
이어(James Spickelmier)에 의해 수행되었고 후속연구도 진행된 바 있다
(Deemer, 1986). 슈피켈마이어는 발달에 영향을 준다고 가정된 광범위한 영
역의 경험에 대한 질문이 담긴 구조화된 인터뷰를 고안함으로써 연구를 시
작했다.

질문지는 기존 도덕 판단력 연구에서 다루어진 경험 양상들뿐만 아니라
학생 발달에 대한 수많은 연구결과까지 모두 고려하여 고안되었다(예를 들면,
Astin, 1978; Bowen, 1978; Chickering, 1969). 인터뷰 주제는 생활환경, 동료
와의 관계, 교수와의 관계, 학문적 몰두, 학습 선호도, 학업 이외 활동에 대
한 몰두, 책임감 훈련, 이성과의 관계, 가족과의 관계, 취업에 대한 목표, 개
인적인 목표와 가치, 위기와 정신적 외상의 경험, 대학졸업 후 경험 등이다.
질문지 예시는 다음과 같다.

1. 당신은 대학시절 대체로 어떻게 저녁시간을 보냈는지를 기술하시오. 당신 혹은
   당신의 룸메이트는 무엇을 하는 편이었습니까? 당신은 무엇에 대해 이야기를
   나누었습니까?
2. 대학시절 당신의 가장 친한 친구 이름을 제시하고 그에 대해 기술하시오. 당신
   의 친구와 다른 학생을 비교하시오.
3. 대학시절 당신이 감명받은 책이나 강의 또는 고민했던 특별한 지적 문제에 대
   해 말할 수 있습니까?
4. 대학시절부터 부모의 경제적 지원으로부터 독립해서 생활했습니까? 대학시절

동안 당신의 경제적 문제는 어떻게 달라졌습니까?

이 면담으로부터 얻은 정보는 피험자의 발달에 대한 피험자 자신의 이론에 의존하지 않는다. 이러한 정보는 피험자의 생활에서 어떤 일이 일어났는지 그리고 어떤 경험이 중요한 영향을 주는지에 대해 매우 상세한 정황을 제공한다. 슈피켈마이어는 채점자가 추론이나 해석을 할 수 있도록 구체적인 서술 자료를 모으고자 했다. 슈피켈마이어 연구에서 피험자는 모두 같은 학교에 다니는 대학생이었기 때문에 질문들은 모두 대학생활에 맞춰졌다. 피험자는 1학년 때와 3학년 때 그리고 대학 졸업 후 2년 후에 DIT검사를 받았다.

슈피켈마이어는 인터뷰 자료를 채점하기 위해 공식적인 방법을 만들어 냈다. 슈피켈마이어의 연구가 탐색적이고 대규모의 무선 표본을 대상으로 하지 않았기 때문에 통계적인 결과물을 얻을 것으로 기대되지는 않았다. 그렇지만 이 연구가 갖는 특별한 의미는 도덕 판단력 발달과 관련된 경험에 대한 피험자의 기술을 구조화하는 방법을 제시했다는 데 있다. 많은 분석과 실험 이후 슈피켈마이어는 12개의 척도로 이루어진 채점 안내서를 개발하였다.

도덕 판단력 발달을 가장 잘 예언해 주는 코드는 '학업(academic)'에 관한 세 가지 코드다. "사회화를 이끄는 환경"이라 불리는 첫 번째 코드에서는 학생이 학교 분위기에 얼마나 완벽하게 적응하고 참여하게 되는지와 이와 반대로 대학에는 그저 출석만 하고 대학 이외의 사회환경으로부터 얼마나 많은 영향을 받는지를 비교했다. 예를 들어, 사회화 환경에서 낮은 점수를 보이는 한 피험자는 시골집에서 대학까지 장거리 통학을 하고 대학 친구를 별로 사귀지 못했으며 대학보다는 집을 더 익숙하게 여겼다. 반면, 집이나 고등학교에서 떨어져 생활하는 것을 즐기는 또 다른 피험자는 새로운 환경을 적극적으로 받아들이고 새로운 대학생활에 매우 잘 적응했는데 그들은 이 코드에서 높은 점수를 획득했다.

"학업성취"라 불리는 두 번째 코드는 명확한 학업목표를 가지고 있고 과제를 잘 수행하며 학업목표를 성취하기 위해 정상적인 단계를 밟아 가는 학생과 이와 반대로 명확한 목표를 가지고 있지 않고 목표 성취에 실패한 학생을 구분해 준다. 확실히 이 코드는 단순히 피험자가 학교에서 보낸 연수 이상의 것을 제시해 준다.

"학업지향성"이라 불리는 세 번째 코드는 학과 공부를 열심히 하고 학업과 독서 및 토론 활동을 즐기며 자신과 비슷하게 진지한 친구를 선택하는 정도를 나타낸다.

슈피켈마이어의 연구에서 신입생 때 높은 DIT점수로 출발한 학생은 이러한 학문적인 변인에서도 높은 점수를 획득하는 경향이 있었다. 즉, 도덕 판단력 점수는 대학생활 방식을 예측할 수 있다. 그리고 이러한 생활경험 변인에서 높은 점수를 획득한 학생은 신입생 때부터 대학 졸업 후 2년까지 더욱 높은 도덕 판단력 점수를 받았다. 즉, 특정한 삶의 경험으로부터 도덕 판단력이 얻어진다는 것을 예측할 수 있다.

대학 졸업 2년 후의 DIT점수를 예측하는 중다회귀분석에서는 피험자의 사전검사상의 차이를 통계적으로 통제하기 위해, 신입생 때 측정한 DIT점수를 먼저 입력하고 난 후 학업 코드를 입력했다. 이 학업 코드를 통해 대학 졸업 후의 DIT점수는 신입생 시절의 DIT점수에 의해 설명되는 분산보다 16% 정도 높은 예언력을 나타낸다.

디머(Deemer)의 연구는 슈피켈마이어의 연구에서 출발했지만 다양한 배경을 갖는 100명 이상의 피험자를 10년 이상 연구한 대규모의 연구다. 피험자는 1970년대 초반, 고등학교 상급생일 때 처음 DIT검사를 했고, 종단연구의 중간결과는 몇 차례 발표되었다(Rest, 1975, 1979a; Rest & Thoma, 1985). 피험자 중 37명은 대학에 진학하지 않았고, 25명은 대학에 진학했으나 졸업하지 못했다. 40명은 대학에 진학해서 졸업을 했고 나머지 13명은 대학원에 진학했다. 성별은 남자 52명과 여자 50명으로 균등하게 표집했으며 그 중 50명은 현재 결혼을 했다. 대략 표본의 절반 정도가 고등학교가 있던 지역을 떠나 이사했는데 38명은 도시로 가고 12명은 시골로 갔으며, 나머지는 도시와 시골이 혼합된 지역에서 살고 있다. 디머의 표본은 범위, 크기, 다양성의 측면에서 생활경험과 도덕 판단력 발달과의 상관에 대한 더욱 광범위한 연구를 가능케 한다.

디머는 슈피켈마이어의 질문지를 사용했는데 초기 질문지에는 대학에 다니지 않는 피험자들에게 적합한 질문을 첨가하고 인터뷰 시간을 늘렸다. 이것은 각 피험자마다 다섯 가지 검사를 실시하고 수백 가지 변인과 종종 50장이 넘는 인터뷰 기록지가 사용된 대규모 연구였다. 디머는 생활경험을 분류하는 데에 슈피켈마이어의 코드를 반영했지만 이전 코드들에 얽매이지는 않았다.

디머의 연구가 광범위하고 복잡하기 때문에 레스트는 상세한 절차와 특정한 코드 그리고 통계적 분석들에 직접적으로 접근하지 않고 처음 접한 몇몇의 일반적인 결과로부터 시사점을 얻고자 했다. 한 단계 더 나아가기 전에 결말을 먼저 이야기해 줌으로써 이 연구의 많은 부분이 더 쉽게 이해될 것이다. 10년의 발달 과정을 통해 도덕 판단력에서 높은 점수를 갖게 된 피험자와 이와 반대로 낮은 점수를 갖게 된 두 피험자의 모습을 상상해 보았다.

우리는 고등학교 상급생 시절의 피험자들을 관찰하기 시작하여 20대 후반까지 그들을 추적했다. 편의상 그들이 17~18세였던 1970년대의 초기 검사를 "고등학교 시기"라고 언급하고, 그들이 20대 후반이었던 1980년대에 실시한 가장 최근 검사를 "성인 초기"라고 언급하기로 한다. 이미 고등학교 때 높은 발달경로를 따르던 피험자와 낮은 발달경로를 따르던 피험자 사이에는 식별 가능한 차이점이 있다. 시간이 경과하면서 이러한 차이점은 더 극명해진다. 고등학교 때 "높은 발달경로를 가진 집단"(반대 개념은 "낮은 발달경로를 가진 집단")은 좋은 성적을 얻고 독서와 공부에 많은 관심을 보였으며 대학에 가기 위한 계획을 세웠다. 학구적인 성향의 친구들과 교제를 하고 DIT검사에서는 이미 다소 높은 점수를 획득했다. 또한 고등학교 졸업 후에는 성장을 위한 새로운 경험을 찾는 데 더욱 대담해져서 대학에 가고 새로운 친구를 만나 경험을 확장하는 데 큰 흥미를 느끼며 새로운 일을 찾고 배우려는 시도를 한다. 점수가 높은 집단은 자신의 삶을 돌아보고 자신의 삶과 자신이 속한 사회구조를 이해하는 데 더욱 관심을 갖는다.

높은 발달경로를 가진 집단은 자신의 계획과 목표를 수립하고 수정한다. 그들은 미래의 다양한 가능성을 상상하고 그러한 계획을 시도해 보느라 바쁘게 생활한다. 그들에게 생길 것 같은 더 많은 책임감을 당연하게 생각하고 목표를 향해 더욱 전략적으로 행동한다. 높은 발달경로를 가진 집단은 낮은 발달경로를 가진 집단에 비해 정열적이며 적당한 위기를 기꺼이 받아들이고 실의나 실패에도 덜 곤혹스러워하는 것으로 보인다. 피험자가 20대 후반이 되었을 때 높은 발달경로를 가진 집단은 여전히 고무적인 사회환경과 업무환경(예: 수준 높은 의사결정과 책임감을 지니거나, 높은 사회적 지위를 수반하는 업무) 속에서 살고 있고 지적인 주제나 사상에 관심이 있는 사람들과 폭넓게 교제한다. 또한 성공적으로 업무를 수행해내고 자신의 직업에 대한 일체감을 느낀다. 이들은 보다 정치적으로 인식하고 행동하며 시민단체나 지역사회 조직에서 리더 역할을 수행한다.

우리의 캐리커처가 여가활동이나 사회화 또는 결혼 유형의 차원에서 높은 발달경로를 가진 집단과 낮은 발달경로를 가진 집단의 차이를 구분 지으려는 것이 아니라는 점에 주목해야 한다. 비록 높은 발달경로를 가진 사람이 더욱 학구적이고 지적이라 할지라도 이를 공부벌레나 사회적으로 고립된 사람 혹은 일만 하고 즐기지 못하는 사람으로 특징지을 수는 없다. 실제로 높은 발달경로를 가진 집단은 스포츠나 TV시청 및 독서와 같은 레저 활동을 하는 데에도 많은 시간을 할애한다. 두 집단은 결혼생활에 있어서도 구분될 만한 차이점을 가지고 있지 않다. 게다가 높은 발달경로를 가진 집단은 상당한 정도의 고난, 정서적인 좌절, 실망, 어려움을 가지고 있었다. 또한 높은 발달경로 집단은 남자와 여자, 도시와 시골, 높은 사회 경제적 지위와 낮은 사회 경제적 지위 모두에서 나타난다.

또한 이러한 캐리커처가 '정치적 활동가'나 '급진주의적 학생운동가' '양심적 거부자' '종교 복음운동가' 제시 잭슨(Jesse Jackson),[5] 제리 포웰

---

5) Jesse (Louis) Jackson(1941~)은 미국 시민권 운동 지도자로서 정치가이자 푸시(PUSH: People

(Jerry Falwell),[6] 글로리아 스타이넘(Gloria Steinem)[7]의 추종자나 하리 캐리스나(Hari Karisna)의 구성원을 언급하는 것이 아님을 주목해야 한다. 전국 단위 연구(Levine, 1980) 결과에서 1970년대 젊은이들에게는 영웅으로 삼을 만한 인물이 없었고 피험자들은 정치, 사회, 종교, 지역적 유명인사 또는 잘 알려진 사건이나 사회운동들로부터의 영향에 대해서 어떠한 언급도 하지 않았다. 전국적인 경향과 같이 우리가 표집한 젊은이들은 1960년대 언론매체에서 만든 이미지처럼 과격론자나 혁명가 또는 행동주의자가 아니었다.

세 번째로 이러한 캐리커처가 실재하는 위기, 개인의 도덕 딜레마, 구체적인 도덕의 문제(고의든 아니든 징병에 소집되는 것, 낙태를 결정하는 것, 어떤 조직에 대한 내부고발을 하는 것)를 직접적으로 언급하는 것이 아니라는 점에 주목해야 한다. 이것은 피험자가 개인적인 도덕 딜레마를 가지고 있지 않다는 의미가 아니다. 다만 구체적인 도덕 딜레마를 그들의 발달에 영향을 주는 특별히 중요한 요인으로 의미 있게 다루지 않는다는 것이다. 다마스쿠스[8]로 가는 길에서 사도 바울[9]이 '개종(conversion)' 하는 경험은 어떤 것과도 비교할 수 없는 흔치 않은 일이다. 대부분의 피험자들에게 도덕적 이슈는 중요한 관심의 대상이 되지 못하며, 도덕적 위기는 삶의 핵심적인 경험이 아니다.

100명이 넘는 피험자와 실시한 인터뷰로부터 우리는 도덕 판단력의 발달이 특정한 도덕적 과정이나 특정한 도덕적 위기 또는 특정한 도덕적 지도자에 의한 특별한 결과가 아닌 일반적인 사회성 발달의 소산물이라는 생각을 갖게 되었다. 높은 발달경로를 가진 집단과 낮은 발달경로를 가진 집단을 구

United to Save Humanity)기구 의장임. 흑인문제와 인종적 차별에 의해 야기되는 경제적 불평등에 관심을 집중시킴.
6) Jerry Falwell은 성서침례교회 출신이면서도 에큐메니칼 운동(교회연합운동)을 하고 있음.
7) Gloria Steinem(1934~)은 미국의 여성운동가이자 정치운동가 겸 편집인임. 여성해방운동을 이끌어 온 활동가로서 1960년대 후반 여성해방운동과 다른 여러 자유주의 급진운동에 깊이 참여함.
8) 다마스쿠스는 시리아의 수도로서 세계 최고(最古) 도시의 하나임.
9) 사도 바울은 소아시아의 타르수스 출생의 그리스도교 사도(使徒). 유대교 전통이 강한 환경에서 자란 열렬한 바리새파로서 율법을 경시하는 그리스도 교도를 박해하던 도중 돌연 '사람이 구원받는 것은 율법을 지키는 자신의 공적에 의한 것이 아니고 예수를 믿고 의지하여 모든 것을 맡기는 데에 있다.' 라는 것을 깨닫고 그리스도교의 전도자가 됨.

별하는 요소는 명확한 '도덕적' 경험이 아니라 사회성 발달을 촉진하는 일반적인 사건이다. 따라서 도덕 판단력 발달은 대게 사회성 발달을 나타내는 징후라고 할 수 있다.

우리의 두 가지 캐리커처는 과도하게 단순화되었다. 그것은 일반적인 경향을 서술할 뿐 다양성의 범위를 제시하는 것은 아니다. 독자는 이러한 캐리커처에서 시작하여 앞으로 수행되는 디머의 연구에서 언급될 특징들에 주목하도록 조언을 받게 될 것이다.

디머의 연구를 더욱 구체적으로 설명하기 위해, 몇 가지 '경험' 코드들에 관한 논의가 있을 것이다. 〈표 2-4〉는 이 장에서 논의되고 있는 코드를 나타낸다(더 많은 논의를 위해서는 Deemer의 저서를 보라.). 이러한 모든 경험 코드들은 만족스러운 내적 일치도를 갖는다. 즉, 77%가 완전한 일치를 보이며 코헨(Cohen)의 kappa 계수는 .68이다.

이어지는 기술은 피험자의 이야기와 그것이 어떻게 코딩되는지에 대한 일반적인 이해를 위한 짧은 발췌문이다. 피험자의 익명을 유지하기 위하여 발췌문에서 피험자를 식별할 수 있는 세부항목은 생략하였다. 효율적인 제시를 위하여 코드들의 모든 범위를 제시하지는 않을 것이며 발췌문을 더욱 쉽게 읽어 내려갈 수 있도록 몇몇 부분은 생략하였으나 코드들의 본질적인 특징은 보존하였다.

표 2-4 디머 연구에서 경험 양식과 도덕 판단력

경험양식		
고등학교 시기	대학재학 시기	성인 초기
학업지향성 계속되는 학업에의 지원	학업/직업지향성 계속되는 지적 자극 그 밖의 변인	직업 수행 정치적 자각 시민으로서의 책임감
DIT	교육의 연한	DIT Duncan 척도

＊출처: 저자들에 의해 집계됨.

고등학교 시기의 생활경험 양식

우리는 피험자에게 고등학교 시기의 경험을 기술하도록 요구했다. 첫 번째 생활경험 코드는 고등학생 때의 '학업지향성'이었다. 공부를 열심히 하고 좋은 성적을 받고 독서를 즐기며 도전적인 과목을 이수하는 피험자는 이 코드에서 '높은' 점수를 얻었다. 학업을 제대로 하지 않고 쉬운 과목을 이수하는 피험자는 '낮은' 점수를 얻었다.

- 높은 점수를 얻은 예

우리 선생님은 매우 훌륭했기 때문에 우리들이 견문을 넓힐 수 있도록 도와주었다. 그녀는 우리에게 다양한 종류의 책을 읽게 했고 많은 것을 쓰게 했다. 나는 작문을 좋아했고 상급생 시절에는 책 한 권을 썼다.

- 이 차원에서 낮은 점수로 채점되는 코드들의 예

재미있었다. 내가 후회하는 것이 있다면 고등학교 시절을 태만하게 보냈다는 점이다. 나는 고등학교 졸업 학년 때는 학교에 거의 나가지 않았다. 나머지 2년은 내게 중요하지 않은 시간들이었다. 내 성적은 평균 정도였다. 아마도 D가 두 개 있었을 것이다. 중요한 문제는 아니었다. 더 나은 성적을 얻는 데 별 관심이 없었다. 졸업은 했다. 여기서 나가는 것이 내 최대의 목표였다.

나는 어려운 과목은 이수하지 않았고 쉬운 과목만 이수했다. 나는 수학을 공부해야 했지만 그 수업에 제대로 참여한 적이 거의 없었다. 나는 충분한 기회를 갖지 못했던 것뿐이다.

나는 학교에 무단결석을 하는 등 많은 문제 행동을 했다. 학교에 나갔어야 했지만, 도통 관심이 없었다.

또 다른 코드는 '진학에 대한 격려'다. 높은 점수를 보인 피험자는 진학을 위해 부모나 대학 관계자로부터 격려를 받는다. 낮은 점수를 보인 피험자는 격려를 받지 못했거나 학업 이외의 다른 어떤 것(돈을 벌거나 운동을 해 성공하기)을 해야 한다는 압력을 받는다.

- 높은 코드를 얻은 예

　나의 아버지는 언제나 내 학교생활을 돕고 내가 이수해야 하는 수업을 제안했다. 내가 전공을 선택했을 때 책임은 나에게 있지만 아버지가 많은 영향을 주었다고 생각한다. 내가 무엇인가를 하려고 생각하는 시점에서 아버지는 "봐라, 거기엔 할 만한 일이 없잖니. 무언가 다른 일을 결정해야 할 것 같다."라고 말했었다. 나는 언제나 공부하는 것에 대해 격려를 받았다고 생각하지만, 정확히 무엇을 하라는 것에 대해서 들은 적은 없었다.

- 낮은 코드를 얻은 예

　나의 부모는 내 곁에 앉아서 어떠한 목표를 정해 주거나 그것에 대해 어떠한 이야기를 해 준 적이 없었다. 나에게는 매우 많은 책임들이 주어졌다. 나는 돈을 지불해야 했지만, 돈을 가져본 적이 없었다. 부모가 내게 돈을 벌어오라는 압력을 준 적은 결코 없었던 것 같다. 그들에게 그것이 중요한지 혹은 무엇이 중요한지 알 수 없었다.

　디머의 분석은 이 두 코드가 피험자의 고등학교 때 DIT점수와 의미 있는 상관이 있다는 것을 나타낸다. 즉, 학구적이고 학업을 위해 가족의 격려를 받고 있는 피험자는 고등학교 때 더 높은 DIT점수를 받는 경향이 있다. 흥미롭게도 이러한 고등학생 때의 경험은 그 시기 DIT점수의 초기 차이를 통제한다고 해도, 대학 졸업 후 10년 후의 DIT점수를 의미 있게 예언한다 (rs=0.42와 0.36). 중다회귀분석에서 고등학교 시기의 학업지향성 변인이 성인 DIT점수를 설명하는 수준은 R^2=6.0%, F=5.81, p=.018이었다. 이후 계속되는 학업에 대해 예측해 보자면, R^2=6.9%, F=6.40, p=.014이었다. 이러한 경험 코드가 피험자가 고등학교를 졸업한 이후 받게 되는 정규교육 연한까지도 예측해 준다는 것은 놀라운 일이 아니다.

대학 재학 시기의 생활경험 양식

고등학교를 졸업한 후 표본의 피험자 절반 이상이 정규교육을 받았다. 앞의 연구로부터 우리는 정규교육 연한이 결과적으로 DIT점수와 높은 상관이 있음을 알았다. 슈피켈마이어와 디머는 후속연구를 통해 학교에서 보낸 시간을 활용하는 데는 사람들 간의 차이가 있다는 점을 지적했다. 그리고 그러한 경험들은 단순히 대학입학과 관련 있기보다는 그 이후의 발달과 더 관련 있다고 보았다.

중요한 차이는 디머가 슈피켈마이어로부터 적용한 '학업지향성'에서 나타난다. 이 코드에서 높은 점수를 받은 학생의 인터뷰에 의하면 그들은 학업에 전념하고 배우는 것을 즐기며 사상에 빠져들고 학문적인 목표를 향해 정진하며 진지한 학생을 친구로 삼았다. 이 코드에서 낮은 점수를 받은 학생은 공부를 거의 하지 않고 학문적인 목표에서 혼란을 느끼며 학문적 성향이 없는 학생을 친구로 삼고 대학생활에서도 학문적인 면에는 거의 노력을 하지 않았다.

- 높은 코드를 얻은 예

나는 학회와 교수들을 좋아했고 내가 듣는 대부분의 수업을 즐겼다. 나는 학문적인 분위기를 좋아했다. 그곳에서는 재미있는 사람들과 흥미 있는 주제에 대해 많은 이야기를 나눌 수 있었다. 삶이 매우 고양되는 것 같았다. 나는 그런 분위기를 즐겼다.

나는 우등반이었다. 그것은 나에게 좋은 경험이었다. 나는 대략 3.7이라는 좋은 점수를 받았다. 나는 정말 열심히 공부했는데 특히, 시험 전에는 더욱 열심히 공부했다. 캠퍼스 안에서는 무엇이든 할 수 있고 항상 누군가와 무엇인가에 대해 이야기를 나눌 수 있기 때문에 캠퍼스 안에 있는 것을 즐겼다.

나는 룸메이트와 매우 가까웠다. 우리는 정말 다양한 것들, 즉 장기 기증에 대해 어떻게 생각하는지, 사후에는 어떤 일이 일어날지, 신은 정말 존재하는지와 같은 것에 대해서 많은 이야기를 나누었다. 우리가 나눈 흥미로운 대화는 정말 멋진 경험이었다.

- 낮은 코드를 얻은 예

나는 항상 우유부단했다. 나는 전공을 결정하지 못했다. 다른 사람이 쉬운 과목이라고 말하면 그 과목을 이수했다. 나는 거의 초보적인 과목 중 몇 개만을 이수했다. 무언가를 스스로 자원한 적이 전혀 없었다. [면담자: 그렇다면 대부분의 시간을 어떻게 보냈는가?] 특별히 한 일은 없다. 공부를 조금 하고 거의 집에 있었다. 일주일에 반 정도만 공부를 했을 것이다. 그 당시에 마약을 복용했었고 파티도 많이 했었다. 그것이 학점에 어느 정도 영향을 끼쳤다. 그 시절은 확실히 행복하고 생산적이었던 시간들은 아니었다. 그 당시에 특별히 재미있었던 기억으로 남아 있는 일들이 거의 없다.

나는 고등학교를 졸업하자마자 바로 대학에 입학했다. 부모님에 의해 거의 강제로 가게 되었다. 나는 대학에 그다지 가고 싶지 않았는데 부모님이 그렇게 하라고 했기 때문에 갔다. 집에서 가까운 대학으로 갔고 가까운 곳이면 된다고 생각했다. 나는 전공분야가 없었고 결국 중도에 그만두었다. 한 학기나 두 학기를 다니면 그 다음 한 학기는 쉬고 다시 복학해서 그 다음 한 학기를 다녔다. 그러다가 나는 대학에서 공부하는 데 흥미가 전혀 없다는 것을 깨달았다. 공부는 거의 안 하고 시간만 허비한 셈이었다.

[면담자: 학교생활 중 무엇이 가장 좋았는가?] 내가 뭘 좋아했는지 모르겠다. 데이트, 파티, 여름방학 그 정도였다.

이 코드과정에서 디머는 슈피켈마이어의 연구와 동일한 결과를 발견했다. 즉, 고등학교 때의 초기 DIT점수 차를 통제한 후에도 대학생활에서 학업지향성이 대학 졸업 이후의 DIT점수에 대해 상당한 설명력이 있었다(r = .50). 중다회귀분석에 따르면, 학업지향성은 고등학교 DIT점수를 통제한 후 대학 졸업 후의 DIT점수에서 12.6%를 설명하는 중요한 변인이다. 고등학교 DIT점수는 대학에서의 학업지향성을 유의미하게 예언한다(r = .47).

디머의 인터뷰 자료분석 결과는 이전에 제시되었던 두 가지 캐리커처와 상반되는 중요한 점을 지적하고 있다. 즉, 대학에 진학하는 모든 학생이 학업지향적인 것은 아니므로 정규교육 연한을 도덕 판단력 발달과 직접적으로 연결해서는 안 된다. 두 번째로 상반되는 것은 대학에 진학하지 않은 피험자들 중에서도 일부는 도전적이고 몰두할 만한 일을 찾아내고 성장과 발달의 기회를 찾는다는 것이다. 이른바 '직업지향성' 이라고 부를 수 있는 양식에서 디머는 대학에 가지 않았으나 열심히 일하고 명확한 목표가 있으며 진보하려는 열망이 있고 직업지향성이 높을 것 같은 친구를 사귀는 피험자들을 제시하고 있다.

- 직업지향성이 높은 사람의 예

나의 첫 직업은 전기제품을 설치하는 것이었다. 그 후 컴퓨터 프로그래밍을 하게 되었다. 그곳에서 나는 내 능력을 발휘할 수 있었다. 나는 전기에 대해 충분히 이해했다. 일하면서 컴퓨터와 전자제품 등에 대해 많은 것을 배울 수 있었고, 나중에는 엔지니어링 교육을 받게 되었다. 나는 열심히 일했다……. 나는 꽤 지적이었고, 두뇌를 사용했으며, 사람들을 위해 내 머리를 쓰고 몸으로 무엇인가를 하길 원했다.

- 직업지향성이 낮은 사람의 예

나는 고등학교를 졸업한 후 한 회사에서 일했다. 회사에서 일하는 것은 그럭저럭 괜찮았지만 어쨌든 따분했다. 그러다가 좀 더 많은 돈을 벌 수 있다는 이유로 공장에서 일하기 시작했다. 회사에서는 교육수준이 높지 않으면 보수를 많이 받을 수 없다. 나는 교육수준이 높지 않다. 일이 정말 지루하지만, 보수는 괜찮은 편이다. 이것이 내가 바라는 것이다. 나는 단지 많은 보수와 하고 싶은 것을 할 수 있는 여가 시간을 원한다. 일을 끝내고 하고 싶은 것을 하는 것이 좋다. 일은 내 인생에서 가장 중요한 것이 아니다. 나는 이대로 지내고 싶지는 않다. 나는 남편이 일하도록 할 것이다. 이것이 바로 내가 보는 방식이다.

하나는 대학이라는 상황이고 다른 하나는 대학이 아닌 상황이라는 점에서 '학업지향성' 과 '직업지향성' 은 대등하다. 따라서 대학생과 대학을 다니지 않는 피험자를 함께 연구하는 것은 가능한 일이다. 학업과 직업지향성의 결합 양식은 (고등학교 때 DIT점수의 초기 차이를 통제한다고 해도) 대학 졸업 후 DIT점수를 정확하게 예언한다(simple r = .53). 학업과 직업지향성 양식에 영향을 미치는 단일 변인은 대학 졸업 후 DIT점수의 18%를 설명한다.

　디머의 삶의 경험 양식에 대한 설명에서 일반적이고 구성적인 특성에 주목하는 것이 중요하다. 이미 모든 양식이 개인과 환경의 복잡한 상호작용을 가정하고 있지만, 어떤 양식은 개인 특성을 강조하고 어떤 양식은 환경 특성을 강조한다. 예를 들어, 고등학교 시기 '학업지향성' 양식은 개인 특성이고, '진학에 대한 격려' 양식은 환경 특성이다. 대학에 간 모든 사람이 대학으로부터 이익을 얻었을 것이라고 가정하지도 않고, 학업지향적인 고등학생 모두가 환경적 기회를 무시하고 자신의 발달을 확보할 것이라고 가정하지도 않는다. 그보다 사람들은 스스로 어느 정도 자신의 환경을 만들고, 도전과 기회의 상황을 선택하며, 동시에 발전을 위해서 어느 정도 환경적인 지원과 이익이 필요하다고 가정하고 있다. 개인이 발달을 추구하며 환경이 발달을 조성하고 지원할 때 발달은 잘 이루어질 수 있다. 개인 특성과 환경 특성은 상호 영향을 주고받는다. 중요한 것은 단순하고 일방적인 인과관계인 발달이나 정황의 원인이 되는 사건이나 개인 특성은 전제되지 않았다는 것이다. 오히려 상황 속에서의 기회나 난관을 다루는 개인 특성, 그리고 이런 요인들이 시간에 따라 어떻게 갑작스럽게 발생하여 상호작용하는지에 대한 이야기가 발달을 설명하는 데 있어 더 설득력 있다.

　다음의 '지속적인 지적 자극'이라는 코드는 10년 이상 환경에 의해 조성된 지적 자극의 정도를 말한다. 예를 들어, 대학을 다니고 많은 도전을 해 온 전문직 종사자들은 '지속적인 지적 자극' 수준이 높을 것이고, 대학을 갔지만 아무런 자극 없이 답답한 직업에서 일하는 사람은 '지속적인 지적 자극' 수준이 낮을 것이다. 또한 공장에서 반복적인 일을 하거나 10년 이상 일을 하지 않은 사람은 이 수준이 더 낮을 것이다. '지속적인 지적 자극' 수준이 높은 사람의 예는 찾기 어렵지 않다. 선행 연구에 의하면 대학을 졸업한 후

일에서 느끼는 흥미에 대해 다룬 사례가 많다. 물론 대학에 가지 않았으나 도전적인 일을 하는 피험자들도 찾아볼 수 있다. 중간수준의 피험자는 일이 그다지 자극적이지는 않지만 일하는 환경이 좋고 친구와 배우자가 활기차고 가정생활이 고무적인 경우에 해당한다.

- 지속적인 지적 자극 양식이 낮은 수준인 사람의 예

나는 쉽게 지루해진다. 직장생활 대부분은 고작 몇 달에 불과해 여기서 몇 달, 저기서 몇 달씩 일했다. 나는 하고 있는 일에 대해 쉽게 지친다. 판에 박힌 일을 정말 싫어한다. 지금까지 내가 일해 왔던 곳은 모두 그랬다.

내가 하는 일이란 집에서 아이와 같이 있는 것이다. 아이와 있으면 다른 사람을 만날 기회가 거의 없다. 슈퍼에 나가는 것 말고는 밖에 잘 나가지도 않는다.

지속적인 지적 자극에 대한 코드는 대학 졸업 후의 DIT점수와 상관을 보인다(r = .58). 고등학교 때 DIT점수의 초기 차이를 통제해도, '지속적인 지적 자극'이라는 코드는 이후 DIT점수의 22%를 설명한다. 이는 단순히 정규교육 연한만을 반영하는 것이 아니다. 실제로, 다중회귀분석에서 고등학교 DIT점수, 교육연한, 지속적인 지적 자극의 코드 순서로 입력하면 지속적인 지적 자극으로 코드한 것은 대학 졸업 후의 DIT점수에 대해 14%를 설명한다. 이는 처음 두 변수에 의해 설명되는 변량보다 지속적인 지적 자극 양식이 훨씬 많은 부분을 설명한다는 것을 의미한다.

성인 초기의 생활경험 양식

우리는 종단연구의 마지막으로서, 피험자를 성인으로 '급성장(turning out)' 하게 하는 경험에 대한 코드로 "직업 수행" "정치적 자각" "시민으로서의 책임감" 등에 대해 살펴볼 것이다. 이 연구의 주된 관심은 도덕 판단력 발달이 '사회성 발달' '책임감 있는 시민' 그리고 '바람직하다고 간주되는 성인의 질'과 어떻게 관련되는지를 살펴보는 것이다.

"직업 수행"은 5점으로 평정되는 준거에 의해 가장 잘 설명될 수 있다. 많은 양의 인터뷰 내용을 추론에 활용하는 것이 좋기 때문에, 짧은 발췌문은 이 코드의 느낌을 정확히 전달하지 못한다. 디머는 직업 수행이 피험자의 DIT 점수와 유의미한 관계가 있다고 제시했다(r = .43). 또한 이 관계는 고등학교 때 DIT점수의 초기 차이와 교육연한을 구분할 때 더욱 의미 있는 상관을 나타낸다(F값은 11.64, p<0.01). 직업 수행이란 단순히 교육 정도나 경제적 수입만을 의미하지 않는다. 코딩할 때는 재정적인 안정보다 피험자의 정체성이나 개인적으로 의미 있는 직업을 수행하는 것에 대해 더 중요하게 보았다. 또한 디머의 코드는 피험자의 직업에 대한 사회적 지위를 반영하는 것이 아

표 2-5 직업 수행

점수	기술
5	피험자가 도전과 의미를 찾는 직업을 인식한다. 월급받는 것 이외의 직업적 의미를 인식하여, 공동체에서 의미 있고 정체감을 주는 일을 추구하는 사람이 포함된다. 그들에게 있어서 직업이란 자아정체성의 일부분이라는 것을 의미한다.
4	직업 분야에 취업했으나 학교와 일 사이에 끼어서 여전히 학교에 몸담고 있는 개인이 이에 속한다. 이들은 직업을 생존 수단으로 인식한다.
3	직업을 가질 계획을 전혀 갖고 있지 않거나 선택한 직업에서 성공하지 못한다. 생존을 위해 일을 찾지만 자신이 하는 일을 위해 개인적으로 노력하거나 인식하지 않는다(자신의 분야에서 직업을 찾았지만 그것이 적절한 선택이 아니었다고 생각하는 사람들도 이에 해당한다. 또한 단지 남편의 종속체인 주부도 이에 속한다. 이들은 자신의 일에 대해 투자하거나 인식하지 않는다.).
2	직업에서의 위험으로부터 고통을 겪거나 무직상태가 연장되고 있는 경우를 말한다. 지속적인 해고의 위협과 기본 생존에 대한 필요를 실제적으로 걱정하고 있는 사람이 이에 속한다.
1	의미 있는 일을 하지 못하고 소득 수입이 없으며 의존상태가 지속된다. 남편에게 의존하고 있는 주부 등이 이에 속한다.

출처: 저자들에 의해 집계됨.

니다. 피험자의 직업은 직업에 대한 신망과 사회적 지위에 대한 인식에 기반을 두는 척도인 Duncan척도에 의해 평정된다. Duncan척도와 DIT점수는 유의미한 상관을 보였지만(r = .39) 직업 수행 양식만큼 높지는 않았다. 어느 쪽이든 성인 초기의 도덕 판단력 발달은 직업에서의 성공과 관련이 있다.

"시민으로서의 책임감"이라는 코드는 피험자가 사회에 대해 관심 갖는 것과 사회 번영을 위해 능동적으로 기여하는 것을 의미한다. "시민으로서의 책임감"이 높은 단계의 경우는 사회 복지 기획에서 지도자 역할을 수행하는 것을 뜻하고, 중간단계 경우는 요구를 받았을 때 도와주거나 지역사회 구성원 역할을 유지하는 것을 의미하며, 낮은 단계의 경우는 전혀 참여하지 않거나 시민으로서의 참여에 반대하는 것을 의미한다.

– 시민으로서의 책임감이 높은 경우의 예

졸업할 무렵 나는 정치에 적극적으로 참여했다. 나는 주 하원의원과의 유대관계를 발전시켰고, 그가 최고의 후보자라고 믿었기 때문에 그 선거운동에 참여하기 시작했다. 해마다 나는 이런 일을 하고 정치 후보자를 위해 일했었다. 이것은 내가 사회를 인식하는 것 중의 일부분이었다. 나는 인권에 대한 의식에서 인종이나 이성 간의 문제를 다루는 방식, 직장문제나 전쟁 혹은 그것을 포함하는 국가문제 등이 기본적인 문제라고 생각한다. …… 인권과 평등에 대한 문제는 부차적인 많은 문제를 포함하는 가장 큰 문제다. 나는 이것이 가장 중요한 문제이며 내가 정치에 대해 적극적으로 참여해야 한다고 느끼는 주요한 이유라고 생각한다.

– 시민으로서의 책임감이 중간인 경우의 예

만약 어떤 사람이 밖에 나가서 나무를 심으려 하거나, 내가 누군가를 도울 수 있다면 나는 기꺼이 도울 것이다. 다른 사람을 돕는 것이 좋은 일이라고 느낀다. 그것으로 무언가 대가를 얻으려는 것은 아니다. 단지 '고맙습니다.'라는 말로 충분하다. 만약 어떤 마을 사람이 내게 도움을 요구하고 나에게 그것을 할 만한 시간과 능력이 있다면, 난 기꺼이 그 일에 참여할 것이다.

- 시민으로서의 책임감이 낮은 경우의 예

　다른 사람들을 위해 내 시간을 쓰고 싶지 않다.

　디머는 시민으로서의 책임감이 DIT점수와 의미 있는 상관이 있다는 것을 밝혀냈다(F값은 4.94, p<.001).

　"정치적 자각"은 거시적 사회문제에 대해 흥미를 느끼고 정보를 구하며 의사를 명료하게 표현하는 정도를 의미한다. 높은 수준의 경우는 정보를 많이 구해 읽고 정치적인 논쟁에 자주 참여하는 피험자이며, 중간 수준의 경우는 TV 뉴스를 보고 신문기사를 읽고 가끔 정치 논쟁을 하는 사람들이다. 낮은 수준의 경우는 정치에 관한 기사는 거의 읽지 않고 관심도 없는 피험자다. 정치적 관심은 DIT점수와 유의미한 상관을 보였는데 F값은 11.13, p<.0001이었다.

　요약하면, 성인 초기의 DIT점수는 특정 생활양식이나 활동양식과 관련이 있다. 도덕 판단에서 높은 점수를 보이는 사람은 직업포부에 더 성공적이며 지역사회에 보다 많이 참여하고 광범위한 사회문제에 대해 더 많은 정보를 구하는 경향을 보인다.

　지금까지 디머의 결과를 설명하는 데 있어서 한 번에 단 한 가지 경험 양식만을 제시했다는 것을 주목해야 한다. 우리는 경험을 더 일반적으로 나타내기 위해 이러한 코드들을 몇 가지로 분류할 수 있다. 이것은 몇 가지 코드에 대해 평정을 부가함으로써 하나의 변인으로 통합하는 것으로도 가능하다. 고등학교 이후의 삶 경험을 나타내는 다섯 가지 코드, 즉 "학업/직업지향성" "진학에 대한 격려" "직업 수행" "시민으로서의 책임감" 그리고 "정치적인 자각"을 추가하였다. 이러한 결과가 나타내는 것은 무엇인가?

　이 글 초반부에 제시했던 '높은 발달경로'와 '낮은 발달경로'의 두 가지 캐리커처를 기억해 보도록 하자. 혼합된 변인은 피험자가 '높은 발달경로'를 따랐는지의 정도를 해석할 수 있다. 따라서 높은 발달경로는 개인 특성과 교육 및 직업의 기회, 지원과 자극, 사회 환경에 도전 그리고 높은 도덕 판단

점수의 발달과 함께 가는 시민과 직업인으로서의 활동을 의미한다. 많은 면에서 이 점수는 슈피켈마이어의 '학업적' 코드 구성과 일치한다. 이러한 '높은 경로'의 점수는 초기 DIT점수에 의해 설명되는 것 이상으로 초기 성인기의 DIT점수와 높은 상관이 있다. '높은 경로'는 성인 초기의 DIT점수를 26% 정도 설명한다. 교육연한이라는 두 번째 변인을 추가로 통제하면, 고등학교 때 DIT점수와 교육연한에 의해 설명되는 것 이상으로 '높은 경로'는 18%를 설명해 준다. 이러한 세 가지 다중 변인이 성인기의 DIT점수를 예언하는 것은 $r = .70$ 수준이다. 따라서 슈피켈마이어와 디머의 접근은 삶의 경험 측면에서 성인의 발달을 설명하는 데 매우 효과적인 것으로 판명되었다. 인터뷰로부터의 삶의 경험 코드는 단순히 교육연한 변인 이상의 유용한 정보를 제공해 준다. 삶의 경험 코드가 성인 DIT점수의 많은 변인을 설명할 수 있기 때문에 이것이 자연적인 도덕 판단력 발달을 고양하는 중요한 요소라고 추측하는 것은 논리적이다. 우리는 '교육연한' 이외의 다른 변인을 찾는 데에 성공했다.

결 론

이제 도덕 판단력의 발달을 이끄는 것이 무엇인지에 대한 이 장의 초기 질문으로 돌아가 보자. 평범한 고등학생이 성인이 되면서, 서로 다른 일을 하고 다른 인생길을 가게 된다. 이때 도덕 판단력이 지속적으로 발달하는 사람과 그렇지 않은 사람의 차이는 무엇 때문인가?

발달이 정규교육연한과 관련된다는 불변의 결론에서 출발하여, 우리는 다른 변인이 무엇인지를 이해하고자 했다. 교육연한은 발달에 직접적인 원인이 되는 어떤 심리 과정과 경험조건을 간접적으로 드러내는 것이 분명하다. 우리는 특정 경험 후보들을 나열하면서 조사를 시작했다. 그 경험 후보들은 다음과 같다. 동료와의 도덕 논쟁, 흥미유발 서적, 여행, 친구의 자살, 아이나 배우자를 보살피는 일, 새로운 취업, 이사 등과 같은 것들이다. 그리고 이러한 사건들 중 피험자에게 어떤 것을 경험했는지를 밝히게 했다. 그 결과 이런 특정 경험이 도덕발달을 예언하는 것이 아니라는 사실을 알게 되었다. 우리 연구 전략이 무엇인가 잘못되어 있었다.

다시금 우리는 이러한 특정 경험 중 한 가지나 그것들 모두가 수용적이고 반성적인 사람들에게 일어날 경우와 그것이 다른 경험들에 의해 누적적으로 계속 일어날 경우 발달이 더 고양된다는 것을 알았다. 삶의 경험에 대한 연구를 특정 사건이라는 근시안적 관점에서 사회적 자극과 지원을 망라하는 포괄적 수준에서의 더 넓은 관점으로 전환함으로써 도덕발달에 대한 예측 가능성에서 매우 큰 도약을 이룰 수 있었다. 고등학교 때 DIT점수의 초기 차이를 통제한 후에도, 어떤 변인도 성인 초기 DIT점수를 설명할 수 없었지만, 이제는 초기 DIT점수의 26%를 설명할 수 있다. 이와 같은 예측 가능성 증가로 우리는 이 이론이 무엇인가를 함의한다고 생각하게 되었다.

이러한 분석에 따라 도덕 판단력은 일반적인 사회성과 협응하여 발달하는 것을 알 수 있다. 도덕 판단력 발달을 고양시키는 것은 특정 도덕 경험(예를 들면, 도덕 교육 프로그램, 도덕적 지도자, 위기, 도덕적 이슈에 대한 사고)이 아니라 사회와 사회 속에서의 자기자신에 대한 인식의 성장 때문에 일어난다. 도덕 판단력이 발달하는 사람은 배우기를 좋아하고, 새로운 도전을 추구하며, 지적인 자극 환경을 즐기고, 반성적으로 사고하며, 계획을 수립하고, 목표를 설정하며, 위험을 감수하고, 자기자신을 역사와 제도와 문화동향이라는 넓은 사회맥락에서 인식하며, 자신과 환경에 대해 책임감을 갖는 사람이다. 도덕 판단력이 발달한 사람은 환경 측면에서 자신의 교육과 발전에 대한 지속적인 격려를 받고 있었다. 그들은 자극적이고 도전적인 환경, 일에 대한 지원과 관심, 수행에 대한 보상을 지원받는 사회환경으로부터 얻는 것이 있었다. 성인기에 도덕 판단력 발달을 보이는 사람들은 직업수행에 향상을 보이고, 지속적인 지적 자극과 도전에 삶의 방향을 맞추며, 지역사회에 적극적으로 참여하고, 다양한 사회문제에 더 많은 관심을 갖고 있었다. 이러한 양식은 일반적인 사회 인지의 발달이기도 하다.

DIT점수가 일반적인 사회성 발달의 간접적인 척도가 될 수 있다는 것은 적어도 우리와 같은 모집단의 경우 매우 다행스러운 일이다. 1장에서 논의한 바와 같이 엄격하게 말하면, 도덕 판단력은 다른 도덕과정과 이론적으로나 조작적으로도 구분되며, 일반적인 개인 특성으로 파악될 수도 없다. 그러나 현재 연구는 최소한 우리와 모집단이 같은 경우에 한해, 사회성 발달이 성격 경향의 많은 요소들을 하나의 군집으로 모으는 것의 선행 절차처럼 보이는 것을 밝히고 있는 것 같다. 넓게 보면 DIT는 일반적인 사회성 발달과 고무적이고 지원적인 사회환경을 위한 대안 변인으로서 기여할 수 있다.

이 연구들에서 아쉬운 것은 신중한 계획을 위한 단초가 제공되지 않았고 도덕 판단력 발달을 고양하려는 시도로서의 교육에 초점이 맞추어지지 않았다는 것이다. 만약 도덕 판단력 발달이 사회성 발달의 폭넓은 선행 측면으로 자연스럽게 이루어진다면 개입이나 개입을 위한 기회라는 특정 목표는 제시되지 않을 것이다. 다음 장에서는 계획적인 교육 개입에 대해서 살펴보고자 한다.

교육 프로그램과 적용[1)

o3

지난 십년 동안 도덕 판단력 발달을 촉진시킬 수 있다는 기대 속에서, 도덕 교육 프로그램을 고안하는 데에 상당한 관심과 노력이 있어 왔다. 인지발달 이론에 영향을 받은 교육학자들은 풍부하고 사고를 촉진하는 교육경험들을 다양하게 제공함으로써 자연스럽게 도덕 판단력이 발달할 수 있도록 노력하였다. 도덕 교육 프로그램들에 관한 이전의 연구들을 고찰해 보면(Enright, Lapsley, & Levy, 1983; Lawrence, 1980; Leming, 1981; Lockwood, 1978; Rest, 1979a), 몇몇 도덕 교육 프로그램들(검토된 것의 대략 반 정도)이 도덕 판단력 발달을 증진시키는 데 효과적이라는 것을 알 수 있다. 특히, 그 프로그램이 몇 주 이상 지속되거나 논쟁이 가능한 도덕 딜레마 토론이 개입될 때 더욱 효과적이라는 것이다. 또래와의 상호작용을 통해 경험하는 도덕적 문제해결을 위한 적극적인 활동들은 자연스럽게 도덕 판단력 발달을 촉진하는 것처럼 여겨졌다. 이후에 실시된 몇몇 추수 검사(follow-up testing)들에서도 이러한 경향이 나타났다.

---

1) Schlaefli, A., Rest, J. R., & Thoma, S. J. (1985). 도덕 교육이 도덕 판단을 향상시키는가? DIT를 사용하여 수행된 개입연구들에 관한 메타분석. *Review of Educational Research, 55*, 3: 319-352 에서 발췌.

　　하지만 결과의 평균치로 볼 때, 고등학교 학생들의 도덕 추론을 도덕철학
자 수준의 추론으로 변화시킬 만큼 크지는 않다. 그러나 아무 변화가 없는 것
은 아니다. 오히려, 이러한 도덕 교육 프로그램에서의 변화 정도는 4~5년
동안의 자연적인 성장(우리가 비교를 위해서 종단연구에서 사용하는 발달 속도의
개념을 사용한다고 할 때)[2]에 상응하는 경향이 있다. 가장 많이 사용되는 검사
(Kohlberg의 방법 또는 DIT)가 일생에 걸친 사고 변화를 설명할 수 있도록 만
들어졌고 특정 개념이나 생각에 대한 세밀한 묘사보다는 근본적이고 전반적
인 사회적 사고 구조를 나타내도록 의도되었다는 것을 고려한다면, 도덕 판
단력에 있어 큰 변화가 없다는 것은 그리 놀랄 일은 아니다. 즉, 콜버그학파
연구자들이 관심을 쏟아 비교하려고 했던 것은 석기시대, 청동기시대, 중세
시대 등과 같은 일반적인 문화발달을 대조하는 것과 유사하다. 그러나 그것
은 1960년대와 1970년대의 문화적 변화를 비교하는 것과는 다르다. 따라서
반년이 경과하는 동안의 효과를 측정하기 위해 이러한 검사들을 사용하는
것은 해마다의 변화에 민감하게 구성된 표준화된 성취도 검사들을 사용하는
것과는 다르다. 그럼에도 불구하고 이러한 도덕 판단력 측정에서의 작은 결
과들이 유지되고 축적될 경우나 도덕 판단력 점수에서의 차이가 실생활에서
의 의사결정과 관련이 있다는 게 사실이라면 보다 이론적이고 실제적인 관
심을 갖게 될 것이다(5장 참조).

　　이러한 초기 연구 이래로 개입(intervention)에 관한 연구는 세 배 이상 증

---

2) 몇몇 연구자들이 개입을 통해 얻게 된 결과의 총량은 어떤 단계의 1/4에서 1/2이 되어야 한다고 설
　명하고 있지만, 단계를 정량적으로 구분하는 것은 특별히 문제가 있다. 주요한 문제는 어떤 단계에
　서의 이동이 시스템마다 각각 다른 것을 의미한다는 것이다. 콜버그(Kohlberg)의 1958년 채점체
　계(Scoring system)에서는 한 단계에서의 이동이 평균적으로 3~4년이 걸린다고 하였지만 최근
　연구에서의 채점체계에서는 10년 이상이 걸린다. 게다가 DIT와 같은 도덕 판단력의 측정에서는
　단계별 알고리즘 대신에 연속적인 지표를 사용하여 나타내었다(P% or D). 부분단계를 통해서 변
　화를 표현할 때 생기는 또 다른 문제는, 어떤 단계로의 이동이 다른 단계로의 이동보다 더욱 어렵
　다는 데 있다. 즉, 3단계에서 4단계로의 이동이 4단계에서 5단계로의 이동보다 쉬울 수 있다. 그러
　므로 종단연구를 통해서 동일한 기간 동안의 성장을 표현하는 것이 다양한 측정들을 비교하는 데
　있어서 문제가 덜 생기게 된다(굳이 비교하자면, 학문적인 성취를 그에 상응하는 학교 학점으로 표
　현하는 것과 유사하다.).

가했다. 이후 연구들은 초기 연구결과를 일반적으로 적용하는 데 있어 가능성을 제공했을 뿐 아니라 자료를 통한 메타 분석도 가능하게 됨에 따라 도덕 판단에 근거한 도덕 교육 프로그램의 영향력에 대해 좀 더 명확하고 차별화된 설명을 할 수 있게 되었다. 여기서 살펴볼 55개의 연구들은 검사 종류에 대한 혼동 없이 다양한 분석들과 하위분석들을 모을 수 있도록 하기 위해 모두 같은 도덕 판단력 측정 방법을 사용하였다.

표집의 특성들

글라스(Glass, 1977)의 조언을 받아들여, 우리는 도덕 교육 프로그램의 영향력을 측정하기 위해서 연구의 범위를 특정 저널에 실린 연구로만 제한하지 않고, DIT를 사용한 연구를 가능한 한 많이 찾아서 포함시켰다. *Dissertations International* 파일에 기재되어 있으면서 *Moral Education Forum*(Kuhmerker, 편집장)에 실린 논문과 학위논문에 관한 출판 목록을 살펴보는 것은 연구의 방향을 잡는 데 큰 도움이 되었다. 또한 많은 연구자들이 자발적으로 그들의 보고서를 미네소타대학교의 도덕발달연구센터로 보내왔다.

이 책에 포함된 55개의 연구들은 우리가 얻을 수 있는 충분한 데이터들[3]을 제공하였다. 여기에는 이전에 살펴보았던 로렌스(Lawrence, 1980)와 레스트(Rest, 1979a)에 의해서 논의된 15개의 연구들도 포함되었다. 정보가 누락되어 있는 곳은(예를 들어, 사전검사에서의 평균점수) 우리에게 직접 연락하기보다는 원본을 찾아볼 것을 권장하고 싶다. 어떤 정보들은 우리가 누락된 자료를 찾기에는 역부족인 것들도 있기 때문이다. 연구에 대한 특성들을 요약

---

[3] '충분한' 데이터가 의미하는 것은 연구결과물들이 개입에 대한 충분한 설명(description)을 포함하고 있어서 우리가 그것을 분류할 수 있고, 피험자들에 대한 충분한 정보가 있어서 그들을 분류할 수 있으며, 또한 DIT 변화에 대한 충분한 정보가 있어서 개입의 효과(impact) 여부에 대해 이야기할 수 있다는 점이다.

표 3-1 DIT를 사용한 개입연구들의 특성

출판 유형	**처치기간**
학위논문: 30*	단기 개입 : 13
저널에 실린 논문: 18	중간 정도의 기간 또는 장기간 개입: 42
출판되지 않은 원고: 7	**기대 효과**
표본	유의미한 연구들: 25
6~9학년 '중학교' : 12	유의미하지 않은 연구들: 30
10~12학년 '고등학교' : 12	**실험설계 유형**
학생, 주로 대학생: 19	전통적인 실험설계: 9
성인, 24세 이상인 학생: 12	전통 실험설계와 유사한 실험설계: 28
교육 프로그램의 유형	사후 검사만 실시 또는 비교집단의 부재: 18
그룹 딜레마 토론: 29	**통계적 분석 유형**
심리학적인 발달 프로그램: 19	간단히 T-test만 실시, 사전-사후 비교: 36
사회 연구들과 인류에 관한 수업: 7	ANCOVA, two-way ANOVA: 19
관련이 있는 특정 분야	
사회과학: 7	
법, 경영: 3	
간호학: 4	
교사: 6	

＊주어진 숫자는 연구의 특성을 나타내는 수다.
전체 연구의 수＝55
출처: 저자들에 의해 집계됨.

하면 〈표 3-1〉과 같다.

　대부분 연구들은 학위논문으로 보고된 것들이다(석사학위 논문 하나를 제외하고는 모두 박사학위 논문이다). 피험자들은 DIT가 사용될 수 있는 연령에 맞춰 공정하고 균등하게 나누어졌다(DIT는 읽기가 가능한 6학년을 기준으로 그보다 어린 피험자들에게는 사용할 수 없다.). 교육 프로그램의 유형은(아래에 더 자세하게 언급됨) 대개 그룹 딜레마 토론과 '심리 발달' 프로그램이었다(즉, 프로그램은 경험적 구성요소를 가지고 있고, 일반적인 인성 및 사회성 발달을 촉진시키기 위해 고안되었다; 분류 참고). 이 연구들의 약 1/2은 특정 분야의 주제를 포함하고 있고(사회과학, 법, 경영, 간호학, 교사), 나머지는 다소 복합적인 표

본들을 포함하고 있다. 대부분 프로그램은 몇 주 이상이 소요되었다. 그리고
이전 연구들에서 살펴본 것과 같이 보고된 연구의 약 절반 정도는 도덕 판단
력에 개입이라는 요소가 중요한 영향을 끼친다고 보고하고 있다.

많은 연구들은 다양한 방법론적인 결점들을 지니고 있다:

1. 단 9개의 연구만이 실험적인 연구를 완벽하게 무작위로 실시하였다. 대부분의
   연구들이 학교 상황에서 이루어졌기 때문에, 비교집단이 포함된 유사 실험설계
   가 사용되곤 했다. 18개의 연구는 유사 실험설계[4]로 이루어지긴 했지만 부족한
   점이 많았다.
2. 19개의 연구들은 통계 분석에 ANCOVA[5]나 two-way ANOVA[6]를 사용하였다.
   이를 통해 처치효과를 알기 위한 검사와 사전검사와의 차이를 통제하는 것을
   동시에 할 수 있었다. 다른 연구들에서는 비교집단의 사전 · 사후 변화를 포함
   하지 않고 T-test[7]를 통해 실험집단만의 전후 점수를 비교하였다.
3. 몇몇 연구들은 콜버그의 단계 이론에 대한 제시와 토론이 포함되어 있다. 그것
   에 의해서 사후검사에 영향을 줄 수 있는 요인들이 있을 수 있다(왜냐하면 도덕
   판단력 검사는 도덕 판단 이론에 대해 학습하지 않은 피험자들을 가정하고 개
   발되었기 때문이다.).
4. 몇몇 연구들에서 피험자들은 그 검사를 전적으로 이해하지 못했거나, 검사를
   실시하기에는 너무 어리거나, 너무 많은 검사들에 대한 경험이 이 검사를 실시
   하는 데 동기를 부여하지 못하는 문제가 있었다고 보고되었다.
5. 대부분의 연구들은 사후검사 결과의 경향이 유지되는지를 알아보기 위한 추수
   검증 테스트를 포함시키지 않았다.

---

4) 연구 대상 집단을 실험집단(experimental group)과 비교집단(control group)으로 구분하여 실험
   집단에는 개입처치하고 비교집단에는 개입처치를 하지 않은 다음에 실험집단과 비교집단을 비교
   하는 방식으로 가장 흔히 쓰는 연구 방법이다. 여기서 유사(quasi)라는 용어가 붙는 것은 실험군과
   대조군을 분류할 때 무작위(random)로 분류하였음을 나타내기 때문이다.
5) 다변량분석에서 특정한 독립변인에만 초점을 두고 다른 독립변인은 통제변수로 하여 분석하는 방
   법이다. 즉, 특정한 사항을 제한한 후 ANOVA 분석을 실시한다.
6) 독립변인의 수가 두 개 이상일 때 집단 간 차이가 유의한지를 검증하는 데 사용한다. 독립변인 두
   개, 종속변인이 동일할 때 사용한다.
7) 두 집단 간의 평균의 차이가 통계적으로 유의한지를 파악할 때 이용하는 통계기법이다. 두 모집단
   의 변량을 알고 있는 경우가 드물기 때문에 주로 이 기법을 사용한다.

6. 개입에 관한 몇몇 실험들은 너무 간단해서 DIT와 같은 광범위한 검사도구에서 탐지할 수 있는 의미 있는 결과들을 얻기에는 이론적으로 부적합하였다.

7. 대부분의 개입은 사전 예비검사(previous piloting)도 거치지 않고 처음으로 프로그램을 실시해 보는 경험이 부족한 교사들이 가르쳤다.

8. 몇몇 연구들은 표본의 크기가 너무 작아서 결론을 내리기가 어려웠다. 불행히도, 여기서 지적된 동일한 단점들은 선행연구(Rest, 1979a)에서도 지적된 바 있으며, 현재까지도 이러한 점들에 대해서는 많은 부분 수정이 이루어지지 않았다. 그럼에도 불구하고, 개인의 연구에 결함이 있다 해도 여전히 유용한 정보가 많이 있음을 지적한 글라스(Glass, 1977)의 결론을 고려하여 우리는 이 책에서 모든 연구들로부터 얻은 결과물들을 검토해 보고자 했다. 또한 우리는 특정 연구 설계의 특성이 연구동향에 영향을 주었는지를 알아보기 위해 방법론적인 면에서 차이를 가진 대조적인 연구들을 사후 분석해 볼 것이다.

〈표 3-2〉는 DIT를 사용한 최근의 개입 연구 40개를 나열하고 있고, 〈표 3-3〉은 이전에 살펴본(Lawrence, 1980; Rest, 1979a) 15개의 연구를 나열하고 있다. 표들은 각각의 연구에 대한 많은 양의 유용한 정보를 제공해 준다.

1. 첫 번째 세로 줄은 저자들의 이름과 출판 연도를 나타낸다.
2. '실험설계'는 캠벨과 스탠리(Cambell & Stanley, 1963)에 의해 사용된 기호들로 표시되었다. R은 그 실험이 무선설계(randomization)로 이루어졌음을 나타내며, O는 관찰을 나타내고, X_1, X_2, X_3 …는 다른 처치상황을 나타낸다. 각 줄은 다른 처치 그룹을 나타낸다.
3. 표본은 피험자의 총 인원수, 연령/학력, 다른 특성들을 나타낸다. 성별은 DIT 점수(Rest, 1979a; Thoma, 1984)에서 중요한 요인이 아니기 때문에 성별을 따로 분류하여 보고하지는 않았다.
4. 처치기간은 프로그램이나 모임의 시작부터 끝날 때까지의 총 시간을 나타내거나 각 수업의 수와 기간을 나타낸다. 예를 들어, '3×20분'은 3번 수업이 20분씩 이루어진 것을 의미한다.
5. 처치유형은 각각의 커리큘럼이나 처치에 대한 특징을 짧게 설명한 것이다. 같은 연구에서 두 개나 그 이상의 처치상황이 적용되었을 경우 E1은 이전에 보고

표 3-2 DIT를 사용한 개입연구들에 대한 개관(1977~1983년)

딜레마 토론의 개입

저자	실험설계[a]	표집	처치기간	처치유형	점수[b] 평균 사전검사	점수[b] 평균 사후검사	DIT에서의 변화 효과	연구의 문제점	효과 크기
Bridston (1979)[c]	OX_1O OO OX_2O OO	N=69, 간호학과 학생 1학년, 약 23세	7×30분 딜레마 토론	X_{11}=딜레마 토론 (Galbraith-Jones) 가을 학기 (E_1), 봄 학기 (E_2) (보건 정책에 관한 토론과 관련) X=딜레마 토론 (Galbraith-Jones) (E)	N=15, E; 43 N=16, C; 37 N=23, E; 32.1 N=15, C; 35.1 N=15, E; 20.9 N=14, C; 56.8	47 39.1 32.6 39.3 37.7 56.6	ANCOVA $F_{(1, 28)}=1.43$ ns^a $F_{(1, 35)}=2.23$ ns $t_{(14)}=3.31$ $p<.05$ ns	R, F, B, S R, A, M, F, S	.32 .06 .17 .22 1.72 -.03
Fleetwood & Parish (1976)	OXO OO	N=29, 비행청소년, 16~17세	6×11/2시간 4주에 걸쳐 실시	X=Kohlberg와 Fenton의 가설적 딜레마 토론, 마지막은 실제 딜레마에 대한 토론 (E)	N=22, E; 19 N=24, C; 28	24 26	$t_{(21)}=1.89$ $p<.05$ ns	R, A, F	.31 -.13
Boland (1980)	OXO OO	N=52, 가톨릭 중학교 학생	일주일에 1시간 12주	X=보건과 체육 커리큘럼에 대한 딜레마 토론 (E)	N=30, E; 18.6 N=38, C; 18.3	25.4 19.7	two-way ANOVA $p<.05^d$	R, F, A	.80 .16
Preston (1979)[c]	OXO OO	N=69, 흑인 고등학교 학생, 7~9학년	24주	X=문화수업, 역할놀이, 신문에 나와 있는 딜레마 등 고등학교 교육에서의 갈등들에 대한 딜레마 토론 (E)	N=60, E N=30, C	보고되지 않음	ns ns	A, F	–
Gallagher (1978)	ROXO ROO	N=90, 사회경제적 지위가 낮음, 대도시에 사는 11학년과 12학년 학생	2×45분/일주일, 10주	X=문화적 갈등에 대한 교육 지도를 포함한 또래 간의 토론 (E)	할 수 없음				
Donaldson (1981)	OXO OO	신학대학, 3학년과 4학년	한 학기	X=딜레마 토론, 임상적인 접근 (Kohlberg-Fenton)	할 수 없음		ns	R, M	–

표 3-2 계속

저자	실험설계[a]	표집	처치기간	처치유형	P점수[b] 평균 사전검사	P점수[b] 평균 사후검사	DIT에서의 변화 효과	연구의 문제점	효과 크기
Shafer (1978)[c]	ROXO ROO	N=57, 중등학교 과 학교육을 받는 학생	10주	X=딜레마 토론 (Galbraith-Jones)	N=31, E: 40.8 N=26, C: 36.98	48.6 42.2	ANCOVA F(1, 56)=4.03 p<.05	C, F	.58 .33
Hanford (1980)[c]	OXO OO	N=32, 간호학과 학생	한 학기(10주)	X=생명윤리학에서의 딜레마 토론, 암리적인 것과 관련된 수필 쓰기, 끝비그 이론 가르치기	N=16, E: 41.6 N=16, C: 46.3	55.1 51.0	t(15)=3.36 p<.01 t(15)=1.8 ns	R, A, C F, N, S	.65 .35
Riley (1981)[f]	ROX₁OO ROX₂OO RX₁OO RX₂OO	N=128, 20~80세 성인, 기독교, 중산층	60분/일주일 8주에 걸쳐 실시	X₁=딜레마 토론 (Galbraith-Jones) X₂=통제집단-교회의 역사에 관한 강의	N=28, E: 27.1 N=28, C: 24.3 N=28, E: c N=28, C: c	31.9 26.5 33.1 25.1	교육을 공변량이로 한 사후검사의 / three-way ANCOVA F(1, 95)=11.11[g] p<.01	–	.57 .20
Kenvin (1981)	OX₁OO OX₂OO OOO	N=30, 사립 집 배학교, 10학년과 11학년 N=60, 공립학교, 10학년과 11학년, 중산층	45분/일주일 6주에 걸쳐 실시	X₁=미국의 역사에 관한 보편적 가치에 대한 토론(Fenton)(E₁). X₂=종교 수업, 성경 연구, 토론(E₂)	N=30, E: 30.6 N=30, E: 29.4 N=15, C: 24.5 N=15, C₂	29.8 지연됨 (delayed) (32.5) 28.9 지연됨 (25.5) 28.1 지연됨 (29.5) (29.4)	two-way ANOVA F(3, 117)=.13 ns	R, B	-.06 -.04

표 3-2 계속

저자	실험설계[a]	표집	처치기간	처치유형	P점수[b] 평균 사전검사	사후검사	DIT에서의 변화 효과	연구의 문제점	효과 크기
Farrelly (1980)	OX_1O OX_2O OO	N=191, 6학년 학생	일주일에 3시간씩 4주에 걸쳐 실시	X_1 = 도덕 딜레마에 관한 또래 집단 토론 (Galbraith-Jones) (E_1) X_2 = 딜레마에 관한 개인 연구 (E_2)	N=15, C: 24.5 N=15, C_2 $E_1 \times$ 모든 단계 중 에서 E_2 보고됨	28.1 지연됨 (29.5) (29.4)	ns ns P% ns	R, A, F	.26 –
Manville (1978)[c]	OX_1O OX_2O	N=39, 고등학교 학생, 12학년	일주일에 45분씩 11주	X_1 딜레마 토론 콜버그 이론 소개 (Galbraith-Jones) (E_1) X_2 = 딜레마에 관한 개인 연구, 집단 토론 없음 콜버그 이론 소개 (E_2)	N=25, E_{11}: 32.8 N=14, E_{12}: 33.5	33.9 33.5	t-test ns ns	R, A, C F, Sa	.09 .00
Copeland & Parish (1979)	RX_1O RX_2O RO	N=134, 6개월 미만의 판결을 받은 남성 범 죄자	10시간씩 7주에 걸쳐 실시	X_1 = 딜레마 토론 (Galbraith-Jones) (E_1) X_2 = 집단 상담 프로 그램(E_2)	N=50, E₁b N=54, E₂b N=30, Cb	33.3 33.6 34.2	t-tests ns	A, M, F	–
McKenzie (1980)	OX_1O OX_2O OO	N=46, 고등학교 학생, 11학년	일주일에 1시간씩 16주에 걸쳐 실시	X_{11} = 가치 정화 전략 들의 조합과 딜레마의 토론 (Kohlberg-Fenton) (E_{11}) X_{12} = 딜레마 토론 (E_{12})	N=15, E_{11}: 29.1 N=16, E_{12}: 34.6 N=15, C: 25.6	34 29.5 29.2	ANCOVA P:F=(2, 44) =4,49 p<.05 E1 vs E2 사후검사 t(30)=2,02 p<.05 E_1=C; E_2=C	R, A, F	.36 –37 .46

표 3-2 계속

저자	실험설계[a]	표집	처치기간	처치유형	P점수 평균 사전검사	P점수 평균 사후검사	DIT에서의 변화효과	연구의 문제점	효과 크기
Sachs (1978)[c]	OX_1O / OO / OX_2O / OO	N=97, 고등학교 학생 9~12학년	일주일에 4시간씩 20주에 걸쳐 실시	X_1 = 고등학교 교육을 받는 부모들(parent high school)의 문학수업에서 도덕적 이슈가 있는 딜레마 토론 (Kohlberg-Fenton) 과정 / X_2 = 대인적 고등학교 교과 같은 프로그램	N=20, E_1; 20.3 / N=29, C; 20.2 / N=35, E_2; 32.0 / N=13, C_2; 35.6	20.4 / 23.5 / 36.1 / 37.4	ns / ns (통계분석이 불가능함) / ns / ns	R, A, F	.01 / .32 / .26 / .17
Codding (1980)	OX_1O / OX_2O / OO	N=147, 고등학교 학생 10~12학년	한 학기	X_{11} = 딜레마 토론 (Galbraith-Jones) (E_1) / X_{12} = 공통문제와 개인 문제에 관한 토론 (지역사회만) (E_2)	N=50, E_{11}; 39.4 / N=42, E_{12}; 44.2 / N=55, C; 38.7	43.6 / 46.2 / 39.2	ANCOVA: E_1 and C $F(1, 107)=6.2$ p<.01 / ANCOVA: E_2 and C $F(1, 95)=4.08$ p<.01	R, F	.51 / .28
St. Denis (1980)[f]	ROX_1O / ROX_2O / ROO	N=120, 간호학과 학생, 평균 연령=28.5세	일주일에 40분씩 10주	X_2 = 인지적으로 도덕 교육 전략지향 (Kohlberg-Fenton) (E_1) / X_2 = 정서지향 도덕 교육 전략(Rogers) (인성개발 프로그램 하에 E,배지)	N=42, E_{11}; 41 / N=36, E_{12}; 44 / N=42, C; 47.6	50.5 / 48.1 / 42.8	ANCOVA: E_1 vs. C $F(1, 74)=35.3$ p<.001 E vs. C: E (1, 74)=13.51 p<.05	C, F	.71 / .32 / -.36

표 3-2 계속

저자	실험설계[a]	표집	처치기간	처치유형	P점수[b] 사전검사	사후검사	DIT에서의 변화 효과	연구의 문제점	효과 크기
Clarke (1978)	OX₁O OX₂O OX₃O	N=617, 5학년 학생	일주일에 한 시간씩 10주	X₁=역할극놀이를 통한 딜레마 토론 (E₁) X₂=직접 교수 프로그램 (E₂) X₃=차별적인 프로그램, 무행식 수업 (E₃)	보고된 바 없음		ANCOVA ns	R, F	–

인성 개발 프로그램

저자	실험설계[a]	표집	처치기간	처치유형	P점수[b] 사전검사	사후검사	DIT에서의 변화 효과	연구의 문제점	효과 크기
Cognetta (1977)	OX₁O OX₂O OO	N=31, 고등학생	일주일에 두 시간씩 10주, 매일 50분	X₁=DPE, Sprinthall- training; 자기 반성, 의사소통 훈련, 상담 (E₁) X₂=심리학 과정 (E₂) DPE교육 과정	N=15, E₁: 28.6 N=7, E₂=39.5 N=9, C: 37.4	35.1 36.7 38.5	t(14)=2.31 p<.05 ns ns	R, A, F S, C R, A, F, T	.35 -.13 .05 .26
Nichols, Isham, & Austad (1977)[c]	ROX₁O ROO ROX₂O ROO ROX₃O ROO	N=150, 중학생	매일 50분씩, 9주	X₁=개인: 7학년 학생들, 요구, 가치와 행동 X₂=그룹: 8학년 학생, 가치와 행동 X₃=사회: 8학년 학생들, 사회적 문제와 결정(모두 DPE 처치함) 여학생 규칙에 맞춘 DPE교육 과정	N=48, E:8.8 N=48, C:9.6 N=46, E:7.7 N=46, C:9.6 N=41, E:11.3 N=41, C:11.6 N=11, E:56.3	10.31 9.8 11.1 9.6 13.5 11.7 65.6	t(47)=1.89 p<.05 ns t(45)=3.48 p<.005 ns t(40)=1.93 p<.05 ns t(10)=4.21 p<.01	R, A, C, S	.03 .55 .00 .33 .01 1.17

표 3-2 계속

저자	실험설계[a]	표집	처치기간	처치유형	P점수 평균 사전검사	P점수 평균 사후검사	DIT에서의 변화효과	연구의 문제점	효과 크기
Wong(1977)[f]	O X O O O O O X₂ O O O O O X₃ O O O	N=29, 공립학교 여교사	8주 동안 32시간, 든든 4주간에 걸쳐 실시	X_1 = 콜버그 이론을 이용한 의사소통 기술 X_2 = 의사소통 기술 사용 X_3 = 의사소통 기술 사용하지 않음	N=9, C: 52.3 N=8, E₁: 51.8 N=7, C: 45.1 N=10, E₂: 44 N=9, C: 47	51.8 53.8 41.6 54 45	ns ns $t(10)=4.07$ $p<.01$ ns		−.03 .13 −.25 .91 −.16
Tucker (1977)[c]	O X O O O	N=53, 20~29세 대학생	일주일에 2시간, 12주	X = 상담 기술 기반 DPE 교육과정, 인종과 성(gender) 중심의 공감훈련	N=31, E: 19.1 N=14, C: 18.1	22.1 20.7	$t(30)=2.04$, $p<.02$	R, A, F, N, T	.40
Oja(1977)[c]	O X O O O	N=48, 초등학교와 중등학교 현직교사	하루에 3시간, 16일	X = 의사소통 기술 기반 DPE교육 과정, 개인 교수, 교실 내 이론 적용	N=27, E: 56.3 N=21, C: 46.3	63.1 51.5	사후검사 t-test $t(46)=2.08$ $p<.02$	R, A, C F, T	.59 .32
Whiteley et al. (1982)	O X O O O O O	N=187, 학생 지원자	8개월	X = 심리학적 훈련과정 및 특별한 기숙학교 경험, 사회적 문제와 개인적 문제에 대한 토론 (E)	N=83, E 조정된 결과 N=58, C 조정된 결과 (P점수는 사전, 사후의 차이를 의미)	+6.2 +3.2 +1.2	ANCOVA $F(2, 185)$ $=3.0$ $p<.05$	R, F	.46 .23 .08

표 3-2 계속

저자	실험설계[a]	표집	처치기간	처치유형	P점수[b] 평균 사전검사	사후검사	DIT에서의 변화 효과	연구의 문제점	효과 크기
Avise (1980)[e,f]	OXO / OO	N=22, 15~17세 지방거주학생	1학기	X=학급 내 에서의 의사소통 개선, 자기 반성 (E)	N=7, E; 25.0 / N=7, C; 19.6	25.44 / 18.29	ns / ns	R, A, F, N S, T	.06 / – / .18
Wilson (1978)	OX₁O / OX₂O / OX₃O	N=41, 9~12학년 고등학생	일주일에 2시간씩 20시간, 1년	X₁=진행: 자기반성 과 일과 학교에 대한 토론 (E) / X₂=보건한 분야의 직업에 기반한 학문 프로그램 (E₂) / X₃=보건학에 기반 한 대안 프로그램 (E₃)	N=12, E; 26 / N=14, E; 33 / N=15, E; 31	23 / 30 / 28	ns / ns / ns	R, A, F, N	– / .25 / – / .23 / – / .20
Reck (1978)[f]	OX₁O / OX₂O / OX₃O / OO	N=135, 고등학생, 11, 12학년 / X₁=11학년 / X₃=12학년	X₁: 15~18 시간, 9주에 걸쳐 실시 / X₂: 42시간 9주간 / X₃: 105시간 4주에 걸쳐, 전 시간(full time)	X₁,₂,₃=가난한 학생 을 돕기 위한 서비스 프로그램 (E₁,₂,₃) / X₃=학습 부진아들 을 대상으로 한 교수	N=34, E; 31.6 / N=19, E; 30.1 / N=71, E; 32.8 / N=11, C; 28.18	32.9 / 35.8 / 37.3 / 32.0	ns / t(18)=2.65 p<.05 / t(70)=3.06 p<.001 / ns	R, A, M F, N, T	.13 / .43 / .31 / .34
Olson (1982)	OXO / OO	N=27, 기숙생과 통학생	5개월	X=리더십 훈련과 경험	자료 없음		ns / ns	R, A, F, N S, T	–
하문적 과정들									
Boyd (1980)	OXO / OO / OO	N=262, 경영학 전공 학생	일주일에 1시간, 11주에 걸쳐 실시	X₁=사회적 정치적 인 문제들 (E) / X₂=권력자 과정 (C₁)	D 점수 N=181, E; (22.0) (23.2) / N=41, C₁; (21.1) (22.1) / N=40, C₂; (20.4) (20.4)		t(180)=3.08 p<.02 / ns / (E, C; 사후검사 p<.05)	R, A, F	.19 / .15 / .00

표 3-2 계속

저자	실험설계[a]	표집	처치기간	처치유형	P점수 평균		DIT에서의 변화효과	연구의 문제점	효과 크기
					사전검사	사후검사			
Finkler, 인격적 의사소통 (1980)[c]	OX₁O OX₂O OX₃O	N=99, 응용·범죄학 전공 2학년 학생 박사과정 철학전공 학생	일주일에 1시간씩 한 학기	X₁=인문학과 응용범죄학 (E₁) X₂=인문학(예술, 종교) (E₂) X₃=응용범죄학 입문과정 (C)	N=24, E; 44.6 N=44, E; 37.1 N=31, C; 36.8	47 37.1 33.5	ANCOVA F(1, 92)=4.59 p<.02 문제점: 적절하게 기술된 데이터가 아님	R, M, F, N, A	.17 .00 -.32
Willging & Dunn (1982)	OX₁O OO	N=104, 법학전공 1학년과 4학년 학생	30시간 10주간 실시	X=사회에 대한 변호사의 직업적인 책임과 관련한 법률가 직업윤리, 사례연구 (E₁)	N=41, E; 52.22 N=63, C; 49.5 (1학년과 4학년의 중단적 연구를 통해서)	52.78 52.13	t-test ns ns	R, A, M, F, N, T	.04 .22
Redman (1980)	OX₁O OO	N=33, 중산층 학생 자원자	일주일에 2시간 2학기에 걸쳐 실시	X=가치기준에 대한 토론; Skinner, Freud, 다른 문화에서 말하는 가치기준에 대해 읽기 (E₁)	N=19, E; 34.6 N=14, C; 38.5	45.2 44.6	t(18)=3.18 p<.005 C: ns	R, A, M, F, N, S, T	.63 .46
stevenson (1981)[c]	OX₁O OX₂O OO	N=56, 사회과학, 인문학, 영어 전공 대학생	일주일에 1시간, 4학기 중 1학기	X₁=사회(과목), 문학에서의 문제에 대한 토론 (E₁) X₂=인문학 (E₂) X₃=영어 과정 (E₃)	N=29, E: 50.1 E, C; DIT 적용된 바 없음	t-test ns		R, R, N, T	.25

표 3-2　계속

저자	실험설계[a]	표집	처치기간	처치유형	P점수[b] 평균 사전검사	P점수[b] 평균 사후검사	DIT에서의 변화 효과	연구의 문제점	효과 크기
단기간									
Goddard (1983)[f]	ROX₁O ROX₂O ROX₃O ROO	N=68, 심리학, 사회학, 역사학, 경제학 전공 학생	3×20분	X_1=로저스 이론에 기초한 교호적 영향 (E_1) X_2=자기구조-교호이론에 기초한 교호적 영향(E_2) X_3=위약효과(placebo)에 관한 영향 (E_3)	N=16, E_1: 43.3 N=16, E_2: 37.8 N=16, E_3: 41.3 N=16, C: 42.8	53.5 43.6 43.8 44.3	$t(15)=3.57$ $p<.01$ $t(15)=2.54$ $p<.05$ ns ns	A, F, B, S, T	.69 .49 .33 .11
M. Greene, 인격적인 의사소통 (June, 1980)	OXO OO	N=62, 간호학 학위 수여자	단기간 처치함	X=공감 훈련		자료없음	Two-way ANOVA: ns	R, F, B, N	–
Holley(1978)	OXO	N=37, 24세 학생	1~13차례의 상담수 업시간	X=개인적 문제들에 관한 짧은 개인상담 (E)	N=37, E: 55.1	54.4	ns	R, H, F, B, T	.19
Oberlander (1980)	ROX₁₁OO ROX₂₁OO ROX₁₂OO ROX₂₂OO ROX₁₃OO ROX₂₃OO	N=100, 중류층 학생, 심리학 입문과정	50분 영화상영, 50분 널베미토론	X_{11}=영화 투입: 중립적, 개인적인 결정 X_{21}=영화 투입: 도덕적, 개인적인 결정 X_{12}=영화 투입: 중립적, 일반적인 결정 X_{22}=영화 투입: 도덕적, 일반적인 결정 X_{13}=영화 투입: 중립적, 지수 함의 X_{23}=영화 투입: 도덕적, 지수 함의	N=14, X: 42.29 N=15, X_{11}: 46.88 N=30, X_{21}: 44.77 N=31, X_{12}: 49.77 X_{13}: 지수 없음, X_{23}	38.50 42.40 40.93 50.55	Two-way ANOVA all ns	C, B, N, S, T	-.15 -.26 -.19 .03

표 3-2 계속

저자	실험설계[a]	표집	처치기간	처치유형	P점수[b] 평균		DIT에서의 변화 효과	연구의 문제점	효과 크기
					사전검사	사후검사			
Adams (1982)	ROXO ROO	N=72, 교사와 학생	9시간, 1½일에 걸쳐 실시	X=위크숍: 딜레마에 대한 토론(Galbraith-Jones) (E)	지수 없음		ANCOVA ns	F, B	–
Clark (1979)[c]	OXO OO	N=36, 사립학교 8학년 학생	5시간	X=딜레마에 대한 토론(Galbraith-Jones) (E)	N=17, E: 26.2 N=16, C: 25.1	25.1 23.0	t-test ns	R, A, F, B, S	– .22 – .34
Laisure & Dacton (1981)	OXO OO	N=18, 남학생, 기숙 조교들	15시간 2½에 걸쳐 실시	X=딜레마에 대한 토론, 성, 소수자들 등에 관한 사례연구 (E)	N=10, E: 42 N=8, C: 55	46 54	t-test ns	R, A, F B, N, S	.35 – .08

Key: R-피험자들은 무작위로 처치되지 않음; A-실험집단과 통제집단의 통계적집단의 차이 비교의 부적절함 또는 사후검사 실시하거나 실시하지 않음 또는 C가 아님; C-콜버그의 단계 이론에 관한 설명에 노출됨으로써 사후검사에 영향을 줌; M-비스트를 실시하는 데 있어 동기화되지 않은 피험자를 또는 비스트를 이해하기에는 너무 어린 피험자들; F-사후검사 결과가 안정적인지 아닌지를 결정짓는 검증 비스트가 없음; B-처치가 매우 간단함; N-처치가 처음 실시되거나 경험이 없는 교사가 가르친 경우; S-표본이 매우 작음(실험집단이 20명 이내); T-콜버그 이론이나 처치에 관련된 아무 설명도 없음; ns-중요하지 않음.

[a] 실험설계에서 R은 피험자들이 무작위로 선출되었음을 의미하며 처치가 무작위로 이루어졌는지 아닌지를 나타내지 않는다.

[b] DIT점수와 연관된 결과만이 보고되었다.

[c] 원점수들은 P% 점수로 계산되었다.

[d] ANOVA에서 잘못 측정함.

[e] 평균은 개인 저자에 의해 측정된 자료들로 계산되었다.

[f] 이러한 점수들은 보고서들에서 명확하게 나타나 있지 않지만, 그 보고서에서 원점수를 제공한 것을 바탕으로 P% 점수로 변환되었다.

[g] 자유도(degrees of freedom)는 상호작용에 의해 손실되었다.

[h] 사전검사 점수는 측정되지 않았다.

출처: Schlaefli, A., Rest, J. R., & Thoma, S. J. (1985). Does Moral Education Improve Moral Judgment? A Meta-Analysis of Intervention Studies Using the Defining Issues Test. Review of Educational Research, 55, no. 3: 319-352. 허락을 얻어 재출간함.

표 3-3 DIT를 사용한 개입연구들에 대한 개관(1972～1977년)

저자	실험설계	표집	처치기간	처치유형	P점수평균 사전검사	P점수평균 사후검사	DIT에서의 변화 효과	연구의 문제점	효과 크기
딜레마 토론 개입									
Coder (1975)	OX_1O OX_2O OO	n=87, 교회 회원인 성인, 22～55세	6주, 일주일에 2시간	X_1=딜레마 토론, X_2=강의, 토론은 없음, 한문적 수업과정	N=33, E: 46.0 N=13, E: 47.0 N=13, C: 43.0	56.0 58.0 41.0	사후검사에서 E_1과 E_2는 C와 다름: F=5.69 p<.005 E_1과E_2사이에 ns	R, C, F, N	.76 .62 – .13
Panowitsch (1975)	OX_1OO OX_2OO	N=152, 대학생	1분기(4분기 중)	X_1=응용윤리 수업 X_2=논리수업 과정	N=72, E: 41.6 N=22, E: 40.1	46.5 40.5	E_1 t(72)=3.21 p<.002 E_2 t(22)=ns	R	.60 .05
Piwko (1975)	OX_1O OX_2O OO	N=68, 대학생	10×2시간 1분기(4분기 중)에 걸쳐 실시	X_1=도덕발달 워크숍, 도덕적 가치, 헌신 X_2=인간개발 과정	E_1: 44.72 C: 45.55 C: 39.44	52.77 47.08 38.61	E_1 t(33)=6.89 p<.05 C_1=ns C_2=ns ANCOVA	R, A, C, F, N	.54 .06 – .12
Siegal (1974)	ROX_1O ROX_2O ROX_3O ROO OXO OO	N=358, 8, 9, 10학년 고등학생	1학기	X_1=딜레마 토론 X_2=meux 처치 X_3=aver 처치 X_4=통제	E_1: 25.72 E_2: 20.78 E_3: 21.03 C: 23.78	26.75 23.33 21.32 23.53	ns ns ns ns	A, F, N	.08 .24 .03 – .02
Troth (1974)	OXO OO	N=42, 대학생	1학기	X=도덕적 가치에 관한 수업(개인적 가치와 수업 가치와 행동을 통합하기 위한)	N=20, E: 51.3 N=19, C: 49.3	56.3 50.3	t-test ns ns	R, A, F, N, S	.71 .47

표 3-3 계속

인성개발 프로그램

저자	실험설계	표집	처치기간	처치유형	점수 평균 사전검사	점수 평균 사후검사	DT에서의 변화 효과	연구의 문제점	효과 크기
Balfour (1975)	OXO OO	N=84, 고등학생	1학기 일주일에 1시간, 일주일에 4시간 실습과목 1학기	X=인문학 아웃리치 과정, 공동체 경험 세미나	N=54, E: 36.08 C: 37.71	39.41 41.35	t(53)=2.01 p<.05 ns	R, A, F, N, T	.35
Erickson, Colby, Libbey, & Lohman(1976)	OXO OO	N=20, 중학생	1학기	X=수업 내 인성개발을 위한 DPE교육 과정	N=20, E: 19.12	25.97	t(19)=2.27 p<.02	R, A, C, F, N, S, T	.47 .62
French (1977)	OXO OO	N=117, 고등학생	1분기	X=가치에 대해 명시한 영어와 역사 수업	N=79, E: 14.8 N=38, C: 16.9	15.5 17.7	t-test ns ns	R, F, N, T	.14 .26
Hurt (1974)	OX₁O OX₂O OO	N=54, 대학생	1분기	X₁=DPE 상담, 교육 심리 수업에서의 공감 훈련 X₂=활동적인 C	N=15, E: 47.78 N=19, E: 51.13 W=20, C: 52.17	53.45 54.65 54.92	t(14)=1.94 p<.037 t(18)=1.80 p<.045 ns	R, A, F, N, S, T	.42 .29 .27
Allen & Kickbush (1976)	OXO OO OO	N=117, 9학년 학생	87개월	X=도덕교육에 기반한 1학기 단위의 융합 교육 과정	측정불가능		t-test	R, M, F, N, T	–
Sprinthall & Bernier(1977)	OXO	N=18, 현직교사	6주 워크숍+1분기 전문가 회의	X=개인별 접촉 위 크숍, 전문적 개발, 교수과정 동안 세미나 참가	N=18, E: 56	65	t(17)=2.91 p<.01	R, A, C, F, N, S, T	.53

표 3-3 계속

저자	실험설계	표집	처치기간	처치유형	점수 평균 사전검사	점수 평균 사후검사	미디어서의 변화효과	연구의 문제점	효과 크기
Morrison, Toews, & Rest(1973)	OXOO / OOO	N=103, 중학생	6개월	X = 토론과 프로젝트를 포함한 시민과 사회수업	N=74, E: 11.73 / N=39, C: 10.13	10.23 / 11.72	t-test / ns / ns	R, M, N, T	-.18 / .19

단기 연구

저자	실험설계	표집	처치기간	처치유형	점수 평균 사전검사	점수 평균 사후검사	미디어서의 변화효과	연구의 문제점	효과 크기
Walker(1974)	OX_1O / OX_2O / OX_3O / OX_4O / OX_5O	N=70, 8학년 학생	한 번의 강의 처치	전반 추론에 대한 담화 모형 / X_{11} = 자신의 단계(인습전 수준의 피험자들) / X_{21} = +1 단계모형(인습이전 수준의 피험자들) / X_{31} = -1 단계모형(인습 수준의 피험자들) / X_{41} = 자신의 단계(인습 수준의 피험자들) / X_{51} = +1 단계(인습 수준의 피험자들)	N=17, E_1: 21.97 / N=17, E_2: 22.65 / N=12, E_3: 21.25 / N=12, E_4: 20.56 / N=12, E_5: 16.12	21.87 / 18.63 / 24.72 / 23.75 / 19.58	ANOVAS all ns	F, B, N	-.01 / -.39 / .37 / .29 / .31
Geis(1977)	OX_1O / OX_2O / OX_3O	N=90, 대학생	한 주당 4×50분, 2주 동안 실시	X_{11} = 합의를 위한 그룹토론 / X_{21} = 개방형 그룹토론 / X_{31} = 개인 결정+성찰	N=15, E_1: 32.9 / N=15, E_2: 32.9 / N=15, E_3: 30.2	37.9 / 32.2 / 32.6	All ns	M, F, B, N	.36 / -.06 / .19

학문적 수업 과정

저자	실험설계	표집	처치기간	처치유형	점수 평균 사전검사	점수 평균 사후검사	미디어서의 변화효과	연구의 문제점	효과 크기
Rest, Ahlgren, & Mackey (1972)	OXO	N=61, 중학생	12주	X = 경험에 대한 비도변화를 위한 사회 연구 강좌	N=61, E: 22.67	24.17	t-test / ns	R, A, M, F, N, T	.12

주: 이 표는 레스트(1979a)에 의해 작성된 것을 수정한 것임.

Key: R-피험자들은 무작위로 처치되지 않음; A-실험집단과 통제집단의 통계 결과, 비교가 부적절하거나 사전검사를 실시하지 않았거나 또는 C가 아님; C-콜버그의 단계이론에 관한 설명에 노출됨으로써 사후검사에 영향을 받음; M-검사를 실시하는 데 있어 동기화되지 않은 피험자들 또는 검사를 이해하기에는 너무 어린 피험자들; F-사후검사 결과가 안정적인지 아닌지를 결정짓는 추수 검사가 없음; B-처치가 지나치게 간단함; N-처치가 처음 실시되거나 경험이 없는 교사가 가르친 경우; S-표본이 매우 작음(실험집단이 20명 이내).

＊ 실험설계에서 R은 피험자들이 무작위로 선출되었음을 의미하는 것이지 처치가 무작위로 이루어졌음을 나타내는 것이 아니다.

된 가장 효과적인 프로그램의 처치를 나타낸다(예를 들면, 콜버그가 제안한 대로 논쟁이 포함된 또래 간의 도덕 딜레마의 토론이 해당된다.).

6. "평균 P% 점수"에 해당하는 열은 각각의 처치와 통제집단에 따른 표본의 크기를 나타내며, 사전검사의 DIT 평균점수를 P%지수로 나타내고(D지수는 P%지수가 사용된 곳에만 보고됨), 사후검사의 평균과 추수 검사의 평균을 나타낸다(PT로 표시한다.). 몇몇 연구에서는 DIT보다는 사전-사후 점수에 대한 변인을 모두 보고하고 있다는 사실에 주목해야 하지만, 여기에서는 고려되지 않았다.

7. "DIT에서의 변화 효과"는 통계적 분석(T-tests, ANOVA, ANCOVA)과 유의도 수준(오차확률)을 나타낸다.

8. 표에서 나타나는 "연구의 문제점"들은 특정 연구들이 이미 갖고 있던 방법론적 문제점들에 관한 것이다. 문제점들은 유형에 따라 문자화하여 표시했으며 각 문자에 대한 해석은 표 밑에 있다.

9. 마지막 줄은 "효과 크기(effect size)"인데 그룹 내 변량과 비교했을 때 처치 효과의 정도를 나타낸다. 효과의 크기를 계산하는 통례적인 방법은 실험집단의 평균과 통제집단의 평균의 차이를 집단 내 표준편차로 나눈 것에 기초한다. 우리는 이러한 방법에 약간의 수정을 가했다. 왜냐하면 많은 연구들이 두 개 이상의 처치집단을 가지고 있으며, 많은 연구들에서 T-test 결과를 보고했기 때문이다(초기 사전검사를 통제한 사후검사 간 비교가 아니라 각 처지집단 간 사전-사후 검사의 비교). 여기에서 효과의 크기는 다음의 방법으로 계산되었다.

(a) 각각의 독립적인 처치집단에서 그 처치에 대한 효과의 크기는 표준편차에 의해 나누어지는 사전검사와 사후검사의 평균의 차이로 계산된다(즉, 각 연구에서 집단 내 가중평균 표준편차를 의미한다.).

(b) 만약 연구보고서에 집단 표준편차가 주어지지 않았다면 연구에서 제공된

통계에 따라 추정할 수 있다. 자료가 부족한 경우 DIT 매뉴얼의 규준집단으로 부터 표준편차를 추정할 수 있다. 평균점수조차 누락된 경우, 효과 크기를 추정할 방법이 없기 때문에 표에서 빈칸으로 남겨 놓았다.

(c) 다양한 연구에서 효과 크기를 묶을 때 표본의 크기가 평균 효과의 크기를 좌우하는 것은 당연한 일이다. 예를 들어, 고등학생과 성인에 대한 도덕 교육 프로그램에서 평균 효과 크기를 비교하려 할 때, 한 연구에서는 20명의 성인 피험자를, 또 다른 연구에서는 100명의 성인 피험자를 갖는다고 하자. 성인 대상 프로그램의 평균 효과 크기는 표본 크기가 큰 쪽이 5배 더 높다고 계산될 것이다. 게다가 각 집단에서의 효과 크기에 대한 측정치를 제공하기 위해서 우리는 95%의 신뢰구간을 포함시킨다(Hedges, 1981 참고). 다음의 논의에서 이러한 구간은 각각의 효과 크기의 통계적인 특징을 결정짓는 데 이용될 것이다. 그러므로 만약 구간 내에 0이 포함된다면 실제로 효과가 존재하지 않을 가능성을 고려해야 한다. 예를 들어, 통제집단에서 계산된 구간에 0이 포함된다면 검사에서 실제로 효과가 없다는 것을 의미하는 것이다. 실제 효과를 검증하기 위해 우리는 코헨(Cohen, 1969)의 효과 크기에 대한 일반적인 해석에 기반하여 연구결과를 살펴볼 것이다. 그는 효과의 크기를 .20, .50, .80으로 표현하고, 그것을 각각 '.20은 효과의 크기가 작다, .50은 효과의 크기가 보통이다, .80은 효과의 크기가 크다.'라고 제안하였다.

메타분석 결과들

일반적인 처치효과

〈표 3-4〉는 프로그램 유형이나 피험자 특성 그리고 프로그램 기간 등을 고려하지 않은 모든 처치집단(E_1)의 평균 효과 크기를 나타낸다. 이런 도덕 교육 프로그램의 효과 크기는 계획적인 교육처치를 전혀 받지 않은 통제집단(C)과 비교될 수 있으며, 몇 가지 교육처치를 받기는 했으나 특별히 도덕적 사고를 촉진하는 것으로 볼 수 없는 종류의 처치를 받은 비교집단(E_2)과도 비교될 수

있다. 기대할 수 있는 바와 같이, E_1처치만이 분명하게 의미 있는 효과를 보여주었다. 비교집단(E_2)과 통제집단(C)이 정적 경향을 보이는 것은 검사들 간의 시간 간격(어떤 경우는 약 1년 정도), 혹은 자연적 발달 때문으로 생각할 수 있다. 검사를 단순히 반복적으로 받는 것은 효과가 없다는 것이 이전 연구(Rest, 1979a)에서 밝혀졌다. 따라서 〈표 3-4〉로부터 내릴 수 있는 결론은 프로그램 유형에 관계없이 도덕 교육 프로그램의 전반적인 효과성은 통계적으로 유의미하다는 것이다. 그러나 코헨은 그 효과가 적은 범위에 불과하다고 지적했다. 과거에 효과적인 것으로 보인 여러 종류의 처치들이 여전히 효과적인 것으로 나타나지만, 대안적 처치들(예: E_2집단)은 도덕발달을 촉진시키는 데 효과적이지 않았다. 이는 처치집단과 표집을 더 동질적인 집단으로 재편성해서 더 정교한 분석을 할 필요가 있다는 것을 암시하는 것이다.

 일반적인 처치 효과

집단	표집의 수	평균 효과 크기[a]	95% 신뢰구간
E_1	68b	.28	(.20$<$d$<$.36)
E_2	15	.08	(−.11$<$d$<$.27)
C	40	.11	(−.01$<$d$<$.23)

a 평균은 표집 크기에 따라 가중치를 두었다.
b 어떤 연구들은 두 개 이상의 처치가 이루어졌기 때문에 표집 수가 연구 수보다 많다.
출처: 저자들에 의해 집계됨.

프로그램 종류의 효과

모든 프로그램은 각각 다르지만, 연구들로부터 몇 가지 비슷한 점을 도출할 수 있다. 다음 네 개의 분류는 그 유사성을 포착한 것이며, 앞의 〈표 3-2〉와 〈표 3-3〉의 연구는 이런 네 개의 유형에 따라 분류한 것이다.

1. 콜버그의 제안(예: Blatt & Kohlberg, 1975)에 따라, 쟁점이 되는 도덕 딜레마

에 대해 또래와의 토론을 강조하는 프로그램이 있다. 프로그램 보고서들은 콜버그식 프로그램에 대한 세부 제안들을 제공하는 가브레스와 존스(Galbraith & Jones, 1976)의 연구를 자주 인용한다. 이 지침들은 집단 토론을 시작하는 방법, 자극이 되는 딜레마의 선택, 토론 리더로서의 교사의 역할과 같은 세부적인 지침들을 제시한다. 우리는 이런 처치를 '딜레마 토론'이라고 이름 붙였다. 이런 처치유형에서 발달을 촉진시키는 효과적인 조건은 도덕적인 문제해결 상황에서의 집중적인 연습과 또래 간 상호 교환(다른 사람의 사고를 촉진해 주고, 가설을 재검토하며, 다른 관점을 접하게 되고, 논쟁을 할 때 제한선을 세우며, 상반된 논리로 반박하는 것)을 통해 자극을 받게 하는 것이다.

2. 개인의 심리발달을 강조하고 약간의 경험 활동과 깊은 자기성찰을 포함하는 프로그램이 있다. 이는 모서와 스프링서(Mosher & Sprinthall, 1970)에 의해 시작되었다. 이런 프로그램들은 일반적인 성격과 사회성 발달을 촉진하고자 하며, 도덕발달을 핵심 요소로 삼는다. 이 프로그램들은 피험자들에게 서로 다른 연배 간에 가르치기(cross-age teaching), 공감훈련, 의사소통 기술 훈련, 협동 자극 게임, 자원봉사활동, 자신의 사고와 감정에 대해 기록하기 등과 같은 다양한 활동을 하게 한다. 그러나 그 활동들은 모두 자아와 다른 사람과의 관계 속에 있는 자아에 대한 성찰을 촉진하는 데 목적을 둔다. 이런 구체적인 활동들을 통해 배운 자신에 대한 지식은 읽기 과제나 교실 토론을 통해 배운 발달심리학의 일반 이론과 서로 관련을 맺게 된다. 흔히 피험자들이 접하게 되는 이론들 중에 하나가 콜버그의 도덕 판단력 발달이론이다. 우리는 이런 프로그램들을 "성격발달(personality development)"이라고 이름 붙였다(스프링서와 모서는 이를 "심리성숙교육(deliberate psychological education)"이라고 수정하였으며, 표에서는 DPE로 표기하였다.).

3. 인문학, 사회학, 문학, 현대의 쟁점들을 사안으로 하는 학문 내용들을 강조하는 프로그램이 있다. 이런 프로그램들은 앞의 두 종류의 프로그램과 같이, 도덕적 문제해결이나 성격발달 활동들에서의 경험을 넓히는 데 초점을 두지 않는다. 가치문제들이 논의되며 실생활 사태들과 관련되어 있기는 하지만, 정보를 배우는 신체와 학문적 훈련에 중점을 둔다. 이런 프로그램들에서는 형법과 미국 법, 그레이트 북스(great books),[8] 사회학에서의 다양한 주제와 같은 다채로운 내

---

8) 그레이트 북스(Great books)는 허친스(Robert Maynard Hutchins), 아들러(Motimer Ardler) 등이 조직한 미국의 독서 연구 단체가 9개년 계획으로 이하 144권을 그레이트 북스(Great Books=

용이 포함되어 있다. 이런 프로그램들은 전형적인 고등학교와 대학교, 전문 과정들의 프로그램과 확연히 구분되는 혁신적이고 비전통적인 특성들을 가지지만, 우리는 이 프로그램을 "학문과정(academic course)"이라고 이름 붙였다. 어떤 경우에는 딜레마 토론집단이나 성격발달 처치집단들과 비교대상으로, 정규 학문 과정을 사용한 처치집단을 이 분류에 포함시켰다.

4. 마지막 유형은 3주 이하의 짧은 처치기간 프로그램들이다. 이런 프로그램들은 처치활동의 유형에 따라 구분한 것이 아니라 프로그램 지속 기간이 짧은 경우만 분류한 것이다. 앞에서 개관한 DIT를 사용한 교육연구들에서 단기 교육 프로그램들은 처치 유형에 관계없이 효과가 없었다. 우리는 이런 분류에 "단기

표 3-5 처치의 다른 유형들에 대한 효과들

처치 유형	표집의 수	효과의 크기	95% 신뢰구간
딜레마 토론			
E₁	23	.41	(.28<d<.56)
C	17	.09	(−.11<d<.28)
성격발달			
E₁	38	.36	(.20<d<.52)
C	17	.09	(−.09<d<.27)
학문 과정			
E₁	9	.09	(−.09<d<.27)
C	7	.16	(−.11<d<.43)
단기			
E₁	15	.09	(−.15<d<.33)
C	3	−.11	(−.74<d<.52)

출처: 저자들에 의해 집계됨.

Great books of the Western World)라 일컬어 9개년 계획으로 읽게 한 책들의 목록인데, 1940년 출간한 아들러의 독서 병법(How to Read a Book)에 그 목록이 처음 소개된 뒤 1952년에는 Homer, Aeschylus, Sophocles, Euripides, Aristophanes, Lucretius, Virgil, Dante, Chaucer, Rabelais, Montaigne, Shakespeare 등의 작가들을 포괄하게 되었고, 다시 1990년에는 Dickens, Twain, Chekov, Ibsen 외에 William Faulkner, Samuel Becket, T. S. Eliot, James Joyce, Franz Kafka, George Orwell, Virgnia Woolf, Willa Cather, Ernest Hemingway 등 45명의 20세기 작가들을 포함하도록 개정되었다고 한다. 일반인 독자를 대상으로 하며 범위는 고전으로부터 근대문학까지다.

(short term)"라는 이름을 붙였다.

앞의 〈표 3-5〉에서는 처치유형들의 효과 크기들을 비교하였다. 이 표는 딜레마 토론 프로그램들이 일반적으로 가장 큰 효과를 내었으며, 그 다음으로 성격 발달 프로그램들이 효과가 크다는 것을 보여 주었다. 그렇지만 두 프로그램 모두 별로 크지 않은 효과 크기를 나타내었다. 그리고 학문과정과 단기 프로그램들은 평균적으로 도덕 판단력 발달에 효과가 없었다.

콜버그 이론에 대한 학습의 효과

콜버그 이론을 접하게 되는 것, 특히 도덕 판단력의 높은 단계의 기술내용을 알게 되는 것은 어떤 효과가 있는가? 이런 경험의 효과에 대해 두 가지 설명이 가능하다. 한 가지 설명은 단계에 대한 기술내용을 읽는 것이 피험자에게 도덕 판단력 검사에서 어떻게 수행해야 할지를 효과적으로 가르쳐 준다고 생각할 수 있다. 즉, 피험자는 이론을 배움으로써 호의적인 인상을 얻는 방법을 배우게 된다. 또한 이론을 접해 보는 것은 사후검사에 오염 요소가 된다. 그러나 이것은 이론에 접해 보는 경험이 실제로 사람의 도덕적 사고를 변화시키는 데 있어서 강력한 교육도구가 된다고 주장할 수도 있다. 이런 관점에서 이론은 사고의 재구성을 촉진한다. 그리고 사후검사에서의 점수 증가는 타당치 않은 검사의 인위적인 결과가 아닌 발달의 진정한 지표로 생각할 수 있다. 이에 대해 어떤 설명이 옳다고 단정 지어 말할 수는 없다. 따라서 이 문제는 더 많은 추수 연구를 필요로 한다.

〈표 3-6〉은 콜버그 이론을 접해 보는 것이 처치 효과 크기와 관계가 있다는 결론을 내리게 해 준다. 그러나 또한 이론에 접해 본 경험이 없는 집단도 처치 효과가 있음이 나타났다. 이론을 접해 본 처치 효과 크기는 접하지 않은 집단의 효과 크기보다 약 두 배가 된다. 성인집단만을 고려하면 성인 표집

표 3-6 콜버그 이론에 나타난 효과			
접해 봄(exposure)	표집의 수	효과의 크기	95% 신뢰구간
이론에 접해 봄			
E_1	12	.56	(.32<d<.81)
C	8	.02	(−.29<d<.33)
접해 보지 않음			
E_1	56	.25	(.16<d<.34)
C	36	.10	(−.03<d<.23)

출처: 저자들에 의해 집계됨.

9개 중에 4개가 이론에 접하지 않았다(St. Denis, 1980; Riley, 1981; Wong, 1977). 이론에 접해 보지 않은 성인표집의 효과 크기는 .23이나, 접하게 된 5개 표집의 효과 크기는 .71로서 약 3배였다. 분명한 것은 이론에 접하게 되는 것이 인위적인 검사결과인지, 아니면 진정한 발달을 촉진하는 것인지를 확인하는 것이 중요하다는 점이다.

피험자의 연령 효과

피험자 연령을 중학교(13~14세), 고등학교(15~17세), 대학교(18~23세), 성인(24세 이상)으로 나누었다.

〈표 3-7〉은 처치 효과가 성인집단에서 가장 강력하며(.61), 중학교 연령의 집단에서 가장 낮음(.22)을 보여 준다. 피험자 집단에 따른 이러한 차이에 대해 몇 가지 설명을 제안할 수 있다. 첫째로 성인을 대상으로 하는 프로그램들은 대부분 도덕 프로그램에 기꺼이 참여하려는 의지를 보이는 자원피험자들로 구성되었다. 이와 달리 중학교와 고등학교 연령의 피험자들은 억지로 참여하게 된 피험자일 가능성이 높다. 또한 성인 대상의 교육 프로그램은 그들

표 3-7 피험자의 연령에 따른 효과들			
연령 집단	표집의 수	효과 크기	95% 신뢰구간
중학교			
E_1	14	.22	(.03<d<.41)
C	7	.02	(−.23<d<.27)
고등학교			
E_1	20	.23	(.08<d<.39)
C	12	.17	(−.07<d<.41)
대학교			
E_1	25	.28	(.14<d<.42)
C	15	.19	(−.01<d<.39)
성인			
E_1	9	.61	(.34<d<.88)
C	6	−.13	(−.52<d<.26)

출처: 저자들에 의해 집계됨.

의 이전 경험을 살릴 수 있었기 때문에 더 강력한 효과를 가졌을 것이며 따라서 교육처치에서 훨씬 큰 개인적 의미를 찾았을 것이다. 세 번째 설명은 DIT가 낮은 단계의 추론보다 높은 단계의 추론에 보다 민감한 지표(P점수)를 사용한다는 점이다. 따라서 어린 연령의 피험자에게 주어진 도덕 교육 프로그램의 효과가 1, 2단계에서 3, 4단계로 이동시키는 원인이 된다면, DIT는 이런 효과들에 대해서는 상대적으로 둔감할지 모른다. 마지막으로, 처치에 있어서 연령 효과는 처치 효과의 크기와 상관이 있는 다른 변인들과의 복잡한 상호작용으로 기인될 수 있다. 예를 들어, 콜버그 이론을 직접적으로 경험하는 것은 어린 피험자들보다 성인 피험자들에게 더 효과적일 수 있다. 이것은 성인이 어린 피험자보다 더 높은 점수를 얻게 되는 이유를 설명하는 것인지 모른다.

처치기간의 효과

우리는 이미 단기 처치가 비효과적이라는 것을 살펴보았다. 그러나 전체적인 교육 연구의 상황에서 처치기간은 한 시간에서 1년 반까지 매우 다양하다. 그렇다면 최소한의 기간 후에 좀 더 길게 처치를 하는 것이 더 큰 효과를 내는가? 우리는 그룹의 유형을 단기(0~3주), 중기(4~12주) 그리고 장기(13~28주와 8주 이상의 집중 처치)로 분류하였다.

〈표 3-8〉은 장기 처치가 중기 처치보다 더 높은 효과를 내지 못한다는 것을 보여 준다. 어쩌면 장기 처치가 중기 처치보다 더 약한 효과를 보이는 것도 같다. 피험자는 12주 이후부터 도덕 교육을 지겹게 느끼기 시작하고, 그것이 처치의 효과를 떨어뜨리게 하는 것이다. 그러므로 10~12주 후가 되면 처치에 사용되는 도구를 바꾸어야 하며, 처음에 진행했던 것과는 매우 색다른 것을 시도해 보아야 한다. 인위적인 자극은 한정된 시간에서만 효과가 있고, 피험자는 집중적인 자극과 성장 이후에 휴식하면서 그것을 강화할 시간을 필요로 한다.

표 3-8 프로그램 기간의 효과

처치 기간	표집의 수	효과 크기	95% 신뢰구간
단기			
E_1	15	.09	$(-.15 < d < .33)$
C	3	-.11	$(-.74 < d < .52)$
중기			
E_1	36	.32	$(.21 < d < .43)$
C	25	.08	$(-.08 < d < .24)$
장기			
E_1	17	.30	$(.13 < d < .24)$
C	12	.19	$(-.02 < d < .39)$

출처: 저자들에 의해 집계됨.

'좋은' 연구와 '빈약한' 연구의 효과

연구들을 검토하면서 어떤 연구들은 다른 것들보다 더 설득력 있고 더 빈틈없이 구성되었다는 것을 직관적으로 알 수 있었다. 연구 분석은 아무리 빈약한 연구들일지라도 유용한 정보를 제시해 주기 때문에 메타분석에 포함되어야 한다는 글라스(Glass, 1977)의 조언에 따라 행해졌다. '좋은' 연구와 '빈약한' 연구의 첫 번째 분석은 목표와 올바른 준거, 이른바 피험자가 처치집단에 무선할당되었는지에 따라 이루어졌다.

〈표 3-9〉는 무선화 설계의 특성들이 효과에 차이를 보이지 않았음을 보여 준다. 연구들을 무선화로 설계했는지 여부로 '좋은' 혹은 '빈약한' 연구로 분류하는 것은 아무리 공정하고 객관적인 것이라 할지라도 너무 협소한 준거이다. 따라서 연구를 다양한 준거, 즉 연구가 우리에게 얼마나 설득력이 있는지와 같은 전반적인 '임상 판단'에 기초해서 '좋은' 연구와 '빈약한' 연구를 분류하였다. 이런 전반적인 판단이 다른 판단과 어떻게 비교할 수 있을지 확실치는 않지만, 다양한 준거를 사용해서 효과를 확인해 보고자 하였다.

〈표 3-10〉은 〈표 3-9〉처럼 비슷한 일반 경향성을 나타낸다. 즉, 좋은 연구

표 3-9 무선화 연구와 비무선화 연구들의 효과

연구 유형	표집의 수	효과 크기	95% C.I.
무선화			
E_1	12	.35	(.15<d<.54)
C	7	-.01	(-.25<d<.22)
비무선화			
E_1	56	.27	(.17<d<.37)
C	33	.16	(-.01<d<.30)

출처: 저자들에 의해 집계됨.

표 3-10 연구의 질에 대한 피험자 느낌의 효과

느낌	N	집단	효과의 크기
'좋은' 연구들	17	E_1	0.40
	16	C	0.05
'빈약한' 연구들	40	E_1	0.35
	39	C	0.13

출처: 저자들에 의해 집계됨.

와 빈약한 연구 모두 전반적인 경향이 비슷하였으므로 모든 연구들을 통합하는 것은 합당하다.

도덕 교육 프로그램과 그 효과에 대한 일반적 논의

메타분석을 통해 얻을 수 있는 주요 결론은 다음과 같다.

1. 딜레마 토론을 강조한 도덕 교육 프로그램들과 성격발달을 강조한 교육 프로그램들 모두가 크지는 않지만 확실한 효과를 보였으며, 이 중 딜레마 토론법이 약간 더 우세한 효과를 나타내었다.
2. 인문학과 사회학에 관한 학문과정은 도덕 판단력 발달에 영향을 주지 않는 것으로 판단된다.
3. 24세 이상의 성인 대상 프로그램들은 어린 피험자들을 대상으로 한 프로그램보다 효과 크기가 더 크게 나타나는 듯 보인다. 그러나 이런 경향에 대해서는 몇 가지 그럴 듯한 설명이 가능하다.
4. 콜버그의 이론을 접해 본 경험은 프로그램의 효과 크기와 관계가 있다. 이것이 검사 오염(contamination)에 의한 것인지, 아니면 진정한 발달에 의한 변화 때문인지는 확인해야 한다.
5. 2~12주의 처치에 비해 12주 이상의 처치들은 더 큰 효과를 보이지 않

았다. 그렇지만 3주 이하의 처치도 DIT를 활용한 도덕 판단력 측정에서 효과가 나타나지 않는 것으로 보였다.

6. 연구들을 '좋은' 연구나 '빈약한' 연구들로 분류했을 때 얻어지는 경향성은 비슷했다. 비록 모아 놓은 '좋은' 연구들이 보여 주는 일반적인 모습이 '빈약한' 연구들의 그것과 비슷할지라도, 연구자들은 〈표 3-2〉와 〈표 3-3〉에 작성한 방법론적 결점 목록들을 피해야 한다. 연구들에서 이러한 제한들이 없어지게 되면 더 예리한 질문을 통해 훨씬 더 나은 분석이 이루어질 수 있다. 예를 들어, 성인 피험자들에게 딜레마 토론을 할 때 9주가 더 적당한가? 아니면 더 길어야 할까? 와 같은 세부적인 질문을 하고 답을 찾을 수 있을 것이다. 다시 말해, 신뢰성이 높은 개별 연구가 축적되면, 결론에 대한 확신을 가지기 위해 많은 연구들을 다시 분류할 필요가 없어진다. 개별 연구들에 대한 신뢰성이 커질수록 보다 더 정확한 결론들이 보장될 수 있다. 개별 연구들이 보다 정확하고 강력해질수록 이런 메타분석에서 뒤섞여 서로 상쇄되는 변인들에 대해 보다 진일보한 하위분석을 시도할 수 있다. 우리는 어떤 특정 프로그램이 어떤 조건에서 누구에게 가장 효과적인가?와 같은 보다 구체적인 질문에 관심이 있다. 이런 매우 상세하고 예리한 정보들은 정확하게 고안된 연구들로부터만 도출될 수 있다. 더욱이 메타분석을 하기 위해서는 최소한 〈표 3-2〉와 〈표 3-3〉에 있는 칸들에 기재할 수 있을 정도의 보다 상세한 정보들이 보고서에 제시되어야 한다. 많은 선행 연구들로부터 정보를 얻고자 한 시도는 불충분하게 보고된 보고서들에 의해 좌초되곤 한다. 이런 문헌 연구의 검토를 통해 다음과 같은 해결되지 않은 중요한 문제들이 남겨졌다.

① 도덕 토론 처치들과 성격 교육 프로그램들에서 발달을 촉진하는 데 기여하는 결정적인 조건들은 무엇인가? 버코위츠(Berkowitz, 1980)에 의해 수행된 실험상황에서 짧은 시간 동안의 토론에 대한 교류분석은 여타의

교육 처치의 분석에 확대될 수 있다. 도덕 판단력 발달을 위해 선행되어야 하는 인지와 역할-채택에 대한 확인은 누가 도덕 판단력의 발달을 얻을 수 있고 누가 그것을 얻을 수 없는지에 대해 설명해 줄 것이다(Walker, 1980). 어떤 피험자가 긍정적 기대 혹은 부정적 기대를 가지고 프로그램을 시작하는지, 그리고 흥미를 유지하는지 알아내는 것만으로도 효과들을 명료하게 설명할 수 있을 것이다.

② 형식적인 도덕이론과 심리학 이론을 공부하는 것이 도덕 판단력 발달에 어떤 영향을 주는가? 사후검사가 콜버그의 글을 접해 본 것으로 인한 오염 때문인지를 밝히는 것이 쉬운 일이 아닌 것과 같이, 여기서의 질문은 그리 단순한 문제가 아니다. 이 질문은 철학자들이나 다른 전문가들의 도덕적 추론을 접해 본 것이 도덕적 의사결정의 변화를 촉진시키는지를 묻는 것이다. 그렇다면 또래와의 토론을 통해 얻은 새로운 아이디어를 접하는 것도 그러한가? 또한 고전 철학을 읽는 것만으로도 유익을 얻을 수 있는가? 전통적인 형식의 강의와 독서로 이루어지는 인문학과 사회학에 관한 학문과정들이 표면적으로 언어만 사용하도록 훈련받는 것보다 더 효과적이라고 볼 때, 그들은 왜 도덕 판단력 발달에서 더 큰 효과를 나타내지 못하는가?

③ 사람들이 도덕 교육 프로그램으로 인해 도덕 판단력 검사에서 변화가 생겼다고 할 때, 그들의 실제 삶의 행동에도 변화가 있는가? 현재까지 어떤 연구도 이러한 도덕 교육 프로그램에 의한 변화가 행동에서의 변화도 가져온다고 직접적으로 증명해 준 경우는 없었다. 대신, 어떤 연구들은 도덕교육이 도덕 판단에서의 성숙을 야기한다는 것을 보여 주었고, 또 다른 연구에서는 도덕 판단력이 행동과 연관되어 간접적으로 행동 변화를 이끈다고 가정한 것을 보여 주었다. 도덕 판단력이 행동과 어떻게 관련이 있는지 우리가 이미 알고 있다고 가정한 점과, 블라지, 데이몬, 콜버그와 캔디, 레스트 그리고 커틴스와 지워츠(1986)가 책 속에서 보인 다양한 주장들처럼 그 판단력과 행동의 관계에 대해 인지발달이론

가들조차도 논쟁하고 있다는 점은 이런 질문에 답하기 어렵게 만든다.

1장에서 논의했던 4-구성요소모형의 가정을 따르자면, 도덕 판단력 발달을 촉진하는 교육 프로그램은 도덕행동이 도덕 판단력과 조화를 이루는 것을 결정하는 다른 과정들에 영향을 줄 수도 있고 영향을 주지 못할 수도 있다. 그러므로 한 구성요소 과정에서 획득된 것이 네 가지 과정에 의해 함께 결정되는 행동결과에 어떻게 영향을 미치는지 평가하는 것은 매우 어려운 일이다. 그러나 다양한 피험자들과 다양한 상황들 그리고 많은 연구를 광범위하게 합한 결과들을 통해, 도덕 판단력과 행동 사이에는 적어도 어느 정도의 상관관계(Blasi, 1980 연구 참고)가 있을 것으로 기대한다. 따라서 우리는 다른 중요한 변인들이 상쇄될 수 있도록 충분한 연구가 모아지기만 한다면 도덕 판단력 발달을 촉진하는 교육 프로그램이 일반적인 수준의 효과를 낼 것이라고 기대할 수 있다. 그러나 이런 관점은 행동을 예측하는 데 있어서 정확성과 예측력을 얻기 위해, 주어진 행동 상황에서 동시에 작용하는 네 가지 구성요소를 모두 측정해야만 한다는 것을 의미한다. 또한 도덕 교육 프로그램이 행동에 미치는 영향을 측정하기 위해서는 행동 상황에 작용하는 네 가지 모든 과정들에 대해 도덕 교육 프로그램이 끼치는 영향을 측정해야 한다는 것도 내포한다. 그러므로 도덕 교육의 평가는 도덕 판단력만이 아니라 네 가지 모든 과정들에 미치는 교육의 영향을 평가하는 방법들이 포함되어야 한다. 요약하자면, 다양한 측정들이 도덕 교육의 효과를 평가하는 데 고려되어야 한다. 이는 새로운 측정방법들을 구성하는 데 엄청난 개발노력이 요구되는 것을 말해 주지만, 다행스러운 점은 도덕 판단력에서 의미 있는 결과를 산출해내지 못하는 몇몇의 도덕 교육 프로그램들이 다른 구성요소 과정들을 촉진하는 데 효과적일 수 있다는 사실이다. 어떤 도덕 교육 처치들은 도덕 판단력을 자극하는 데 효과적일 수 있으며 또 다른 처치들은 도덕 동기화를 자극하는 데 더 효과적일 수 있다. 이런 도덕성의 심리학적 과정들에 대한 보다 복합적인 관점은 우리에게 앞으로 오랜 시간동안 해야 할 많은 것들을 제시해 준다.

문화, 성, 종교와 도덕성

04

각각의 문화에 속해 있는 모든 개인은 발달 속도나 최종 발달지점이 다양할지라도, 전체 도덕발달 단계에 있어서는 동일한 순서를 따른다(Koblberg, 1971, 1976).

콜버그가 언급한 위의 주장은 생활환경이 다른 사람들에 대한 연구에서 모든 사람은 동일한 단계를 거쳐 발달하는가와 같은 주요한 논쟁을 제기한다. 우리는 이 논쟁을 도덕발달(우리의 관점에서는 여러 과정의 총체다)이라는 말로 언급하기보다 다음과 같은 질문으로 재진술하고자 한다. 즉, 전 세계 모든 사람은 도덕적으로 옳고 그름을 판단할 때 협동과 정의(justice) 개념에 근거하는가? 그리고 예를 들어 모든 사람은 콜버그의 단계에 의해 묘사된 발달 순서에 따라 협동과 정의 개념을 같은 방식으로 발달시키는가? 다시 말하면, 이는 지구상에 있는 모든 인간의 발달과정을 하나의 설명으로 정확히 나타낼 수 있는지의 여부와 다양한 발달과정에 대한 서로 다른 기술(description)에 따라 도덕 판단 과정을 서로 다른 생활환경과 사회 역사를 고

---

* James Rest, Stephen J. Thoma, Yong Lin Moon(문용린), and Irene Getz

려하여 설명할 필요가 있는지에 대한 것이다.

모든 사람의 도덕발달을 설명하는 유일한 발달과정이 있다는 것에 대하여 몇몇 사회과학자들은 터무니없다고 주장한다. 도덕성은 악명 높을 정도로 논쟁의 여지가 많고, 다양하고 특별한 경험과 환경에 의해 조절된다. 인류학의 중심 주제는 문화와 하위문화가 어떻게 특별한 생태학적 영역과 역사에 적용되는가다. 하나의 문화에서 도덕적으로 옳다고 여겨지는 행동이 다른 시간과 장소에서는 도덕적으로 잘못된 것으로 여겨지는 수많은 사례들이 있다. 더욱이 연구자들 자신의 집단(백인, 진보주의자, 미국남성)이 가장 높은 발달 점수를 획득했고, 다른 집단(비백인, 보수주의자, 여성, 비미국인)은 낮은 점수를 획득했다고 보고했다면 더욱 의심스럽다. 그러한 이론은 연구자 자신의 특별한 관점과 관심사들—이것의 극적인 예는 자민족중심주의—로 교묘하게 위장되어 나타난다. 일부 사회과학자들은 그런 이론들이 제국주의와 인종차별주의 그리고 성차별주의를 유발할 위험이 있다고 경고한다. 그들은 한 집단이 우월하고 다른 집단은 열등하다고 표현하는 것, 특히 도덕적으로 열등하다고 표현하는 심리학 이론의 도덕적 근거에 이의를 제기한다.

이와 같은 문제의식을 바탕으로, 우리는 20개의 비교문화 연구, 성차에 대한 56개의 메타분석 연구, 종교 차이에 대한 24개의 연구결과들을 고찰할 것이다. 다른 나라 사람들에 대한 비교, 특히 서구권과 비서구권의 비교는 각기 다른 생활환경의 영향으로 인해 극적인 결과를 제공한다. 아마도, 서로 다른 나라에서 산다는 것은 문화적 역사와 사회 · 경제적 사건에 적용하는 방식이 각기 다르고, 집단에 널리 퍼져 있는 의미와 가치 구조를 새롭게 만들어낼 기회를 서로 다른 방식으로 가진다는 것을 의미한다.

성차는 또 다른 종류의 대조를 보여 준다. 남성과 여성은 같은 문화 안에서 서로 상호작용을 하지만 기회나 사회화 경험이 서로 다를 수 있고, 따라서 성별에 따라 다른 발달 경로를 가질 수 있다.

종교의 차이와 관련된 도덕 판단력의 차이점은 보편성에 대한 논쟁을 설명하는 세 번째 방식을 제공한다. 여기서 우리는 종교를 특별히 관념적인 환경을 대표하는 것으로 간주할 것이다. 종교는 직접적으로 윤리적 행동의 정의(definition)를 내리고 있기 때문에 종교 관념에 대해 생각할 때는 관념으로 인한 차이점을 찾는 것에서 출발하는 것이 적절할 것이다.

경험적 연구결과를 고려하기 전에 인지발달론자들이 지지하는 문화적 보편성에 대한 논쟁을 살펴보고자 한다. 피아제는 인간이 물리적 세계에 대한 표상과 지식을 어떻게 형성하는지에 대해 분석하면서 인지발달의 보편성을 논의했다. 에스키모인이 사는 지역과 뉴욕이나 아마존 강 지역의 차이점을 고려할 때 한 사람이 보는 물리적 세계는 다른 사람이 볼 수 있는 세계와 완전히 다른 외양일 수 있다. 그러나 물리적 세계에 대한 경험을 해석하기 위해 모든 환경에서 사람들이 사용하는 기본 개념들, 즉 사물의 길이나 부피, 무게, 밀도와 같은 척도나 공간에서 사물의 위치, 사건 사이 관계를 나타내는 일반적인 개념들은 동일하게 존재한다. 이러한 개념들은 물리적 세계를 경험한 것에 대한 표상의 기초이며 물리적 세계에 대한 경험의 구조화를 위한 보편적이고 근원적인 범주다. 빙산, 마천루, 망고나무처럼 사물의 외양은 장소마다 다양할 수 있으나 무게, 밀도, 공간, 인과관계와 같은 기본 개념들은 보편적인 것이다.

이와 같이 사회에도 다양한 문화 모두에 적용되는 보편적인 기본 개념과 범주들이 있다고 논의할 수 있다. 인지발달론자들은 문화와 하위문화의 차이를 인식하는 것이 아니라, 기본적인 보편성과 비교할 때 나타나는 표면적 차이를 인식한다. 어떤 사람이 물리적 외양인 '표면'(빙산, 마천루, 망고나무)과 기본 개념(밀도, 공간, 인과관계)을 구별할 수 있는 것처럼, 그는 사회를 이해하는 데에도 기본 개념이 있음을 받아들일 수 있다. 사회 이해를 위한 기본 개념의 예로는 사회적 힘과 능력에서의 개인차에 대한 인식, 각자 자신의 관점과 욕구와 흥미에 따른 내적 자각이 있음에 대한 인식, 애정과 충성과 상호배려와 같은 인간관계에 대한 인식, 집단의 기대나 규범 그리고 사회적 역할과 관습과 법에 대한 인식과 같은 것이다.

인지발달론자들은 이러한 개념들이 모든 문화에서 사회적 경험을 표현하고 조작할 때 기초가 되며 모든 사회에 동등하게 관련된다고 주장한다. 각 문화가 집단의 독특한 기대를 가지고 있다면, 그것이 무엇이든 간에 개인은 그러한 기대가 있다는 것을 이해할 수 있고 한 문화에 속한 개인은 다른 문화에 속한 사람들과 친교 관계를 형성할 수도 있다. 이때 애정에 의한 유대는 모든 문화에서 형성되며 모든 문화의 사회에 대한 이해를 위한 기본 개념이 된다. 그러므로 인지발달론자들은 빙산을 마천루나 망고나무로 보인다고 주장하지 않는 것과 같은 이유로, 모든 사람에게 명백한 문화적 다양성을 부정하지 않는다. 인지발달론자들은 보다 더 기본적인 분석 수준을 제안한다. 즉, '보다 깊은' 수준에서 사회경험을 이해하는 데 결정적이며, 사회를 표현하고 해석하는 데 보편적인 기본 개념을 발견하고자 한다. 콜버그의 도덕 판단 단계들은 아마도 이 수준에서 정해지는 것 같다(적어도 경험 연구의 결과를 모으기 전까지는). 이러한 이유 때문에 인지발달론자들의 보편성에 대한 주장은 불합리한 것은 아니라고 할 수 있다.

적절한 비유는 논쟁을 명확히 하는 데 도움이 된다. 컴퓨터에 비유한다면, (컴퓨터에 관심 없는 독자는 다음 문단으로 넘어가도 좋다) 컴퓨터 하드웨어와 그 잠재적 역량은 인간 두뇌에 비유할 수 있다. 보다 덜 지적인 사람은 3메가헤르츠에서 8비트 시스템을, 보다 지적인 사람들은 12메가헤르츠에서 32비트 시스템을 운영한다고 비유할 수 있다. 그러나 인간 두뇌의 초기 수행능력은 프로그램이 없는 컴퓨터만도 못하다. 인간 두뇌에 (유전적으로 정해진 행동 양식, 감정 표현, 언어 습득 장치 등과 같은) 일종의 ROM이 있다 하더라도, 대부분의 인간 행동은 소프트웨어 프로그램 발달을 통해 습득된다. 컴퓨터와 인간 두뇌의 가장 중요한 차이점은 컴퓨터는 누군가 소프트웨어를 입력하여 프로그래밍해야 하지만, 인간 두뇌는 스스로 프로그래밍한다는 것이다. 즉, 인간 두뇌는 자신의 소프트웨어를 발달시키기 위해 경험을 운영한다.

이 비유를 심화시키면, 인지발달 연구는 인간들이 기록하고 있는 연속적 프로그램에 대한 연구다. 집에서 컴퓨터를 작동하면서 즐거움과 고통을 겪어 본 모든 사람들이 아는 것처럼 소프트웨어는 다양하다. 간단히 워드프로

세서 프로그램, 그래픽, 통계, 게임과 같은 응용 프로그램과 CP/M, MS-DOS, UNIX와 같은 '운영체계'라 불리는 프로그램이 있다. 운영체계라 불리는 프로그램은 응용 프로그램의 기초로서 특수한 운영을 위해 응용 프로그램과 하드웨어의 연결을 제공하는 시스템 소프트웨어다. 모든 응용 프로그램은 운영체계에 기초하고 있으며, 운영체계의 용량 안에서 다양한 작업을 수행할 수 있다. 응용 프로그램은 수가 많고 다양하다. 컴퓨터에 설정된 단일 운영체계는 다양한 응용 프로그램의 기초가 된다.

이제 이 비유를 여기서 다루고 있는 중심 논쟁과 관련지어 보자. 인지발달론자들은 인간의 사고에서 (응용 프로그램이나 응용 프로그램에 입력되는 특수한 변인을 연구하려는 것이 아니라), 운영체계와 같은 것을 연구하려는 것이다. 이런 이유로 인지발달론자들은 문화적 다양성에 관한 인류학의 발견을 받아들이는 동시에, 별도의 반박 없이 문화적 보편성도 인정하는 것이다. 보편성 논쟁을 컴퓨터에 비유한 것처럼, 중심 질문을 다음과 같은 방식으로 재진술할 수 있다. 즉, 모든 인간의 두뇌와 경험은 기본적으로 유사하기 때문에 인간 이해를 위한 의미를 제공하는 기본 범주는 필연적으로 동일한 운영체계를 가지는 것인가?

보편성이 타당하다는 논의가 등장했다는 것만으로 사실이 입증되는 것은 아니다. 많은 연구에서 피아제가 논의한 보편성을 탐구했지만 증거는 여전히 모호하다(상대적인 인간의 인식에 대한 연구, 1983). 예를 들면, 언어와 같은 심리학의 다른 분야에서도 발달에 대한 보편성 논쟁이 계속되고 있다(Marastos, 1983).

도덕 판단력에서 보편성에 대한 문제의식은 논리적으로 다른 방식에 의해 논의될 수 있다. 이제부터 이 문제를 경험적 질문으로 파악해 보겠다. 인지발달이론에서 중요한 것은 '표층적 행동'과 '심층 구조' 사이의 구분이다(이것은 응용 프로그램 소프트웨어와 운영체계 소프트웨어의 구분에 비유할 수 있다.). '심층 구조'로의 발달경로가 유일하다는 것은 인지발달이론에서 중요하지 않다. 예를 들어, 콜버그의 단계가 세계에 존재하는 20억 명의 도덕 판단력을 위한 심층 구조를 나타내는 것으로 판명될지라도, 그 이론을 세계에 존재하는 또 다른 20억 명에게 그대로 적용할 수 있는 것은 아니다. 그러나 여전히 콜버그의 단계는 사람들이 도덕 판단을 위한 사고를 어떻게 조직하는지를 이해할 수 있는 유용한 표상이 될 것이다. 인지발달이론에서 회의가 드는 것은 심층구조에 대한 그들의 설명이 적정한 크기를 갖는 집단의 도덕 판단 과정을 묘사하는 데 있어서 분명하지 않을 뿐만 아니라 유용하지도 않다는 증거 때문이다. 그러므로 우리는 이론이나 DIT도구의 타당성을 변호하기 위해서가 아니라 흥미로운 경험적 질문을 탐색하기 위해서 문화적 차이와 성차, 그리고 종교적 차이에 초점을 맞추어 논의할 것이다.

연구를 논의하기에 앞서 한 가지 논쟁을 언급할 필요가 있다. 한 문화가 우수하고 다른 문화는 열등하다고 규정할 수 있다면, 문화를 비교한다는 것은 도덕적인가? 어떤 연구자들은 그런 연구는 근본적으로 부도덕하고 제국주의자, 인종주의자 또는 성차별주의자를 낳게 된다고 주장한다. 더 나아가 문화(인종, 성) 사이에서 어떤 차이가 발견되는 것은 측정과정을 무효화시킨다고 주장한다.

이러한 입장에 대해 충분한 논의가 필요한 몇 가지 의심스러운 가설들이 있지만 여기서는 그러한 논쟁들은 간단히 언급하고자 한다. 첫째, 측정이 무효임을 입증하는 집단 간 차이는 결론을 불필요하게 미리 가정하기 때문에 불합리하다(말하자면, 차이가 없다.). 예를 들어, 일본 성인 남자와 미국 성인 남자의 키를 측정한다면, 우리는 평균 키에서 유의미한 차이를 발견할 것이다. 그러나 이러한 차이가 측정도구인자를 무효화시키는 것은 아니다.

둘째, 도덕 판단력 검사에서 집단 간 점수 차이가 제국주의나 인종주의 또는 성차별주의를 낳게 할 수도 있다. 제국주의자나 인종주의자 그리고 성차별주의자들이 편파적인 방식으로 집단 구성원을 취급하는 것을 정당화하기 위한 증거로, 근거 없는 열등감을 사용해 온 것은 사실이다. 그러나 단지 제국주의자, 인종주의자 그리고 성차별주의자가 이 논거를 사용했기 때문에 이러한(제국주의, 인종주의, 성차별주의) 논거가 타당한 것은 아니다. 예를 들어, 어떤 문화권이 다른 문화권보다 DIT평균 점수가 낮았다고 해서 그들의 권리가 부정되어야 하고, 자신의 이익을 수호하기 위한 요구도 할 수 없으며, 초라하게 취급되어야 한다는 결론에 도달하는 것은 논리적인 사고방식이 아니다(Brandt, 1959 참조). 모든 문화권에서 복지와 보전을 고려한다는 것이 문화 사이에 비교가 있을 수 없다는 논쟁을 함의하는 것은 아니다. 측정 가능한 특성에 대한 문화 간 비교는 도덕적 논의가 아니라 사회과학적인 실증적이고 방법론적인 논의다.

이 장에서의 비교 연구 결과가 백인 미국 남성의 우월성을 나타내는 것이 아닌가 하는 독자들의 의구심을 없애기 위해서 다음과 같은 점을 명시하고자 한다. 비교문화 연구에서는 어느 연령에서든 도덕 판단에서 가장 높은 점수를 받은 사람들로 미국인만을 적용하지 않았을 뿐만 아니라, 성차 연구 역시 남성을 여성보다 우월한 존재로 파악하지 않는다. 실제로 이를 뒷받침하는 증거들이 있다. 논리적이고 경험적인 근거를 통해 집단 간 비교연구가 매우 어려운 문제라는 부담이 덜어지기를 바란다.

DIT를 이용한 비교 문화 연구

15개 다른 문화권에서 DIT를 사용한 20개의 연구가 있다. 수집된 표집에 의하면 15개 문화권은 다음과 같다: 호주(3), 브라질(1), 그리스(1), 홍콩(2), 대만(2), 아이슬란드(1), 인도(1), 이스라엘(1), 일본(2), 한국(1), 멕시코(1), 필리핀(1), 사우디아라비아(1), 남아프리카(1) 그리고 트리니다드토바고[1] (1). 연구들은 횡단 연구이고 한 가지를 제외한 모든 연구는 DIT번역판을 사용함으로써 도덕 판단력 발달에서의 보편성에 대한 설명을 시도했다. 나머지 한 연구(Villanueva, 1982)는 도덕 판단력 발달을 측정하는 데 있어서 원본 DIT와 동일한 절차를 수행했다. 그러나 도덕 딜레마와 문항들은 문화적 친

---

1) 서인도제도 남서부의 섬.

숙함과 과제에 대한 수용을 최대화하기 위해 재진술되었다. 따라서 빌라누바의 연구에서는 DIT번역판을 제공하기 위한 시도는 없었다고 할 수 있다. DIT번역판이 사용된 19개의 연구 중 7개는 문화적 차이를 직접적으로 평가하기 위해 문화적으로 구분되는 2개 이상의 표집을 대상으로 실행했다. 나머지 12개의 연구들에서는 단일 표집의 결과를 DIT매뉴얼에 나타나는 미국의 전형적인 결과와 비교하였다(Rest, 1979b). 〈표 4-1〉은 20개의 비교 문화 연구들을 요약한 것이다.

결과 총평

아마도 비교 문화 연구에서 가장 어려운 작업은 각각의 문화에서 검사 자극의 등가를 확보하는 것이다. 그렇지 못할 때 검사 자극의 차이 유무가 혼동된다면 문화적 차이에 대한 논쟁을 설명하기 어렵게 된다. 〈표 4-1〉의 8번째 칸에서 볼 수 있듯이 대부분의 연구에서는 DIT번역판을 사용했지만 번역판을 제작하기까지의 과정에 대해서는 거의 설명하지 않았다. 연구들 중 세 연구만이 DIT번역판에 대해 설명한다(Benor et al., 1982; Hau, 1983; Thornlindsson, 1978). 그리고 이 세 연구 중 오직 한 연구만이 번역의 오류를 체계적으로 확인하였다(Hau, 1983).

연구자들은 번역이나 문화적 번안의 문제들을 과소평가한 듯 보인다. 번역에서의 아주 근소한 차이가 점수 결과에 매우 극적인 영향을 준다는 것을 시사하는 증거가 있다. 예를 들어, 문용린의 연구는 지각되는 의미상 차이가 없더라도 용어 선택에서의 차이가 P점수 평균값에 유의미한 영향을 미칠 수 있음을 보여 준다. 문용린은 2개 국어를 병용하는 방법을 활용하여 세 가지 한국판 DIT를 개발했다. 대상 문화권의 2개 국어 사용자가 DIT원본을 문화권의 언어로 번역했다. 문용린은 이러한 과정에 두 가지 단계를 추가했다. 우선, 2개 국어 사용자에게 비평을 위한 번역본을 제공했다. 그리고 세 번역자가 한 팀이 되어 각자의 번역본에서 발견한 차이점들을 토의했다. 이러한 과

표 4-1 DIT를 활용한 비교문화연구 요약

문화 (국가) 저자, 연구형식	표집설명	표집 수	연령/ 학년	P(%) 점수	표준 편차	주요 변인	DIT 형태[a] 언어 번역 방법	타당도/ 신뢰도	문화적 적용
호주									
Dickinson (1979) 등 횡단연구	고등학생[b]	14	15	32.2	12.7	종교 성별 가족 친구	6개 일화[a] 영어	검사-재검사 r = .98 ~ .99 Cronbach = .66	단어
	고등학생	761	16						
	고등학생	334	17						
	고등학생	19	18						
Watson (1983)	연구 I	10	14.7	19.2	6.2	나이 성별 교육 비학생	6개 일화 영어	NAc	딜레마, 구 (Phrases), 단어
	앵글로계 호주인	10	16.8	32.7	11.2				
	14~58	10	18.7	43.8	7.0				
		10	21.2	47.5	8.0				
	연구 II 앵글로계 호주인[d]	20	18.8	43.7	7.0	문화 성별 종교	6개 일화 영어	NA	이름, 개념 (예: God)
	혼종 호주계[d]	10	18.6	41.8	13.5				
	그리스계 호주인[d]	10	18.5	34.0	9.2				
	중국계- 아시안[d]	20	19.11	32.6	12.7				
Clarke (1978)[e] 등 횡단연구	초등학생	617	5학년			교사 가족 사회 실행 효과	6개 일화 영어	–	–
	교사	24		41.7					
브라질									
Bzuneck (1978) 등 횡단연구	비행청소년	40	12~18	20.2	9.3	비행 편모	3개 일화 포르투갈어	검사-재검사 r = -.13 ~ .32 r = .0 ~ .51	
	청소년	39	12~18	18.7	7.8				
그리스									
Fox(1982) 등 횡단연구	영국계 고등학생	33	17	33.9	–	문화 성별	3개 일화 그리스어	NA	NA
	그리스계 고등학생	18	17	32.3	–				

표 4-1 계속

문화 (국가) 저자, 연구형식	표집설명	표집 수	연령/ 학년	P(%) 점수	표준 편차	주요 변인	DIT 형태[a] 언어 번역 방법	타당도/ 신뢰도	문화적 적용
홍콩									
Ma(1980) 등 횡단연구	영국계 고등학생	108	15.2	26.1	14.0	나이 성별 문화 문항분석	5개 일화 중국어	NA	NA
	중국계 고등학생	78	17.1	27.9	12.5				
Hau(1983)	중학생	61	7~8 학년	25.2	–	나이 교육 IQ 성별 허위성 문항분석 번역	6개일화 중국어 이중 언어	검사-재검사 r = .32 = .50	
	중학생	71	9~10 학년	29.3	–				
	고등학생	69	11~ 12학년	34.5	–				
	대학생	34		37.9	–				
아이슬란드									
Thornlindson (1978) 등 횡단연구	중학생	27	8학년	21.6	–	가족-사회 도시-시골 역할채택언어 부모-자녀 상호작용	3개 일화 아이슬란 드어 다중번역	NA	M-문항
	대학, 대학원생	19		56.0	–				
인도									
Prahallada (1982)e 등 횡단연구	고등학생	16	–	–	–	IQ, SES 인성 (Bell의 성격 적응 목록)f 학교특성	NA 인도어 NA	NA	NA
		17	–	–	–				
		18	–	–	–				
		19	–	–	–				
이스라엘									
Benor et al. (1982)	School I 을 수용한 의대생g	44	–	39.4	12.4	동의 인터뷰	3개 일화 히브리어 역번역	NA	이름 국적 직업
	School I 을 거부한 의대생g	135	–	40.0	13.2				
	School II를 수용한 의대생g	38	–	50.0	17.0				
	School II를 거부한 의대생g	161	–	39.4	12.8				

표 4-1 계속									
문화 (국가) 저자, 연구형식	표집설명	표집 수	연령/ 학년	P(%) 점수	표준 편차	주요 변인	DIT 형태[a] 언어 번역 방법	타당도/ 신뢰도	문화적 적용
일본									
Jacobson (1977) 등 횡단연구	일본거주 미국인 교사[h]	30	–	42.6	10.0	성별 민족적 배경	6개 일화 영어	NA	NA
	일본거주 미국 출신 어머니[h]	63	–	34.8	14.1				
	일본출신 어머니[h]	24	–	28.6	12.0				
	일본계 어머니 자녀	24	–	24.5	8.3				
	미국계 어머니 자녀	63	–	18.5	6.9				
Deyoung (1982) 등 횡단연구	일본인 교사, 학생		–	–	–	문화 학교 교사/학생	NA NA NA NA	NA	NA
	미국인 교사, 2년제 대학생	47	–	–	–				
	4년제 대학생	47	–	–	–				
	2년제 대학교수	10	–	–	–				
	4년제 대학교수	17	–	–	–				
	일본거주 미국인 교사	30	–	–	–				
한국									
Park & Johnson (1983) 등 횡단연구	중학생	60	6학년	25.0	–	나이 교육 성별 도시-시골	3개 일화 한국어 NA	검사-재검사 r = .69	NA
	중학생	60	8학년	30.2	–				
	고등학생	60	11학년	37.4	–				
	대학생	60	–	41.5	–				
멕시코									
Miller(1979)	2개국어 사용 멕시코계 학생	37	11~12 학년	19.6	–	성별 나이 직업 흥미	6개 일화 영어	NA	NA
	맥시코 거주 미국인 학생	35	11~12 학년	22.5	–				

표 4-1 계속

문화(국가) 저자, 연구형식	표집설명	표집수	연령/학년	P(%)점수	표준편차	주요변인	DIT 형태[a] 언어 번역 방법	타당도/신뢰도	문화적 적용
필리핀									
Vilanueva (1982) 등 횡단연구	고등학생	77	13.8	21.3	7.5	나이 교육 성별 도시-시골 가족요인	6개 이야기 형식 NA NA	검사-재검사 r = .74 ~ .91 DIT & EEIj r = .83	emic
	고등학생	70	15.3	21.8	9.6				
	대학생	42	20.4	22.3	7.5				
	대학원생	16	32.9	23.5	7.2				
	신학대학생	23	26.0	31.6	8.9				
사우디아라비아									
Ismail (1976) 등 횡단연구	미국인 학부생	20	28	22.0	8.4	문화 미국거주 기간 도시-시골	6개 일화 영어	NA	NA
	미국인 대학원생	20	28	29.5	7.5				
	사우디 학부생	21	28	15.7	4.7				
	사우디 대학원생	19	28	18.5	6.2				
남아프리카공화국									
Heyns et al. (1981) 등 횡단연구	비행청소년	57	11 ~ 12학년	21.1	12.7	통계자료 Quay Scalek	6개 일화 영어	NA	NA
대만									
Tsaing (1980) 등 횡단연구	중학생	160	13			나이 교육 성별 SES 가족크기 출생순서 양육방식	6개 일화 중국어 집단토론	NA	NA
	중학생	165	14	20.4	6.8				
	고등학생	158	16						
	고등학생	172	17	26.8	6.2				
Gendron (1981) 등 횡단연구	가톨릭계 학생	41	16~18	31.7	11.5	나이 교육 종교	NA 중국어 NA	NA	M-문항
		37	16~18	28.9	10.7				
		36	20~26	37.9	10.7				
		40	23~63	33.4	14.6				
		16	22~30	44.4	15.8				

표 4-1 계속

문화 (국가) 저자, 연구형식	표집설명	표집 수	연령/ 학년	P(%) 점수	표준 편차	주요 변인	DIT 형태[a] 언어 번역 방법	타당도/ 신뢰도	문화적 적용
트리니다드토바고									
Beddoe (1981) 등 횡단연구	대학 I [l]			35.1	–	나이 교육 종교 학교	3개 일화 NA	NA	NA
	대학 II [l]			25.0	–				
	대학III[l]	210	20~39	26.2	–				
	대학IV[l]			26.7	–				

a. long: 6개의 딜레마 일화 DIT, short: 3개의 딜레마 일화 DIT

b. PR: 초등학교, JR: 중등학교, SR: 고등학교, HS: 고등학교

c. 정보가 없거나 유의미하지 않은 정보

d. 앵글로계-호주인 학생: 부모들이 호주에서 태어났거나 영국에서부터 이민 온 학생

    그리스계-호주인 학생: 부모가 그리스 혈통이고, 적어도 한 부모는 그리스에서 자라서 18살 이후에 호주에 온 학생

    혼종 호주인: 적어도 한 부모가 비영어 문화권에 있었고 앵글로계 그리스계-호주인 집단 중 하나에 해당하는 특징이 없는 학생

    중국계 아시아인: 부모 둘 모두 중국인 혈통에서 태어난 학생

e. 오직 이 총평에서 사용된 연구의 추상개념이나 개요

f. 벨의 성격 적응 목록

g. 학교 1: 심리검사에서 학교교육의 수행과 성과를 기초로 하여 뽑힌 Tel Aviv 대학의 Sacker의과대학(STA) 응모자

    학교 2: 학교교육의 성취를 경시하는 행위에 의한 표현으로서 개인적 성격, 대인관계 기술과 공동체에 대한 적응을 기초로 하여 뽑힌 Ben-Gurion대학의 보건과학 학부생 응모자

h. 미국 교사들: 일본에 위치한 미국인 교포 학교 보호국에 의해 중학교에 고용된 미국 교사들

    미국 어머니들: 일본에서 보호국에 근무하는 비전투병, 장교, 병력에 입적된 미국인의 부인으로 미국에서 태어난 여성들

    일본 어머니들: 일본에 있는 DOD에 근무하는 미국인 비전투병들과 장교들의 부인인 일본계 미국인 여성

i. 에믹(음소론적인 연구태도의): 문화 비교는 불가능하다는 인류학적 접근에 따른 관점

    에틱(언어 행동의 기술에서 기능 면을 문제 삼지 않는 관점에 대해 말함): 하나의 문화를 다른 문화에 비교하는 인류학적 접근

j. EEI: 논의를 평가하는 과제

k. Quay 척도: 사용된 3개의 리스트와 질문표 (a) 문제행동 체크리스트-B 리스트, (b) 인생경로자료에 대한 분석을 위한 체크리스트-A 리스트, (c) 성격 평판 연구-P 리스트

l. 대학 I : 가톨릭 여자 사범 대학(CWTC), 대학 II: 공무원 양성 남녀공학 대학(GTC), 대학 III: POSTC 남녀공학, 대학 IV: Mausica 남녀공학

출처: 저자들에 의해 집계됨.

정의 결과가 바로 세 가지 한국판 DIT다. 번역자들에 의하면 한국판 DIT는 원본 DIT를 적절하게 잘 구현했고, 둘 사이에 의미상 차이가 전혀 없다고 한다. 문용린은 무작위로 선택한 한국의 고등학교 한 학급을 대상으로 세 가지 한국판 DIT를 실행했다. 그 결과 유의미한 P점수 차이를 발견했다. 즉, 엄격한 번역과정이 이루어졌음에도 불구하고 동일해 보이는 한국판 DIT에서 차이가 발견된 것이다.

대부분의 비교 문화 연구가 대상 문화에 맞게 DIT를 문화적으로 번안하거나 번역하는 과정에 대해 자세한 설명을 제공하지 않기 때문에, 번역 등가에 대한 간접적인 표시를 찾아야만 한다. 여기서 심리 측정적 특성이 간접적인 표시가 될 수 있다. 번역이 더 적절할수록 신뢰도와 타당도 수치가 유사한 경향성을 보일 것이라고 기대할 수 있다. 다소 복잡하지만, 다음과 같은 추론이 가능하다. 만약 번역이 적절하고 도덕 판단 이론이 다른 문화에도 적용 가능하다면, 다른 문화권 표집에서 실행한 번역판 DIT의 반응은 미국 표집과 동일할 것이다.

〈표 4-2〉는 이러한 정보를 제공하는 네 가지 연구들의 신뢰도를 보여 주고 있다. 특히, 원본 DIT(Rest, 1979a)에 대한 신뢰도도 제시한다. 일반적으로 검사-재검사 신뢰도 수치는 비서구 문화권이 더 낮은 경향이 있다. D점수를 사용한 하우(Hau, 1983)는 중국 학생(나이/교육 정도: 고등학교부터 대학교)에 대한 자료에서 유의미하지만 약한 안정도 계수를 발견했다. 뷰넥(Bzuneck, 1978)도 브라질 비행청소년 표집에서 약한 안정도를 발견했다. 이런 결과는 완전한 동일 집단 표집에 의해 감소될 수도 있다. 박과 동료들(Park et al., 1983)은 한국 이질집단 학생 표집에서 원본 DIT에서 얻은 수치에 비교될 만한 검사-재검사 신뢰도 수치를 얻었다. DIT의 가장 안정된 적용은 디킨슨에 의해 얻어졌는데 그는 호주인 표집에서 원본 DIT와 거의 동일한 번역본을 사용했다.

두 가지 연구에서 내적 합치도 수치를 볼 수 있다. DIT의 서구권(그리고 영어권) 적용은 중국어 번역본보다 더 높은 내적 합치도를 나타낸다. 그러나 두 가지 모두 만족할 만한 범위의 계수였다.

하우의 연구(1983)는 번역본 DIT의 심리 측정적 특성들을 통해 추가적인

표 4-2 **신뢰도과 내적 합치도(P점수)**

연구와 국가	검사-재검사 신뢰도		내적 합치도	
	6개의 일화	3개의 일화	6개의 일화	3개의 일화
Rest(1979b) 미국	.82	.77	.77	.76
Dickinson(1979) 호주	.98		.66	
Bzuneck(1978) 브라질		.39		
Park & Johnson(1983) 한국		.69		
Hau(1983) 홍콩	.32 .37 (D점수)		.50	

출처: 저자들에 의해 집계됨.

통찰을 제공한다. 이미 언급한 자료에 덧붙여, 하우는 중국판 DIT검사에서 데이비슨의 단계 간 상관 분석을 그대로 실행했다. 즉, 모든 단계점수는 다른 단계점수와 관련이 있다. 데이비슨과 마찬가지로(Rest, 1979a) 하우는 상관행렬에서 단순한 형식(단계점수들은 인접한 단계들과 가장 높은 상관을 보이며, 떨어져 있는 단계들로 갈수록 체계적으로 상관이 감소한다)을 발견하였다. 요인분석에서 하우는 데이비슨이 미국인 표집으로부터 발견한 것과 동일한 두 가지 요인을 발견하였다. 즉, 하우의 중국판 DIT의 내적 구조는 원본과 유사하다고 할 수 있다.

하우는 또한 맥조지의 허위성 연구를 그대로 실행했다. 맥조지의 연구에서와 마찬가지로 하우의 중국인 피험자들도 '일부러 좋게' 하도록 요구받았을 때 점수를 증가시킬 수 없었다. 그러나 '일부러 나쁘게' 한 상황에서는 피험자들의 점수가 낮아졌다.

〈표 4-3〉은 DIT번역본들과 도덕발달 척도(MMS; 콜버그의 인터뷰로부터 고

표 4-3	DIT와 콜버그의 검사(MMS)의 상관 및 DIT와 법과 질서 검사의 상관			

(피어슨 계수 r)

연구	DIT(P점수)와 MMS		DIT(P점수)와 Law & Order	
	6개 일화 DIT	3개 일화 DIT	6개 일화 DIT	3개 일화 DIT
Thornlindsson(1978)				-.4498
Tsaing(1980)	.486			
Ma(1980)	.196 .286			
Rest(1979b)	.43[a] .70[b]		-.60	-.58

[a] 동질집단.
[b] 이질집단.
출처: 저자들에 의해 집계됨.

안)의 상관관계를 보여 준다. 또한 법과 질서(Rest, 1979a) 검사와 아이슬란드 판 DIT도 한 가지 상관관계를 보여 준다. 제시된 바에 의하면 이러한 상관관계는 수렴타당도를 나타낸다. 즉, 우리는 정적이고 유의미한 상관관계를 기대한다. 만약, 이러한 번역본들이 원본과 동등하다면, 번역본은 원본과 유사한 상관관계를 나타내야 할 것이다. 표의 마지막 줄에 나타난 것과 같이 중국(타이완) 학생들(13~17세)이라는 제한된 표집에서 샤잉(Tsaing, 1980)은 그의 DIT와 MMS 사이에서 미국 동질 집단 표집의 평균과 동등한 상관을 얻었다. 중국(홍콩) 학생들(17세) 표집을 사용한 마(Ma, 1980)는 동일한 변인들에서 약한 상관을 발견했다. 손린슨(Thornlindsson, 1978)은 아이슬란드판 DIT와 법과 질서 검사(레스트) 사이에서 보통의 상관을 발견했다. 이러한 마지막 상관은 미국인 표집에서 발견되는 것과 유사하다.

문화 차의 영향

문화의 차이가 도덕 판단에 미치는 영향은 두 가지 방법으로 검증된다. 첫째, DIT번역본을 사용하여 다른 문화권 피험자의 점수를 측정하고 이를 원본 DIT로 측정한 미국인의 점수와 비교하는 것이고, 둘째로는 동일하게 번역된 DIT를 가지고 다양한 문화의 피험자들로부터 점수를 얻어 이들을 비교하는 것이다(예를 들어, 왓슨(Watson, 1983)은 동일한 번역본 DIT를 그리스계, 앵글로계, 아시아계 호주인들에게 실시하였다.). 번역본 DIT를 사용하여 다양한 문화(또는 하위문화들) 사람들을 비교한 7개의 연구가 〈표 4-4〉에 제시되어 있다.

〈표 4-4〉의 7개의 연구 중, 오직 3개의 연구만이 유의미한 문화 차이의 증거를 보여 준다. 제시된 연구들은 다른 변인들과의 상관관계나 내적 구조에서의 차이를 밝히기보다는 DIT점수의 평균을 비교함으로써 문화차를 검증한다. 몇몇 연구들은 한 연구 내에서 여러 문화 간 비교를 실시했으므로, 문화 간 차이에 있어서 모두 10개의 독립적인 비교가 실시된 것으로 볼 수 있다. 이러한 비교 검증 중 6개는 서구권과 비서구권 표집 사이의 비교이다. 이 6개의 비교 중 5개가 유의미한 차이를 보여 주었고, 나머지 4개의 서구권 대 비서구권의 비교 연구 중 오직 한 개가 유의미한 차이를 보여 주었다. 이러한 결과는 서구권과 비서구권 표집 간의 비교가 수행될 때 P점수의 평균이 다양해질 수 있음을 제시한다. 여기서 주목해야 할 중요한 사실은 서구권, 비서구권 연구 4개가 포함된 유의미한 비교검증 연구 6개 중 세 연구에서 원본 DIT를 사용했다는 것이다(Ismail, 1976; Jacobson, 1977; Watson, 1983). 각 사례에서는 영어를 모국어로 사용하는 사람의 점수와 2개 국어 사용자의 점수가 비교된다. 따라서 연구결과 획득된 유의미한 문화의 영향은 피험자의 영어 사용능력 부족에 의한 것일 수 있다. 왓슨(1983)의 연구에서 그리스계와 아시아계 호주이민자들이 원본 DIT에 매우 유사한 반응을 보였다는 점은 문화차가 존재한다는 가설과 맞지 않기 때문에 매우 흥미롭다. 비록 문화 간, 특히 서구권과 비서구권 문화 간 차이가 존재하지만, 이 차이가 문화 간 차이에서 기인하는 것인지, 검사에 사용되는 언어에 대한 유창성의 차이에서 기인하는 것인지는 분명하지 않다.

표 4-4 문화(인종) 효과

연구/표집	연령	사례 수	P(%)점수	표준편차	유의도
Watson(1983)					
1. 앵글로계 호주인(대학생)[a]	18.8	20	43.75	6.97	1 & 2, NS
2. 기타 호주인(대학생)	18.6	10	41.84	13.55	1 & 3[b]
3. 그리스계 호주인(대학생)	18.5	10	34.00	9.17	1 & 4[b]
4. 중국인(대학생)	19.11	20	32.73	12.73	
Miller(1979)					
미국계 고등학생	17	35	37.6	–	NS
멕시코계 고등학생	17	31	32.8	–	
Fox(1982)					
영국계 고등학생	17	33	33.9	–	NS
그리스계 고등학생	17	18	32.3	–	
Jacobson(1977)					
1. 미국출신 어머니[c]	–	42	43.83	14.14	1 & 2[b]
2. 일본출신 어머니		15	28.26	12.0	
3. 일본계 어머니의 자녀	10–14	39	18.51	6.90	3 & 4[b]
4. 미국계 어머니의 자녀	10–14	21	24.57	8.36	
Ma(1980)					
영국계 고등학생	15.2	108	26.11(16.6)	14.0(4.2)	P점수: NS
중국계 고등학생	17.1	78	27.9 (18.3)	12.5(3.2)	(D점수)[b]
Ismail(1976)					
미국 학부생	28	20	22.00	8.40	25.58(8.70)[b]
미국 대학원생	28	20	29.15	7.46	
사우디아라비아 학부생	28	21	15.71	4.74	16.95(5.64)[b]
사우디아라비아 대학원생	28	19	18.52	6.22	
Deyoung(1982)					
미국인 영어 교사	–	30	–	–	NS
일본인 대학 강사	–	17	–	–	

[a] 및 [c]에 대한 상세한 설명은 〈표 4-1〉을 참조하기 바란다.
[b] $p < .05$
NS: 유의하지 않음.
출처: 저자들에 의해 집계됨.

연령 및 교육에 따른 추이

도덕발달에 대한 인지발달론적 설명이 갖는 가장 중요한 증거는 인간의 사고가 시간이 경과함에 따라 미숙한 양식에서 좀 더 진보된 양식으로 변화한다는 것이다. 미국인 표집에서는 DIT점수와 연령 및 교육경험에서 정적인 상관관계가 발견되었다. 예를 들어, 레스트(1979a)의 연구에서는 DIT점수 변량 중 38%가 연령 및 교육수준에 의해 설명될 수 있었다. 더불어 레스트와 토마(Thoma, 1985, 이 책 2장 참조)는 종단자료를 횡단적으로 분석한 결과를 통해 도덕 판단력 발달과 가장 강력한 관련을 가진 요인이 교육임을 밝혔다.

〈표 4-5〉는 연령 및 교육수준에 따른 6개 비교 문화 연구의 결과를 제시한다. 베도와 동료들(Beddoe et al., 1981)의 것을 제외한 각각의 연구에서 도덕 판단력 점수의 평균은 연령 및 교육수준과 함께 증가한다. 베도의 연구를 대상에서 제외한 이유는 194명의 20대 피험자를 18명의 30대 피험자와 비교하는 등 비교에 사용된 자료가 불균형적이고, 대학생 피험자만을 대상으로 하여 교육수준에 따른 비교에 제한이 있기 때문이다.

연령 및 교육수준이 동일할 때 미국인 표집이 항상 가장 우수한 것은 아니라는 점 또한 흥미롭다. [그림 4-1]에서 보는 바와 같이 어린 연령에서는 6개의 표집 대부분이 미국인 평균과 동일하거나 이보다 높다. 이러한 양상은 대학생까지 지속되고 이때부터 미국 및 다른 두 개의 서구권 표집의 점수가 비서구권 집단의 것보다 더 빠르게 상승한다. 게다가 비서구권 자료에서 볼 수 있는 더 완만한 발달추이는 비서구권 국가의 도덕 판단력 발달에서 연령 및 교육이 생각만큼 강력한 상관요인이 아닐 수 있음을 시사한다. 하우(1983) 역시 이러한 가능성을 보여 주었다. 연령 및 교육에 의해 설명되는 변량을 계산한 결과 그는 전형적인 미국의 결과(38%)보다 관련되는 변량이 작다(12%)는 점을 발견하였다. 그러나 이는 미국의 결과와 마찬가지로 연령이 아니라 교육이 도덕 판단력 발달에 있어 가장 중요한 상관 요인임을 확인시켜 주는 결과였다.

종합해 보면, 다양한 국가에서 원본 DIT를 지고 미국인 표집을 대상으로

표 4-5 DIT P(%)점수의 연령 및 교육에 따른 경향성

연구	중학교 사례 수	중학교 P(%)	중학교 표준편차	고등학교 사례 수	고등학교 P(%)	고등학교 표준편차	대학교 사례 수	대학교 P(%)	대학교 표준편차	대학원 사례 수	대학원 P(%)	대학원 표준편차	성인 사례 수	성인 P(%)	성인 표준편차	유의도
Rest (1979b)	1322	21.90	(8.5)	581	31.80	(13.50)	2479	42.30	(13.20)	183	53.30	(10.90)	1149	40.0	(16.7)	1–4[a]
Hau(1983)	68	25.27	(-)	71	29.35	(-)	34	37.88	(-)	-	-	-	-	-	-	1–3[a]
Tsaing (1980)	325	20.16	(6.78)	330	26.84	(6.16)	-	-	(-)	-	-	-	-	-	-	[b]
Park & Johnson (1983)	60	25.00	(-)	60	37.40	(-)	60	41.5	(-)	-	-	-	-	-	-	[a]
	60	30.20	(-)													
Thomlindsson (1978)	27	21.6	(-)	-	-	-	-	-	-	-	-	-	19	56.0	(-)	[a]
Gendron (1981)				37	28.92	(10.7)	40	33.42	(14.86)	-	-	-	16	44.38	(15.8)	[a]
Watson (1983)	-	-		10	19.2	(6.2)	20	43.8	(7.0)	-	-	-	-	-	-	[a]
	-	-		10	32.70	(11.2)	10	47.5	(8.5)	-	-	-	-	-	-	
Beddoe (1981)	-	-	-	-	-	-	194[c]	27.80	(-)	-	-	-	-	-	-	NS
	-	-	-	-	-	-	18[d]	32.68	(-)	-	-	-	-	-	-	

[a] p<.001
[b] p<.05
[c] 연령범위 20~29
[d] 연령범위 30~39
NS: 유의하지 않음.
출처: 저자들에 의해 집계됨.

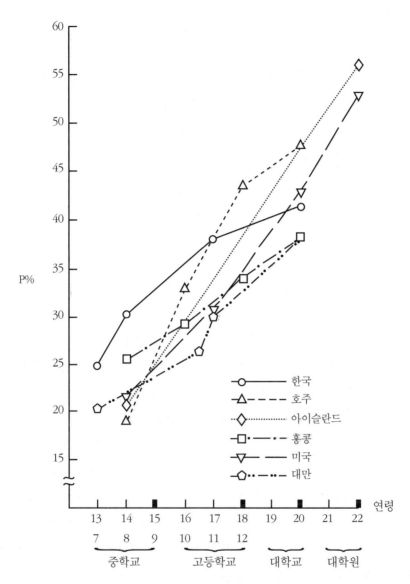

P%

한국
호주
아이슬란드
홍콩
미국
대만

연령

13 14 15 16 17 18 19 20 21 22

7 8 9 10 11 12

중학교 고등학교 대학교 대학원

[그림 4-1] 연령 및 교육에 따른 DIT점수의 비교문화 경향성

실시된 신뢰도 및 타당도 연구와 유사한 연구들이 실시되었다. 대체적으로 다른 국가에서 실시된 연구결과들은 미국의 결과와 비교했을 때 유사한 부분이 더 많았다. 비록 미국 연구에서 밝혀진 것보다 관련 변인 간 상관의

크기는 다소 작았지만 이러한 차이는 문화 간 다양성만큼이나 번역의 오류로부터 기인했을 가능성이 크다. 어떤 연구에서도 변화가 유의하지 않거나 미국인 표집에서의 변화와 다른 양상을 보이는 결과가 없었다는 사실은 흥미롭다. 만일 이러한 결과가 발생했다면 문화 간 다양성이 바로 이러한 차이의 원인으로서 작용했을 가능성이 있다. 연령에 따른 변화의 비교 결과 역시 도덕 판단력에 있어 다양한 문화 간에 차이가 있다기보다는 유사성이 존재함을 보여 준다. 비록 비서구권 표집이 서구권의 것보다는 낮은 증가율을 보이지만 모든 표집에서 연령 및 교육수준에 따라 도덕 판단력 수준이 높아짐을 보여 주었다.

비교 문화 연구의 결론

지금까지 제시된 비교 문화 연구에서 우리의 관심을 끄는 질문은 미국인 연구로부터 도출된 이론적 가정과 예언들이 다른 서구권 및 비서구권의 모집단에도 적용 가능한지에 관한 것이다. 보다 구체적으로 이야기하자면, DIT 또는 번역판 DIT가 미국인이 아닌 표집에 사용하였을 때도 원래의 결과와 유사한 결과를 보이는지에 대한 것이다. 적어도 세 가지 결점으로 인해 결론을 내리기가 쉽지 않다. 첫 번째 결점은 평가되는 연구들과 문화권의 숫자가 적다는 점이다. 예를 들어, 어떤 경우에는 3개의 문화권과 대학생들이 포함된 4 또는 5개의 연구들에 근거하여 변화 추이를 결정해야 한다. 따라서 문화권 내 연령 및 교육수준에 따른 비교 및 비교 문화 연구는 20개의 연구를 통하여 아주 근소한 범위밖에 다룰 수 없다. 두 번째 결점은 도구의 번역에 있어 그 방법을 알 수 없거나 예비검사를 통한 양호도조차 입증하지 않고 사용된 경우가 많다. 따라서 이러한 번역판의 상당수는 DIT라고 간주하기가 어렵다. 마지막으로, 20개의 연구들은 모두 횡단연구이다. 종단자료가 없다는 것은 우리가 다른 문화권에서의 도덕 판단력 발달 속성을 평가하기 위한 결정적인 증거를 확보하지 못한 것이나 다름없다.

이러한 제한점에도 불구하고 20개의 연구들은 도덕 판단력이 어떻게 작동하는지에 관한 우리의 견해가 일반적으로 받아들여질만 하다는 것을 입증해 주었고, DIT라는 방법론이 다른 문화에도 적용 가능한 것임을 보여 주었다. 우리는 다양한 문화들 사이에서 문화 간 차이보다 더 놀라운 유사성을 발견하였다. 만약 DIT연구의 결과들이 미국인 표집으로부터 얻은 결과와 너무 달랐다면 도덕 판단력에 대한 우리의 견해를 일반화할 수 없었을 것이고 DIT방법론에 한계가 있음을 확인했을 것이다. 그러나 실제 결과는 그렇지 않았고 연구결과는 우리의 입장을 지지하는 것이었다. 물론 우리는 콜버그의 검사도구를 사용한 비교 문화 연구도 알고 있다.[2] 이 연구결과와 우리의 결과는 모두 정의 개념과 관련된 인지발달론자의 접근을 지지하는 것이다. 그러나 이제 우리는 정의 이외의 다른 개념들 또는 1장에서 소개된 도덕 판단력 이외의 다른 과정들이 확인될 수도 있다는 가능성을 배제할 수 없다. 이러한 것들이 경험적인 연구에 포함된다면 더욱 강력한 설명력을 갖게 될지도 모른다. 단지 지금까지 우리 스스로 우리가 세운 이론의 보편성을 확신하게끔 해 줄 충분한 연구가 없었을 뿐이다. 앞으로 언제 더 나은 대안 이론이 나올지에 대한 가능성은 누구도 부정할 수 없다. 그러나 적어도 아직까진 사람들이 도덕적으로 옳고 그름을 어떻게 판단하는가에 대해 충분히 정교화된 이론과 경험적 증거를 가진 대안 이론은 없다. 때때로 사람들이 몇 가지 가능성을 언급하지만 이러한 대안들에 대한 이론적이고 경험적인 연구가 이루어져야 할 것이다.

위의 연구결과가 제시하는 또 다른 함의는 콜버그의 면담방법이 비서구권에서 원리화된 추론을 확인하지 못하고 그의 이론의 상당부분이 타당화되지 못했다는 비판[3]과 관련된다. 위에서 언급된 모든 연구결과들은 원리 수준의 문항[4]에 대한 피험자들의 반응으로부터 도출되었기 때문에 DIT가 이러한

---

2) 이와 관련하여 스내리(Snarey, 1985)의 글을 참조하기 바란다.
3) 이와 관련하여 심슨(Simpson, 1974)의 연구를 참조하기 바란다.
4) DIT의 P점수는 바로 원리화된 추론의 측정치다.

비판의 영향을 받지 않았다는 사실은 흥미롭다. 콜버그의 면담이 측정하지 못하는 원리화된 추론을 확인해내는 DIT 및 그 번역판의 능력은 요구과제의 차이에서 비롯된 것일 가능성이 크다.[5] 따라서 미국인과 마찬가지로 타 국가의 피험자들이 원리화된 추론에 상응하는 진술을 하지는 못하더라도, 원리화된 추론이 우월하다는 것은 인식할 수 있다.

성 차

논쟁의 여지는 있으나 남성과 여성은 사회세계에 대해 서로 다른 경험을 하며, 그 결과 사회기술, 지향성 및 태도 등에 있어 체계적인 차이가 나타난다. 분명히 우리 사회에는 남성과 여성의 고정관념이 일반적으로 받아들여지고 있지만(Broverman, Vogel, Broverman, Clarkson, & Rosenkrantz, 1972), 이러한 것들이 다시 사회적 문제의 해결과 행동에 영향을 주는지에 대해서는 여전히 논쟁의 여지가 있다.

캐롤 길리건(Carol Gilligan)은 1982년에 도덕 판단력 발달 연구에서 성차를 집중 조명한 저서를 출판하였고 이는 사람들의 이목을 끌었다. 물론 최근 그녀는 성차에 대해 1977년도와 1982년도에 발표한 입장에서 한 걸음 물러나 있거나 당시의 주장들을 부인한다. 그러나 가장 널리 알려지고 논의되고 있는 것은 그녀가 1977년도에 발표한 주장이며 이는 피아제, 콜버그 그리고 다른 인지발달론자들이 이어온 도덕 판단력 연구에 대한 가장 과감한 도전이었다. 따라서 우리는 길리건이 1977년도에 제시한 내용을 다룰 것이다. 길리건의 입장은 남성의 사회적 발달이 개인에 대한 인식의 성장에 집중하는 반면, 여성의 발달은 개인들 사이의 유대에 강조를 두게 된다는 전제에서 출발한다. 그 다음 이렇게 현저하게 다른 사회적 경로가 두 가지의 서로 다른

---

5) 이와 관련된 논의는 [부록]을 참조하기 바란다.

도덕지향성의 발달로 귀결된다고 주장한다. 즉, 남성에게서 우세하게 나타나는 '정의지향성'과 여성에게서 우세하게 나타나는 '배려지향성'이 그것이다. 그리고 여성이 도덕 판단력 측정도구(예를 들어, 콜버그의 도구)와 같이 정의 중심의 측정도구로 평가를 받을 경우, 배려 윤리와 관련된 특성들이 간과되고 잘못된 점수를 받을 수 있다고 주장한다. 또한 기존의 도덕 판단력 측정도구(콜버그의 도구를 말함)는 여성에게 이질적인 체계를 강요하는 것이므로, 여성은 배려지향보다 정의 개념을 강조하는 남성 중심적 체계에 따른 불공평한 평가를 받고 잘못된 점수를 받게 된다. 결과적으로 여성의 도덕 판단력은 평가절하되고, 채점체계의 남성 편파성으로 인해 여성은 남성보다 도덕적으로 열등한 것으로 나타난다. 길리건은 정의지향 채점체계의 남성 편파성이 콜버그가 남성이고 그의 종단연구 논문의 피험자가 모두 남성이며, 사용된 가상 딜레마 또한 남성주인공을 사용하였기 때문(적어도 부분적으로는 그러함)이라고 주장했다.

길리건은 남성과 여성 모두의 도덕성 발달을 평가하는 적합한 방법에 대하여 다양한 주장을 하지만, 그중 입증이 가능한 한 가지 주장은 현재의 정의지향 채점체계가 여성의 도덕성을 낮게 평가하고 여성의 발달을 남성의 것보다 열등하게 나타나도록 한다는 것이었다. 이에 따르면 길리건의 독자들은 콜버그식으로 도덕 판단력을 연구하는 정의지향 접근이 인류의 절반인 여성에게는 타당하지 않다는 인상을 가지게 된다.

그러나 길리건의 1982년도 저서를 읽은 많은 독자들은 길리건이 정의지향 채점 체계가 여성을 평가절하한다는 대담한 주장을 하기 전에, 성차와 관련된 도덕 판단 연구 문헌을 체계적으로 검토하지 않았다는 사실을 듣고 놀라지 않을 수 없을 것이다. 그러한 데이터들을 분석하는 것은 반드시 필요하고 이제는 체계적인 검토가 가능하다. 1985년 워커는 콜버그 검사의 다양한 버전들을 사용한 연구들을 검토한 글을 발표하였고 다음과 같은 명쾌한 결론을 내렸다. '콜버그의 채점 체계에서 남성이 여성보다 우수하다는 것은 근거 없는 미신이다.' 만일 정의지향 채점체계가 여성을 평가절하할지라도 콜버그의 검사결과에서 성차를 찾아볼 수는 없었다. 가장 최근의 채점체계를 사용한 콜버그의 주요한 근래 연구들에서도 역시 유의미한 성차가 나타나지 않았다(Gibbs & Widamon, 1982; Nisan & Kohlberg, 1982; Snarey, Reimer, & Kohlberg, 1985).

최근에 토마(Thoma, 1984)는 DIT에서의 성차를 추정하기 위하여 총 6,000명의 피험자가 포함된 56개의 대표적인 DIT연구를 표집하여 이에 대한 메타분석과 이차분석을 실시하였다. 이전의 검토와는 달리 토마의 메타분석은 성별 효과 크기 및 유의도에 대해 보다 정확한 정보를 제공해 주기 때문에 그의 연구는 이전에 사용된 분석방법보다 향상된 것이다(Rest, 1979a; Walker, 1985). 56개의 DIT연구에 대한 메타분석을 수행하기 위해서 토마는 각각의 개별연구에서 성차의 크기를 나타내는 두 개의 측정치를 선택하였다. 이것은 바로 효과크기 d(Cohen, 1969; Hedges, 1981)와 W(Fleiss, 1969; Hays & Olkin, 1980)다. 효과크기의 통계치 d는 여성과 남성의 DIT점수 평균의 차이를 그룹 내 표준편차로 나눈 것이다. 이 비율은 표준점수의 형태로서 평균들 사이의 차이를 표현해 준다. 예를 들어, d = .5이면 이는 두 평균들 사이의 차이가 2분의 1표준편차만큼의 크기라는 의미다. 코헨(Cohen, 1969)은 효과크기 .2, .5 그리고 .8이 각각 작다, 보통이다, 크다로 해석될 수 있다고 제안하였다.

토마는 통계치 d를 적용하면서 남성이 여성보다 DIT점수가 높다는 가설과 일치하는 연구에서는 d의 부호가 양의 값을 가지도록 설정하였다. 따라서 d가 음의 값을 가지면 이는 여성이 남성보다 높은 점수를 가짐을 의미하게 된다.

토마가 사용한 두 번째 통계치는 W다. 이 통계치는 종속변인의 변량 중 독립변인에 의하여 설명되는 비율의 추정치다. 토마는 W를 적용하면서 W가 DIT점수의 변량 중 성별에 의해 설명되는 비율을 나타내도록 하였고, 0에서 1.0까지의 값을 가질 수 있다.

메타분석을 위하여 선정된 56개의 연구들은 성별효과의 안정된 추정치를 얻기 위하여 객관적인 선별과정을 거친 연구들이다. 선별의 중요한 기준은 다음과 같다. 첫째, 연구에 사용된 두 성별집단의 연령범위가 비교 가능해야 한다. 예를 들어, 어머니의 도덕추론을 아들의 점수와 비교하는 연구 같은 것은 포함될 수 없다. 둘째, 통계분석을 위한 고려사항으로 각 성별에 따라 집단을 구별할 때 피험자의 비율이 어느 정도 동등해야 한다. 예를 들어, 전체 표본 중 하나의 성별이 차지하는 비율은 .3 이상 .7 이하여야 한다. 셋째, 성별에 따라 집단을 구분했을 때 하나의 성별집단에 적어도 10명 이상의 피험자가 포함되어야 한다.

〈표 4-6〉은 토마의 분석결과를 보여 준다. 이 표는 56개의 연구들 각각이 총 5개 중 하나의 유목에 분류되었음을 보여 준다. 앞서 제시되는 4개의 유목은 연령 및 교육수준이라는 중요한 변인에 해당하는 것이고, 다섯 번째는 한 가지 이상의 연령과 교육수준이 포함된 피험자들에 대한 연구들이다. 토마는 이 다섯 번째 유목을 "혼합집단"이라고 명명했으며, 주로 연령이 많은 피험자들이 포함되어 있다.

〈표 4-6〉에서 특별히 흥미로운 것은 d값이 일관되게 음의 값을 가진다는 점이다. 이는 성차에 있어서 여성이 보다 우수한 것으로 나타난다는 점을 보여 준다. 즉, 실제로는 여성이 남성보다 높은 DIT점수를 얻는다는 것을 의미한다. 효과크기의 방향과 함께 고려할 사항은 비록 d값이 통계적으로는 0과 같다고 볼 수 없지만, 코헨의 제안을 근거로 생각할 때 매우 적은 범위에 놓

표 4-6 메타분석의 요약

	중학교	고등학교	대학교	성인/대학원	혼합	전체집단
d	-.152	-.167	-.213	-.279	-.238	-.207
95%신뢰구간[c]	(-.27≤ ∝≤-.04)	(-.29≤ ∝≤-.05)	(-.32≤ ∝≤-.11)	(-.50≤ ∝≤-.07)	(-.32≤ ∝≤-.16)	(-.26≤ ∝≤-.16)
중앙치 ∞^2	.001	<.001	.004	.007	.009	.003
범위[b]	.014	.090	.150	.107	.029	.150
표집 수	8	16(14)[a]	19(18)[a]	4	9	56(53)[a]
피험자 수	1255	1249(1107)[a]	1539(1468)[a]	370	2450	6863(6650)[a]

[a] 세 가지의 표집은 성차의 방향이 보고되지 않았음. 이 경우에 ∞^2이 유일하게 계산되는 측정치임.
[b] 범위 = (최고점수-최저점수)
[c] 신뢰구간(C.I.)
출처: 저자들에 의해 집계됨.

여 있다는 것이다. 게다가 W값은 성별이 DIT점수 변량 중 단지 .9%만을 설명한다는 것이다. 전체 연구를 놓고 볼 때, DIT변량 중 성별로 귀인될 수 있는 비율은 1%의 2분의 1도 안 되는 값이다. 간단히 말해 DIT에서의 성차는 사소한 것이다.

토마는 또한 성별효과와 연령 및 교육수준으로 인한 효과크기를 비교하였다. 〈표 4-7〉은 필요한 정보를 제시해 주는 56개 연구들 중 하위집합의 기술통계치를 보여 준다. 〈표 4-7〉의 자료들을 사용하여 토마는 가중되지 않은 이원변량분석을 실시할 수 있었다. 그의 결과는 DIT점수의 변량을 설명하는 데에 있어 연령 및 교육이 성별보다 250배나 강력한 변인임을 보여 준다. 즉, 성별이 설명하는 변량의 크기가 W = .002이고 연령 및 교육이 설명하는 변량이 W = .525이다. 그리고 성별과 연령 및 교육 사이의 상호작용은 유의하지 않았다. 토마의 분석결과는 DIT점수에서 성차가 매우 작다는 것을 보여 준다(d = .21). 그러나 기대와 달리 여성이 남성보다 일관되게 높은 점수를 보였다. 이러한 결과는 도덕 판단의 측정에 있어 성적인 편파성을 비판하는 것과 관련하여 생각할 때 중요한 것이다. 그러나 연령 및 교육의 효과나 코헨의

표 4-7 연령 및 교육수준에 대한 기술통계치

	중학교	고등학교	대학교	대학원*	성인*
남성					
$\bar{x}$	19.068	28.685	44.106	60.97	42.78
표준편차	6.299	11.770	12.212	14.04	11.77
사례 수	528	424	449	52	90
여성					
$\bar{x}$	19.789	30.361	45.875	62.97	46.04
표준편차	6.332	10.851	12.190	10.87	12.85
사례 수	519	436	436	42	183
표집 수	8	12	14	2	2

*표시한 집단의 기술통계치는 해당집단의 표집크기가 상대적으로 작은 관계로 이차분석에는 포함되지 않았다.

출처: 저자들에 의해 집계됨.

해석지침을 고려할 때 그 크기는 매우 미미한 것이다.

최근 문용린(1986)은 DIT의 개별 문항수준에서의 성차를 조사하는 논문을 완성하였다. 문용린은 총점수준뿐만 아니라 개별 문항수준에서의 성적 편파성을 측정할 수 있도록 개발된 적성 및 성취도 측정연구의 다양한 기법들을 사용하였다. 그의 연구결과는 일반적인 지표들(P와 D점수)뿐만 아니라 개별 문항 수준에서도 성차는 미미하다는 것을 보여 준다.

이러한 결과들로부터 우리는 남성이 가상 딜레마에서 더 우수한 추론을 할 수 있다든지, 정의추론이 남성의 영역이라는 제안을 지지하는 DIT자료가 거의 존재하지 않는다는 결론을 내릴 수 있다. 비록 남성과 여성이 실제로는 서로 다른 사회적 경험을 한다고 할지라도, 정의추론의 발달결과는 매우 비슷하다. 성차에 의해 설명되는 변량이 극히 작기 때문에 연구자들이 탐색해 보아야 할 보다 설명력 있는 변인이 존재할지도 모른다.

최근 길리건은 자신의 본래 주장과 정면으로 반대되는 연구결과들을 직면하고서 성차로부터 초점을 돌려 배려지향이 양성 모두에게 존재하고 이러한 배려지향이 가상 딜레마에서보다는 피험자 스스로 만들어낸 도덕 딜레마에서 보다 쉽게 발견된다고 주장한다. 우리는 이러한 주장의 타당성 여부를 결정하기 전에 증거를 마련해야 한다. 그러나 지금까지 수집된 증거들은 이러한 주장 또한 지지하지 않는다. 워커(Walker, 1985)는 최근에 자연발생적인 도덕 딜레마와 가상 도덕 딜레마 모두에서 '정의' 지향과 '배려' 지향을 비교하였고 유의미한 차이를 발견하지 못했다고 보고하였다.

길리건의 주장에 내재된 이론적, 방법론적 문제점은 그녀와 동료 연구자들에게 비난으로 되돌아온다. 한 가지 문제는 배려지향의 이론적 정의가 부족하고 그것이 어떻게 정의지향과 다른지에 대한 설명이 부족하다는 것이다. 경우에 따라서 배려지향은 도덕민감성(제1요소), 도덕적으로 옳은 것에 대한 판단(제2요소), 개인의 가치 및 가장 헌신하는 것(제3요소)과 관련되어 나타나기도 하며, 또 어떤 경우에는 성격의 전체적인 구성과 관련된 이론으로 보이기도 한다. 이처럼 배려지향이 무엇인지는 알기 어렵다. 배려지향이 정의지향의 대안이나 이와 평행한 발달 경로라고 논의되는 경우에, 그것은 제2요소에 관련된 이론으로 보인다. 따라서 우리는 어떤 행동 경로가 도덕적으로 옳은가를 판단하는 개념적인 도구를 기술해 줄 것을 기대한다. 그러나 서로 상충하는 사회 상황에서 배려지향이 어떻게 정의지향과 다른 행동선택의 지침을 제공하는지를 확인하기 어렵다. 배려지향이 진실로 사람들을 위하는 것이고 유대감을 강조하는 지향성이라는 주장만으로는 불충분하다. 그러한 특성들 역시 정의지향의 특성들이며, 어떤 사회적 상황이 도덕적 딜레마를 내포하고 있다고 감지하면 누구나 우선적으로 고려하는 것들이다. 왜냐하면 정의지향성을 가진 경우에도 의사결정자가 다양한 이해당사자들의 이해에 관심을 가지고 있기는 하지만 그 상황이 모든 사람들에게 이익을 줄 수는 없다는 사실을 고려한 것이기 때문이다.

제2요소의 핵심은 한 사람이 다른 사람들과 그들의 이익을 고려하는 상황에서 서로 상충하는 이해들 사이의 균형을 어떻게 맞추고 우선순위를 매기는가를 결정하는 데에 필요한 의사결정도구를 기술하는 것이다. 따라서 만일 의사결정자가 오직 한 사람이나 하나의 이익만을 고려한다면 도덕 딜레마는 존재하지 않는 것이다. 길리건은 도덕적 마찰을 결정짓는 논리를 제시하는 대신에 정의의 개념을 남성우월주의나 배타주의에 가깝게 규정하고, 배려지향성은 이러한 남성우월주의의 대안으로서 묘사하는 경향이 있다. 남성우월주의와 배려지향성 사이에 선택이 가능하다고 본다면 배려지향성이 긍정적인 것으로 보인다. 하지만 여기서 정의 개념은 잘못 해석되고 있다. 예를 들어, 길리건은 정의를 개인주의로, 배려를 개인들 간의 '유대'로 연결시킨다. 그러나 1장에서 다루었던 정의에 대한 논의를 생각해 보자. 여기서 정의의 중요한 문제는 사람들 사이의 네트워크를 협동적으로 조정하고 상호 이익을 위한 호혜적 체계를 구축하는 것이다. 여기서 개인주의나 분리는 거의 찾아볼 수 없다.

길리건의 주장이 안고 있는 경험적인 문제들은 논쟁의 여지가 많은 듯하다. 배려지향이 대안적이고 평행적인 도덕발달의 경로라고 이야기하지만,

이러한 주장을 지지할 만한 어떠한 종단연구나 횡단연구도 없다. 실제로, 다른 연구자들은 배려지향 발달단계의 채점체계 사본을 얻기조차 힘들다. 정의지향에 대한 대안적 발달경로로서의 배려지향을 연구하기 위한 프로그램은 그 첫 번째 단계에도 진입하지 못했다. 흥미로운 일화와 대담한 주장은 풍성하지만 이들이 실질적인 경험적 근거를 제공하지는 못하는 것이다.

그렇다면 우리는 무엇이 도덕적으로 옳고 그른 것인가에 대한 사람들의 판단에 있어서 정의 개념만이 유일한 결정인자라고 주장하는 것인가? 그것은 아니다. 횡단연구와 성차연구가 정의 개념에 대한 중요한 대안을 제공하지 못했기 때문에, 우리는 오직 정의 개념만이 사람들로 하여금 도덕적으로 옳은 판단을 하게끔 한다고 믿지는 않는다. 실제로 다음 부분과 이어지는 장에서 독자들은 무엇이 도덕적으로 옳은지를 판단하는 경우에 있어, 일부 사람들에게는 서로 다른 과정들이 개입한다는 설득력 있는 증거들을 보게 될 것이다. 이들은 단지 몇 안 되는 일화들에 근거한 대담한 주장이나 견해들로 치부될 수 없는 것들이다. 우리가 다룬 연구들에서는 도덕 판단의 강력한 결정인자로 도덕 판단력이 제시되고 있기는 하나, 정의 개념만이 유일한 결정인자는 아니라는 납득할 만한 증거들이 존재한다. 이제 우리는 종교와 도덕 판단의 관련성에 대한 연구로 초점을 돌려 이러한 주장들을 전개해 나갈 것이다.

종교와 도덕 판단

슈바이처, 간디, 마틴 루터 킹, 테레사 수녀, 제리 포웰[6]과 같은 사람들에 대해 생각해 볼 때 도덕적으로 옳고 그른 것을 판단하는 데 있어 종교적 이데

---

6) 제리 포웰: 토마스로드 침례교회 목사. 알코올 중독자와 같이 사회의 어려운 사람들을 구제하는 사역, 미혼모에게 의식주와 교육 제공, 제3세계 및 전 공산권 지역을 향한 선교 사역 등을 함.

올로기가 영향을 끼친다는 것은 의심할 여지가 없어 보인다. 이들에게 도덕적 사고와 종교적 사고를 분리한다는 것은 어려운 일일 것이다. 그렇다면 1장에서 설명한 것처럼 종교와 정의 개념의 발달은 어떤 관련성이 있을까? 또한 어떻게 종교적 이데올로기가 한 사람의 도덕 판단력에 영향을 끼치는 것일까?

아이린 겟츠(Irene Getz)는 최근 이러한 문제들에 대한 심리학적 문헌고찰을 했다(1984). 그녀는 심리학자들이 종교를 목록화하고 연구하기 위해 다양한 종류의 정보를 수집해 왔음을 지적했다. 그리고 연구자들이 심리학적인 변인으로써 종교를 측정하고 평가해 온 7가지 방법들에 대해 제시하였다.

1. 종교적인 집회나 모임에 소속되어 있는지의 여부
2. 교회 예배에 참석하는 것, 종교서적을 읽는 것, 기도, 헌금과 같은 종교적인 활동을 하는지의 여부
3. 종교적인 지식: 종교적인 주제에 대한 내용을 얼마나 잘 기억하는지의 여부
4. 종교적 이데올로기(신앙): 예를 들어, 인간은 모두 죄인이라는 것, 성경의 진리, 영생 등에 관한 믿음이 있는지의 여부
5. 개종을 경험하거나, 환영을 보거나, 죽음에 다다르는 경험과 같은 종교적인 경험을 하였는지의 여부
6. 내적-외적 동기: 종교적인 참여가 지위를 인정받거나 자기정당화를 위한 것이거나(외적 동기), 가치와 삶의 방향을 찾기 위한 것의 여부(내적 동기)
7. 종교교육: 교회에 소속된 교육기관에 다니는지의 여부

우리는 겟츠의 연구에서 요약한 7가지 분류를 따를 것이다. 7가지 분류에 더하여 겟츠는 여덟 번째 방법을 추가하였는데, 이것은 종교를 첫 번째 요인으로 두지 않고 분석을 중심으로 둔 것이어서 다소 혼합된 분류이기 때문에 제외하였다. 그 연구에 대한 간단한 설명은 〈표 4-8〉에 제시되어 있다.

표 4-8 도덕 판단력과 종교적 변인 유형별 범주화된 종교와의 관계 연구

연구	표본	평가내용	결과
종교적 신념			
Ernsbrger(1977); Ernsberg & Manaster(1981)	교회에 다니는 성인 169명	관습적이거나 원리적인 4개의 교회 평가, 소속된 사람들 및 리더의 도덕 판단력 측정, 도덕 판단력과 종교적 동기와의 관계 측정	보수주의적인 교회에 속한 사람들은 단계 4를 추구함 진보주의적인 교회의 멤버들은 원리적 추론을 선호함 리더들이 훨씬 더 선호함
Lawrence(1979)	29명의 9학년 학생, 30명의 철학박사과정생, 16명의 근본주의 신학생	서로 다른 3개 그룹의 도덕 판단력 측정, 신학생들 사이의 논쟁 속에 숨겨진 사고과정 측정	9학년 학생과 박사과정생의 p점수는 일반적인 수준. 그러나 교회가 주장하는 논리 때문에 모순되는 답을 한 신학생들은 낮게 나옴
Brown & Annis(1978)	80명의 대학생	종교적 행동, 신념과 도덕 판단력과의 관계(또한, 내적-외적 동기; 아래를 보라)	높은 P점수와 낮은 근본주의적 신념 간 유의미한 관계, P점수와 종교적 행동과는 유의미한 상관관계 없음
Clouse(1979)	371명의 대학생	도덕 판단력과 종교적인 신념, 정치적 이념과의 관계	높은 P점수와 진보주의 종교적 사고, 정치적인 사고와는 유의미한 관계임.
Cady(1982)	57명의 성직자들	도덕 판단력과 진보주의, 보수주의적 교회 소속과 신념	P점수에서의 유의미한 차이, 진보주의적 성직자와 융통성 있는 신념을 가진 성직자가 더 높음
Harris(1981)	438명의 11학년 학생들	도덕 판단력과 신념, 지식, 실행과의 관계	도덕 판단력과 신념, 실행과는 유의미한 상관관계 없음, 도덕 판단력과 지식과는 유의미한 관계임
내적-외적 동기			
Ernsberger (1977); Ernsberger & Manaster(1981); Walters(1981)	169명의 교회에 다니는 성인	위의 표에 나와 있는 것에 추가하여, 교회 소속 멤버들과 리더의 내적-외적 동기 측정	내적으로 동기화된 사람들은 외적으로 동기화된 사람들보다 더 단체 중심적인 도덕 수준을 나타냄
	224명의 자원한 교회 교사	교회 교사들의 동기와 도덕 판단력 수준과의 관계	내적-외적 동기와 도덕 판단력 사이에는 유의미한 관계
Brown & Annis(1978)	80명의 대학생	내적-외적 동기와 도덕 판단력과의 관계	유의미하지 않음

표 4-8	계속		
연구	표본	평가내용	결과
종교적 소속			
Wahrman(1981)	124명 대학생	도덕 판단력 측정, 독단주의, 진보주의적, 교과에 속하지 않은 학생들 측정	종교적 소속(교파 소속)과 도덕 판단력 간에 유의미한 상관관계 없음. 약한 독단주의는 도덕 판단력과 상관관계 있음
Dickinson & Gabriel (1982)	1,228명 고등학교 학생들	원리적인 수준의 도덕 판단력을 예측할 수 있는 변인들 측정	(153, p<.04) 5개의 표본 중 하나인 종교는 P점수에서 분산의 5.2%에 해당함. 종교를 최소화한 분산은 극히 작음
Radich(1982)	15~17세의 청년 60명	보수주의, 이타주의 , 종교적 동기화, 도덕 판단력과 교과 (로마 가톨릭, 형제교회, 비종교적)와의 관계	보수주의, 이타주의, 종교적인 동기를 바탕으로 3가지 교파 사이에 유의미한 차이가 있음. 교파와 도덕 판단력 사이는 유의미하지 않은 관계임
McGeorge (1976)	1973: 140명 대학생 1975: 92명 대학생	도덕 판단력과 교회 구성원의 관계	두 번째 검사에서 교회에 다니지 않는 사람의 P점수가 교회에 다니는 사람들의 P점수보다 유의미하게 높음(첫 번째 검사에서는 유의미하지 않았음)
종교 교육			
Stoop(1979)	390명의 9학년과 12학년 학생들	도덕 판단력에서 종교교육(3가지 유형)과 공립 교육과의 관계	모든 학교의 9학년 학생들의 P점수는 유의미하지 않았음. 루터교 학교의 12학년 학생들의 P점수에서 유의미한 차이가 있었음. 보수주의적 종교관을 가진 학교에서 4단계 점수가 유의미하게 더 높았음
Wolf(1980)	76명의 대학생	종교교육, 종교에의 헌신 수준, 도덕 판단력의 전환과의 관계	종교교육에 많이 노출된 학생들은 유의미하게 P점수가 낮았음. 종교교육에 많이 노출된 학생들과 높은 헌신을 가진 학생들은 P점수가 낮았음. 도덕 판단력의 전환과의 관계는 유의미하지 않음
Blackner(1975)	160명의 고등학교 방과 후 학교 9학년 학생	종교교육 포함 정도와 도덕 판단력과의 관계	종교교육과 도덕 판단력과는 유의미한 관계없음

표 4-8 **계속**

연구	표본	평가내용	결과
Killeen (1977)	7학년과 12학년 학생	가톨릭 종교교육과 도덕 판단력, 추상적 추론과의 관계	가톨릭 학교 학생은 공립학교 학생들보다 P점수가 유의미하게 더 높았고 추상적 추론에서도 더 높았음
O'Gorman (1979)	199명의 9학년 학생들	종교 지식과 도덕 추론과의 관계	높은 P점수와 높은 종교적 지식은 유의미한 관계임
Harris(1981)	438명의 11학년 학생들	도덕 판단력과 종교 지식, 신념, 실행 사이의 관계	도덕 판단력과 종교 지식 간에는 유의미한 관계가 있음. 도덕 판단력과 신념은 유의미한 관계가 없음. 도덕 판단력과 실행 또한 유의미한 관계가 없음
Miller(1979)	40명의 여자 대학생	도덕 판단력과 종교적인 지식을 포함한 종교적인 모든 것의 수준(높음, 중간, 낮음)과의 관계	유의미한 카이자승 분포(chi-square distribution): P점수가 높은 학생들은 종교성을 낮게 나타내는 경향이 있음

다른 연구들

연구	표본	평가내용	결과
Hay(1983)	149명의 양심적인 학생들	양심적인 반대 이유와 도덕 판단 수준과의 관계	결정의 기초가 인성적인 측면에 있는 사람들이 종교적인 바탕에서 결정하는 사람들보다 P점수가 더 높았음(대학생과 대학원생, 고등학생은 제외)
Meyer(1977)	40명의 사립대, 주립대 학생들	종교적 내용 분석을 통한 지적 발달의 변화와 도덕 판단력 발달 변화 측정	P점수의 차는 유의미하지 않음. 두 학교 모두 신입생과 4학년 학생들의 지적 발달에 유의미한 차이가 있었음. 신입생과 4학년 사이의 종교적 신념에서도 유의미한 차이가 있었음. 그러나 사립대, 주립대 간의 유의미한 차이는 없었음
Volker (1979)	36명의 대학생	대학 경험의 종류와 도덕 판단 수준과의 관계	높은 P점수와 보수주의적인 종교 신념 간에는 유의미한 부적 상관관계가 있음. P점수와 종교적 경험 사이에는 유의미한 상관관계가 없음. 높은 P점수와 낮은 종교적 활동 사이는 정적 상관관계이나 유의미하지 않음
Schomberg (1978)	289명의 대학 신입생	(종교적 활동을 포함한) 대학 경험과 도덕 판단 수준과의 관계	종교적 활동에의 참여와 도덕 판단 수준 간에는 유의미한 관계가 없음

출처: Getz, I. (1984). The Relation of Moral Reasoning and Religion: A Review of the Literature. *Counseling and Values, 28*: 94-116. 허락을 얻어 재출간함.

종교단체 소속

종교가 도덕 판단에 영향을 주었는지를 측정하기 위한 가장 간단한 절차는 종교단체에 소속되었는지를 알아보는 것이다. 연구자는 큰 어려움 없이 다양한 종교단체를 대상으로 도덕 판단에 관한 자료를 얻고 그 결과를 대조해 볼 수 있었다. 만약 모든 다른 조건들은 동일한데도 집단 간의 차이가 발견된다면, 관련된 종교적인 경험이 도덕 판단력 발달에 영향을 끼친다는 것으로 간주할 수 있을 것이다. 물론, 모든 다른 조건을 동일하게 만드는 것이 쉬운 일은 아니다. 예를 들어, '소속'이라는 변인 안에는 참여하고 헌신한 정도, 종교적 지식과 같은 다른 많은 종교적 변인들이 혼재되어 있다. 따라서 이런 연구들은 매우 빈약한 결과를 제시하곤 한다.

워만(Wahrman, 1981)은 대학생을 대상으로 DIT점수와 종교적 소속과의 관계를 연구하였으나 유의미한 차이가 없다는 결과를 얻었다. 흥미롭게도, 이와 같은 주제로 신앙의 성격을 측정하여 교조주의[7]와 DIT점수와의 관계를 알아본 연구에서는 둘 사이에 유의미한 상관관계가 나왔다. 1,228명의 오스트레일리아 고등학교 학생들을 대상으로 실시한 디킨슨과 가브리엘(Dickinson & Gabriel, 1982)의 연구에서는 종교적 소속이 세 가지의 다른 변인들과 함께 DIT점수 변화의 5.2%를 예측한다고 설명하였다(그러나 다른 세 변인 중의 두 변인인 피험자의 직업과 아버지의 교육 정도는 종교적인 소속과 관련된다고 생각할 수 있기 때문에 종교적인 소속이 유일하게 얼마만큼의 영향을 끼치는지는 알 수 없다. 나머지 또 하나의 변인은 성(sex)이다.). 래디쉬(Radich, 1982)는 오스트레일리아 청소년을 대상으로 한 두 번째 연구를 통해서 종교적 소속과 도덕 판단력 사이에는 아무 관련성이 없다는 결과를 얻었다. 결과적으로, 맥조지(McGeorge, 1976)는 뉴질랜드 대학생을 대상으로 한 두 번째 종단

---

7) 과학적인 해명 없이 신앙 또는 신조(信條)에 입각하여 도그마[命題]를 고집하는 입장. 최근에는 마르크스주의에서 많이 쓰이는데, 사물의 변화나 사물 그 자체에 입각하여 판단하는 것이 아니라 마르크스나 레닌 마오쩌둥[毛澤東] 등의 말을 기계적으로 현실에 적용하여 공식주의적인 경향을 나타내는 것을 말한다.

연구에서 교회에 다니는 모든 유형의 학생과 교회에 다니지 않는 학생들 사이에 도덕 판단력의 차이가 있음을 발견했다. 특히, 1973년에 처음 실험을 한 후 2년이 지났을 때 교회에 다니지 않는 학생들은 교회에 다니는 학생들보다 더 높은 점수를 얻었다. 추수 분석 결과 이 기간 동안 교회에 다녔던 학생들의 DIT에서의 P점수는 높아지지 않았다. 게다가, 다른 흥미를 추구하는 8개의 어떤 다른 집단들보다도 교회와 종교를 제일 중시하는 학생들의 P점수가 가장 낮았다. 따라서 이런 경우에서의 종교는 도덕 판단력 발달을 저해하는 것처럼 보인다.

종교적 이데올로기(진보주의적-보수주의적 신앙)

단순히 종교적 소속을 보는 것만으로는 명확한 방향이 보이지 않고, 종교적 소속이 종교를 대표하는 변인이라고 볼 수도 없다. 교조주의와 도덕 판단력이 관련 있다는 월만의 연구와 헌신의 정도가 도덕 판단력에 영향을 미친다는 맥조지의 연구는 개인의 종교적 경험에 대한 해석이 더욱 민감한 변인이 될 수 있음을 시사한다. 그중 하나는 피험자의 종교적인 이데올로기를 측정한 것이다.

DIT를 사용한 7개 연구에서는 종교적 이데올로기와 도덕 판단력 발달과의 관계를 평가하였다. 이 중 6개 연구에서 종교에 대한 진보주의적인 사고가 보수주의적인 사고보다 더 높은 P점수와 연관되어 있다는 결과가 나타난다. 먼저 경험적인 연구결과를 살펴본 후, 그것이 갖는 이론적 함의에 대해 논의해 보겠다. 브라운과 애니스(Brown & Annis, 1978)는 DIT의 P점수가 높은 사람일수록 성경을 말 그대로 믿지 않는다는 연구결과를 얻었다($r = .44$, $p < .01$). 그와 유사하게, 캐디(Cady, 1982)는 성경의 해석에 진보주의적인 경향을 보이는 사람이 확실히 높은 P점수와 연관되어 있다는 것을 발견했다 ($r = .58$, $p < .01$). 또한 그는 보수주의적인 성직자가 진보주의적인 성직자보다 P점수가 더 낮았음을 보고했다($t(31) = 5.72$, $p < .01$). 대학생을 대상으로

한 클라우즈(Clouse, 1979)의 연구에서도 종교적인 진보주의 성향을 보인 학생이 보수주의 성향의 학생보다 P점수가 더 높다는 것이 밝혀졌다. 이러한 경향성은 정치적 성향과 도덕 판단력과의 관계 연구에서도 나타났다.

언스버거(Ernsberger, 1977; Ernsberger & Manaster, 1981)는 도덕 판단력 발달에서의 종교적 진보주의적 태도와 보수주의적 태도의 차이를 밝힐 수 있는 변인들을 조사하였다. 지역과 SES(socioeconomic status: 사회경제적지위)를 바탕으로 4개의 집단으로 나눈 연구에서 침례교도와 루터교 신자들과 같은 보수주의적 성향의 집단과 감리교 신자와 유니테리언교도[8] 등 진보주의적 성향의 집단 사이에 도덕 판단력 발달의 차이를 보였다. 언스버거는 진보주의와 보수주의를 결정하는 데 있어서 교파적인 차이에 대해서는 고려하지 않았고, 교회의 교육과정이나 4개 교파에 대한 공식적인 진술들은 검토하였다. 보수주의적인 교회로 구분된 침례교, 루터교는 진보주의적인 성향의 교회에 비해 원리화된 도덕적 사고를 덜 선호하는 경향을 보였다. 결론적으로, 보수주의 교회의 지도자는 진보주의 교회의 지도자보다 훨씬 더 P점수가 낮았다. 흥미롭게도 지도자 간의 점수 차는 임의로 선출된 교회 구성원들 간의 점수 차보다 그 폭이 더욱 컸다. 이는 보수주의 교회의 지도자는 그 교회의 구성원들보다 점수가 낮고, 반면에 진보주의 교회의 지도자는 그 교회의 구성원들보다 점수가 더 높음을 말한다. 이 결과는 종교적인 헌신의 정도가 도덕지향성을 증감시킬 수 있다는 것과 교회 지도자는 일반적으로 교회 구성원들보다 훨씬 극단적인 관점을 가진다는 것을 의미한다.

그러나 좀 더 어린 피험자들(11학년 학생)을 대상으로 한 연구(Harris, 1981)에서는 신앙과 도덕 판단력은 아무런 관계가 없다는 결과가 나왔다.

제너스 로렌스(Jeanette Lawrence, 1979)의 정교한 연구는 종교적인 이데올로기가 도덕 판단력에 영향을 주는 과정을 제시하고, 종교에 있어서 진보주의-보수주의 차원이 왜 도덕 판단력 점수와 관련이 있는지에 대한 깊은 통찰

---

8) 그리스도교의 정통 교의(教義)인 삼위일체론(三位一體論)의 교리에 반하여, 그리스도의 신성(神性)을 부정하고 하느님의 신성만을 인정하는 교파.

을 보여 주었다. 로렌스는 철학을 공부하는 대학원생, 근본주의[9]를 추구하는 신학대학생, 자유로운 분위기의 교외에 사는 고등학교 9학년 학생들로 세 집단을 나누어 DIT점수를 수집했다. 이들 집단의 평균 P점수는 각각 55, 22, 31로 나타났다. 철학전공의 대학원생과 고등학생의 점수는 일반적이었지만 그에 비해 근본주의 신학대학생들은 그들의 교육 정도를 고려했을 때 극도로 점수가 낮았다(사실 우리는 흔히 대학교 정도의 교육을 받으면 DIT점수가 높을 거라고 예상한다.). 로렌스는 또한 세 집단의 DIT검사뿐만 아니라 도덕 이해력 검사도 실시하였다. 그 결과, 예상대로 철학을 공부하는 대학원생이 가장 높게, 그 다음은 신학대학생, 마지막이 고등학생순으로 나타났다. 따라서 신학대학생의 경우 '정의'라는 높은 단계의 개념을 이해하지만, DIT검사에서 문항에 순위를 매길 때 이를 적용하지 않음을 알 수 있다. 로렌스는 피험자를 대상으로 그들이 DIT검사지를 작성할 때 어떠한 생각을 했는지에 대해 인터뷰를 실시하였다. 이 프로토콜에 대한 로렌스의 분석에서 9학년 학생들이 DIT검사지에 반응한 방식은 다음과 같다.

고등학생의 경우, 그들은 DIT문항을 다룰 때에 높은 단계에 해당하는 문항들은 이해하지 못하고, 낮은 단계의 것들만 이해하고 기입하는 경향이 있음을 알게 되었다. 반대로, 철학을 전공하는 대학원생들은 높은 단계와 낮은 단계를 다 이해하였으나, 문제에 대해 더 적절한 방법으로 생각함을 보여 주기 위해 높은 단계에 해당하는 문항에만 기입하였다. 그러나 신학대학생의 경우 그들은 낮은 단계에 대한 문항들을 이해하였고, 어느 정도 높은 단계의 문항들도 이해하였지만, 일부러 4단계에 해당하는 문항을 선택하여 기입하였다.

우리는 근본주의 신학대학생들이 4단계에서 가장 높은 DIT점수를 얻는다는 것을 알 수 있었다. 신학대학생들은 자신들의 사고과정을 다음과 같이 설명한다. 그들은 도덕적인 판단을 하도록 요구받았다는 것을 이해한다. 그러

---

9) 20세기 초부터 미국의 프로테스탄트 교파 사이에서 진보주의에 대립하여 일어난 보수주의파(保守派)의 신앙운동.

나 그들에게 있어 도덕적인 가치란 신의 계시이므로 유한한 인간은 자신의 직관에 의해 결정을 내려서는 안 된다는 것이다. 따라서 그들은 DIT검사문항을 답할 때에 공정함이나 정의에 대한 개인적인 생각을 일부러 억누르고 그 문항이 성경구절과 일치하는지 또는 자신이 기억해낼 수 있는 교리에 어긋나지 않는지를 살핀다. 이에 따라 그들은 DIT 딜레마를 해결하는 데 있어 공정함에 대한 자신의 직관과 정의에 대한 생각들을 의식적으로 외면하고 종교적인 이데올로기로 대치함으로써 옳은 것에 대한 판단을 이끌어낸다. 그들은 도덕 딜레마를 해결하기 위해 외부의 권위를 따르기 때문에 4단계의 점수를 받게 된다.

로렌스의 이러한 연구는 사람들이 정의에 대한 명확한 개념을 가지고 있으면서도 사용하지 않을 수 있다는 증거를 보여 준다. 근본주의 신학생들의 경우에, 정의에 대한 그들의 직관보다 우위를 차지하는 것은 보수주의적인 종교적 이데올로기였다. 부가적으로, 우리는 옳은 것에 대한 결정을 할 때에 보수주의적인 이데올로기와 같은 유일한 이데올로기가 정의 개념을 뛰어넘는다고 믿는 것에는 아무런 이유가 없음을 알아야 할 것이다. 또한 보수주의와 반대되는 이데올로기나 국가주의, 정치적인 이데올로기와 같은 다른 이데올로기들도 역시 도덕적으로 무엇이 옳은지를 판단할 때에 정의의 개념보다 앞설 수 있다.

앞서 제시한 결과들을 요약하면 다음과 같다. 진보주의 종교 이데올로기는 DIT에서의 높은 도덕 판단력 점수와 관련되어 있는데 이는 도덕 판단을 내리는 데에 있어 다양한 요인들을 균형 있게 다루려는 직관을 추구하는 경향이 있기 때문이다. 반면에, 보수주의적인 종교 이데올로기는 교리를 고수하려는 경향이 있고, 도덕 딜레마를 판단하는 데에 있어 신의 권위를 따르려 하므로 낮은 점수를 보인다. 일반적으로 진보주의 종교 이데올로기는 문제 해결 능력의 책임을 개인에 두고 외적 권위에 덜 의존함으로써, 개인의 고뇌와 해결노력만으로 도덕 딜레마를 해결하려는 경향이 있다. 그러나 근본주의 신학대학생에 있어서 DIT점수가 낮은 것은 단순히 그들이 정의 개념에 대한 높은 수준의 사고를 하지 못해서라고 보기보다는, 의도적으로 자신의 생각을 무시하고 높은 권위에 의존하는 데 기인한 것이라고 봐야 할 것이다.

계속해서 도덕 판단력과 종교와의 관계에 대한 문헌 고찰을 전개해 나갈 것이다.

종교에서의 내적-외적 동기

동기를 종교에 적용한다면, 내적 동기를 가진 사람은 독실하고 경건하며 교회가 가르치는 것을 내면화하는 경향이 있다. 이와 달리 외적 동기를 지닌 사람은 지위나 사회적인 관계와 같은 수단적인 목적을 이루기 위해 교회 모임에 참여하는 것으로 나타난다. 종교에서의 내적-외적 동기를 측정하는 척도로 주로 이용되는 것은 1967년 알포드(Allport)와 로스(Ross)에 의해 개발된 종교지향척도(Religious Orientation Scale: ROS)다.

종교에서의 내적-외적 동기의 측정을 담고 있는 연구는 크게 두 가지 기본적인 이유에서 이루어진다. 첫째는 도덕 판단력 발달이 특정한 종교적 동기와 관련이 있는지에 대해 알아보기 위한 것이며, 둘째는 ROS와 같은 척도를 사용하여, 종교 단체에 참여하는 동기의 구조적인 차이점들이 다른 종교관련 변인들이나 DIT와 같은 종속변인 간의 관계에 영향을 미치는지를 알아보기 위한 것이다. 즉, 종교적인 동기는 신앙과 DIT와의 관계 속에서 통제변인으로 작용할 수 있다.

두 연구는 외적-내적 종교 동기와 도덕 판단력 발달과의 관계에 대한 정보를 제공한다. 그러나 이러한 연구들은 잠재적으로 더욱 흥미로운 부분인 '지향성의 차이가 종교적인 변인과 DIT 사이에 존재하는 관계들을 조절하는지'에 대해서는 평가하지 않는다. 이 두 가지 연구들은 이러한 변인들 간에 유의미한 상관이 없다는 결과를 보여 준다(Brown & Annis, 1978; Walters, 1981). 게츠(Getz, 1984)는 연구의 표본이 동질화된 변인(예를 들어, 하나의 종교집단만이 선택되었음)이라서 예상된 결과를 얻지 못했음을 지적한다.

언스버거(Ernsberger, 1977; Ernsberger & Manaster, 1981)는 동기가 조절변인이라는 가정을 검증하였다. 이전 연구에서처럼, 그의 연구에서도 도덕 판단력 발달을 알아보기 위해 보수주의적인 집단과 진보주의적인 집단을 대조하였다. ROS를 이용했을 때, 내적 종교성향을 가진 구성원들은 그들이 속해 있는 교단이 하는 것처럼 원칙에 근거한 도덕 성찰을 더욱 중요하게 생각하는 경향이 있고, 이와 유사하게, 교회가 관습적인 사고를 강조한다면 그대로 고찰하는 경향이 있다는 사실을 발견하였다. 이전의 두 연구결과에서처럼, DIT와 ROS점수와의 단순상관관계는 유의미하지 않았다.

종합해 보면, 위에서 제시한 연구결과들은 도덕 판단력과 내적-외적 동기 사이에 복잡한 관계가 존재함을 보여 준다. 이러한 변인들 간의 단순한 상관관계는 발견되지 않았지만, 종교적인 지향성이 도덕 판단력과 신앙 간의 관계를 보다 강화시킨다는 증거가 있다.

종교교육

몇몇 연구들은 정규 종교교육이 도덕 판단력 발달에 영향을 미치는지를 검증하기 위한 시도를 해 왔다. 이러한 연구들은 주로 종교교육기관에 다니는 고등학교 학생들과 일반 공립학교 동 연령 학생들을 비교하는 방식으로 이루어졌다. 그러나 이 연구들에서는 교육의 본질이나 장려되어야 할 이데올로기에 대해서는 다루지 못했다. 예를 들어, 어떤 종교학교에서는 학생들에게 순종하는 태도를 스며들게 하나, 다른 학교는 다양한 관점을 제시하며 학생의 독립적인 사고를 북돋운다. 이처럼 종교교육의 내용과 방향성을 살피지 않는다면, 이전 연구들에 나타난 비교와 유사하게 대조하는 방법밖에 없을 것이다. 최악의 경우에는 종교와 관련되지 않은 연구들에 그것을 대조시켜 보아야 할지도 모른다.

스툽(Stoop, 1979)은 가톨릭 학교, 루터교 학교, 보수주의적인 기독교학교 그리고 일반 공립학교와 같이 네 종류의 다른 학교를 대상으로 연구했다. 피험자들은 9학년부터 12학년까지 선택했다. 연구결과, 9학년 학생들의 P점수는 네 학교 모두에서 차이를 나타내지 않았으나 12학년에서는 루터교 학교 학생들이 다른 세 학교의 학생들보다 눈에 띄게 더 높은 점수를 얻었다. 이 결과에 대해 스툽은 루터교 학교에서 제공하는 종교적인 훈련 때문이라고 해석했다. 그러나 SES와 같이 네 학교 사이에 나타나는 다른 차이점들이 그 인과요인이 될 수 있을지도 모른다. 블랙너(Blackner, 1975)는 청소년의 DIT점수가 평일에 종교교육을 얼마나 받는지와 관련 있다고 보고하였다. 그러나 그 결과는 그리 크게 중요한 것은 아니었다.

울프(Wolf, 1980)는 종교교육과 종교적 헌신이라는 두 가지 측면이 주는 영향에 대해 알아보았다. 76개 대학의 학생들을 대상으로 한 연구에서 종교교육을 많이 받은 피험자들은 종교교육을 적게 받은 학생들에 비해 P점수가 훨씬 낮았다. 울프는 또한 피험자들에게 종교에 어느 정도 헌신하는지와 개종의 체험을 했는지를 기술하도록 하였다. 울프가 추측했던 것과는 반대로, 종교교육을 많이 받고 헌신의 정도가 높은 학생들이 종교교육은 많이 받았지만 헌신의 정도가 낮은 학생들보다 DIT점수가 훨씬 낮았다. 따라서 종교교육은 정의 개념의 발달에 있어 저해가 되는 요인으로 생각해 볼 수 있다. 정반대로 킬린(Killeen, 1977)은 종교적인 훈련이 도덕 판단력 발달을 촉진할 수 있다고 주장하였다. 킬린은 DIT점수와 종교적인 사고의 구체적–추상적인 정도를 측정한 점수를 모아 연구를 진행하였다. 연구결과, 가톨릭 고등학교의 학생들이 종교적 사고와 DIT에서 모두 높은 점수를 나타내었다. 그러므로 정규 종교교육을 받은 학생들은 종교적인 주제에 대하여 보다 추상적인 사고를 전개할 수 있고, 더 높은 DIT점수를 받았다. 비록 집단 간에 발견된 SES와 IQ에 있어서의 큰 차이(SES와 IQ 모두 가톨릭 학교가 더 높았다)로 인해 킬린의 주장은 약화되었지만, 울프의 연구와 더불어 생각했을 때 이 연구결과는 정규 종교교육에서 교육의 질이 매우 중요하다는 것을 알려 준다. 3장에서 논의되었던 도덕 개입 연구에서처럼, 도덕 판단력 발달을 촉진하는 종교교육 프로그램은 교육환경과 학생 개인의 특성이 상호작용하는 것으로 이해되어야 한다. 종교교육에 대한 이러한 연구들이 통합되지 않는다면, 종교교육이 도덕 판단력 발달에 미치는 영향에 대한 우리의 지식이 한계에 부딪칠 것이다.

종교에 대한 지식

종교에 대해 갖고 있는 지식과 도덕 판단력과의 관계를 알아보기 위한 연구가 이루어져 왔고, 그중 일부는 종교지식을 믿음, 실천, 경험과 같은 다른 종교적 측면들과 통합하여 그 관계를 알아보았다. 이러한 연구들에서 종교지식을 측정하기 위해 사용한 방법은 주로 교회의 교리나 성경말씀을 물어보는 짧은 단답형의 문제였다.

오-골만(O'Gorman, 1979)은 가톨릭 학교와 공립학교 고등학생들의 종교지식과 도덕 판단력과의 관계를 알아보기 위한 연구를 하였다. 그 결과, 종교지식과 DIT점수는 정적상관관계를 이루었고, 학교의 유형은 결과에 영향을 끼치지 않았다. 아쉽게도, 오-골만은 이러한 관계에서 지적인 능력이 미치는 영향을 고려하지 않았다. 그렇기 때문에, 아마도 이 관계에서 인지능력은 도덕 판단 단계를 예언하는 매우 중요한 변인일 것이다.

이와 유사하게, 해리스(Harris, 1981)는 11학년을 대상으로 한 연구에서 종교지식과 DIT점수는 상관이 있다는 결과를 얻었다($r = .36$, $p < .01$). 해리스는 GPA(Grade Point Avergage: 지적능력을 예언하는 변인)가 DIT점수와 관련이 있다고 밝힌 반면에, 이러한 지적 변인이 DIT와 종교지식의 관계를 설명할 수 있는지에 대해서는 어떠한 정보도 제공하지 않았다.

밀러(Miller, 1979)는 종교지식의 부정적인 효과에 대한 연구결과를 제시한다. 웨슬리대학(Wellesley College)의 여학생을 대상으로 한 연구에서, 종교지식(믿음, 실천, 경험에 대한 측정도 포함)을 포함한 종교성에서의 높은 점수는 낮은 P점수와 관련이 있었다. 그러나 종교성을 측정하는 데 있어서 이러한 여러 요인들이 혼합되어 있으므로, 이 연구결과의 의미는 명확하지 않다.

종교적인 척도들을 포함한 연구들

종교에 초점을 맞춘 연구들과 더불어 그것을 측정하기 위한 검사에서 종교적인 척도를 사용한 연구들이 많이 있다.

헤이(Hay, 1983)는 1/3은 여성, 2/3는 남성으로 구성된 15세에서 35세의 양심적 병역 거부자를 대상으로 한 연구에서 그들을 세 집단으로 구분하였다. 첫 번째 집단(n=81)은 신앙과 같은 종교적인 이유와는 확연히 다른 개인적인 도덕률에 의해 병역의무를 거부하는 집단이다. 두 번째 집단(n=40)은 종교적인 가르침과 신앙이 최우선이라는 생각으로 병역의무를 거부하는 집단이다. 마지막으로 세 번째 집단(n=28)은 국가가 개인에게 군대의 의무를 강요할 권한이 없다고 생각하며 정치적인 이유들로 반대하는 집단이다. 대학교와 대학원 수준에서는 첫 번째 집단이 두 번째 집단보다 P점수가 훨씬 높았지만, 고등학교 수준에서는 그렇지 않았다. 헤이는 또한 종교단체 소속이 도덕 판단력 점수와 유의미한 상관이 없음을 발견하였다. 이러한 결과는 종교적 소속과 도덕 판단력 발달을 직접 측정한 연구들의 결과와 일치하는 것이다.

메이어(Meyer, 1977)는 여러 발달 척도를 통해서 대학 신입생 10명과 대학교 3학년 학생들 10명을 비교해 보았다. 그 결과 대학교 3학년 학생의 P점수가 더 높았고 그들은 신입생들보다 진보주의적인 종교 성향을 가지고 있었다. 그러나 표본의 크기가 매우 작았으므로 두 차이 모두 유의미하지 않았다.

볼커(Volker, 1979)는 도덕 판단력 발달에 영향을 주는 대학 경험을 알아보기 위한 연구를 시도했다. 36개 대학의 학생들을 대상으로 한 연구에서 종교적인 활동을 적게 할수록 DIT점수가 높은 경향이 있음을 발견하였다. 신앙과 DIT점수는 유의미한 부적 상관을 보였는데, 보수주의적인 신앙을 가진 피험자들의 P점수는 더욱 낮았다. 또한 볼커는 종교적인 경험과 DIT점수 사이에는 관련성이 없다는 것을 발견하였다.

289개 대학의 신입생을 대상으로 한 숌버그(Schomberg, 1978)의 연구에서도 볼커의 연구결과와 마찬가지로 예배에 참석하는 것, 종교단체에 헌금하는 것, 성경을 읽는 것 또는 다른 종교적인 요소들을 포함하는 종교적인 활동들이 DIT점수와는 관련이 없는 것으로 나타났다.

도덕 판단력과 종교에 대한 결론

도덕 판단력 발달과 종교적인 척도들과의 관계를 연구한 문헌들에서 주목해야 할 점은 DIT의 P점수와 신앙과의 관계에 대해 일치된 견해를 보여 준다는 것이다. 보수주의적인 종교 성향을 가진 사람들은 진보주의적인 사람들보다 P점수가 더 낮은 경향을 보였다. 그 외에 다른 요인들과 도덕 판단력과의 관계에서는 특별히 주목할 만한 점은 없다. 종교 단체 소속은 도덕 판단력과 거의 관련이 없고, 종교교육의 정도 또한 불명확하고 혼합된 결과를 보여 준다. 종교 지식은 도덕 추론과 유의미한 상관관계가 있지만, 두 가지 모두 인지적인 능력에 기인하는 것으로 보인다. 아직 확언하기에는 이르지만, 종교에 있어서 내적 동기는 도덕 판단력과 신앙과의 관계를 증감시키는 조절변인으로써 작용하는 것으로 보인다.

대학을 고려한 일반적 결론

이 장의 기본 주제는 도덕 판단 발달에 있어서의 유사점들이 다양한 그룹들에서의 차이점들보다 더욱 뚜렷하다는 것이다. 즉, 정의 개념으로서의 도덕 판단력 발달은 다양한 환경적인 배경을 가진 개인들이 사회적 의사결정을 하는 데 있어서 여러 방편들을 제공할 수 있는 보편적인 요소라는 것이다. 보수주의적이고 진보주의적인 종교성향의 차이는 이러한 진술에 모순되는 것처럼 보이는 반면에, 로렌스(Lawrence, 1979)와 언스버거(1977; Ernsberger & manaster, 1981)의 연구는 이러한 결과가 단순히 정의 개념에 대한 수용능력의 차이 때문이 아니라, 대안적인 의사결정 기준을 사용하기 때문이라고 제안하였다. 이 연구와 다음 장에서 살펴보게 될 4-구성요소모형을 연관 지어 살펴보면, 정의 개념은 시공간을 초월하여 모든 사람에게 보편적으로 적용되는 원리가 아닐지도 모른다. 즉, 특정 집단은 도덕 딜레마를 해결하기 위해 대안적인 기준을 체계적으로 사용할 수도 있다. 이러한 주장에 대한 실천적 함의는 이후의 연구들이 집단 차에 관심을 두고 이루어져야 한다는 것이다. 집단 차이에 관한 연구가 이루어질 때, 연구자들은 도덕 이해력(1979년 레스트가 제시한 한 가지 측정 방법)에 대한 더 많은 정보를 얻을 수 있을 것이다. 두 가지를 다 측정함으로써 집단 차의 경향을 관찰하는 것은 도덕 판단력에 있어서의 차이가 정말로 집단에 근거하는 것인지, 아니면 대안적인 기준에 의한 것인지에 대한 결론을 이끌어낼 수 있을 것이다. 집단 간의 차이 때문이라면 도덕 판단력과 도덕 이해력 사이의 수준에서 차이가 나타날 것이지만, 정의 개념을 대체할 수 있는 기준들에 의한 차이일 경우에는 DIT에서 집단 간 차이를 보이더라도 이해력에 있어서는 차이가 없을 것이다. 특히, 비교문화 연구자들은 정의 개념에 대한 문화적인 유용성에 대해서 각 문화의 저변에 깔려 있는 차이점들을 민감하게 고려하여 연구를 설계하여야 할 것이다.

도덕 판단, 행동, 의사결정 그리고 태도

05

인간의 달 착륙, 척수형 소아마비 백신의 발명, 핵폭탄 발명, 심장 이식 수술 등은 모두 과학의 힘을 극적으로 잘 보여 주는 사례들이다. 이 같은 성취들을 통해 우리는 그 이면에 있는 이론과 연구 방법론에 대한 신뢰를 갖게 된다. 하지만 심리학에서는 아직 이와 같은 극적인 성취를 보여 준 적이 없으며 어쩌면 앞으로도 없을지 모른다. 그럼에도 불구하고 도덕 심리학 분야의 장기적인 목표는 실생활 맥락에서 도덕 행동을 이해하고 예측하는 것이다. 만약 우리가 언젠가 어느 정도 정확하게 도덕 행동을 예측할 수 있게 된다면, 이것을 가능하게 한 심리학 이론과 연구 방법은 놀라울 정도의 타당성을 확보하게 될 것이다. 물론 이러한 성과가 우연히 일어나는 것은 아니다. 이것은 결연한 의지를 가진 연구 활동들과 많은 이론적 배경을 통해 가능하며 약간의 행운도 필요하다. 따라서 5장에서는 도덕 행동을 이해하고자 시도된 진일보된 노력들을 몇 가지 소개하고자 한다. 우선 우리는 다음과 같은 가정에서 출발한다.

---

* Stephen J. Thoma and James Rest with Robert Barnett

1. 도덕 행동은 1장에서 소개된 네 가지 과정요소들의 상호작용 결과다.

2. 이들 과정들 중에 하나는 개인이 어떤 행동이 옳은지를 어떻게 판단하느냐(2요소)를 의미한다.

3. 도덕 판단은 주로 개인이 사회적 협력의 가능성을 어떻게 이해하고 있느냐(즉, 정의에 대한 자신의 개념)에 의해 영향을 받는다. 하지만 4장에서 논의했듯이, 협력과 정의 개념이 항상 도덕 판단을 결정하지는 않는다.

4. DIT는 정의 개념이 어떻게 도덕 판단 과정을 결정짓는지를 보여 주는 유용한 도구다.

5. 논리적으로 그 다음 단계는 DIT가 도덕적 의사 결정이나 도덕 행동과 어떤 관계가 있는지를 연구하는 데 있다.

이제 언급되는 다음 두 질문이 5장의 주제라고 할 수 있다. 첫째, DIT에 의해 측정된 도덕 판단력이 개인의 행동이나 태도, 실제 상황에서의 의사 결정과 관련되어 있다는 증거는 무엇인가? 즉, DIT문항에 답하는 것이 그 질문에 포함되어 있지 않은 것과 무슨 관계가 있는가? 둘째, 만약 어떤 관계가 있다면 이 관계의 특성은 무엇인가? 행동 결정에 있어 개인의 정의 개념은 구체적으로 어떤 역할을 하는가?

첫 번째 질문에 대한 하나의 대답은 언어와 행위는 거의 관련이 없다는 것이다. 즉, 도덕 판단과 행동 사이에는 관련이 없다. 언어의 발달 경로는(도덕과 관련된 언어인지 여부와 관계없이) 행동 발달 경로와 다르다. 미셸과 동료(Mischel & Mischel, 1976)는 이 같은 관점을 다음과 같은 극적인 말로 표현했다.

역사를 살펴보면 자신의 도덕 원리가 옳다고 확신한 채 사람들을 잔혹하게 희생시키고 지극히 높은 원리들로 정당화시킨 사건들을 많이 볼 수 있다. 때로는 정의의 이름으로, 때로는 공공복리의 이름으로 또는 보편적인 윤리나 신의 이름으로 수많은 사람들이 죽임을 당하고, 한 문화 전체가 멸망당하기도 하였다. 최근까지도 보편적 권리, 평등, 자유 그리고 사회적 형평성 등의 명목으로 인종 학살을 포함한 모든 종류의 살인이 합리화되고 있다.

때때로 사람들이 자신의 비열한 행동을 아주 그럴듯한 변명으로 정당화하거나 숨기려 한다는 것을 인정하지 않는다 하더라도, 언어와 행동이 전혀 관계가 없다는 주장을 반박하는 증거들은 많이 있다. 블라지(Blasi)는 1980년에 도덕 판단과 행동의 관계에 관한 연구물들을 검토하였다. 블라지의 보고서에 따르면 이들 연구 중 대부분은 콜버그의 측정 방법을 사용했으며, 총 75개의 연구 중에서 57개가 도덕 판단과 행동에 유의미한 상관이 있는 것으로 나타났다. 그런데 블라지는 이 두 요인이 일관된 상관을 보이기는 하지만, 그 상관의 강도가 그리 크지 않은 수준(대체로 .3 정도의 상관)임을 지적하였다. 그리고 그는 연구자들이 두 번째 질문, 즉 도덕 판단과 행동 사이의 관계 특성을 결정짓는 것이 무엇인지를 연구하는 것이 더 바람직하다고 주장하였다.

토마(1985)는 최근에 DIT점수를 여러 가지 행동측정도구들과 관련시켜 설명하고 있는 연구들을 개관하였다. 〈표 5-1〉에서 보는 바와 같이, 행동을 재는 측정도구들은 상당히 다양하였으며 30개가 넘었다. 이들 연구 중 대략 절반 정도는 자연스럽게 발생한 현상에 관한 행동 기준(범죄-비범죄(nondelinquency), 양심적 병역 거부자-비거부자, 다른 대통령 후보에 투표하기, 의과 대학 수련의 평정 등)을 사용하였고 나머지 절반 정도는 측정하는 행동을 실험실 상황으로 통제하여(시험에서의 부정행위, 상금 분배하기, 협동 행동 등) 사용하였다. 이와 같이 행동을 측정하기 위한 다양한 노력들이 이 자료가 갖고 있는 장점이다. DIT점수와 행동 척도 간의 유의미한 상관관계는 일관되게 관찰되었기 때문에 일반적으로 도덕 판단과 행동 사이에 어떠한 관계가 존재한다고 결론을 맺는 것은 바람직해 보인다.

우리들은 일반적으로 이러한 상관관계가 존재한다는 말과 함께 그 관계의 강도가 그리 크지 않은 수준(블라지의 연구에서와 비슷하게 .3 정도의 상관)이라고 밝히고 있다. 이 두 연구결과는 도덕 판단과 행동 사이에는 보편적이고 일관된 관계는 있으나 강도는 그리 크지 않은 수준이었다는 점에서 서로 비슷하였다. 이것은 이 연구들에서 설명되거나 측정되지 않은 다른 변인들도 중요한 결정 인자가 될 수 있다는 것을 의미한다. 그러므로 우리들은 그 다음

| 표 5-1 | | | DIT점수와 여러 행동 측정치의 관계에 관한 연구 | |

연구	피험자	행동 측정	DIT 관련 검사	결과
Marston (1978)	비행청소년[a] 및 일반 청소년 각각 18명씩(52명은 부분적인 정보)	학적 상태(학교 중퇴, 재학) 학교 생활기록부 단일 문항 적용 척도	두 집단 간 P점수 차. 재학생>중퇴자, t(50)=2.33, 전체 척도 점수에서 상관을 보임, P점수가 높은 학생의 경우 문제 행동의 빈도가 낮음, r(35)=-.34[b]; P점수와의 상관 r(36)=-.13, NS	Yes Yes No
Kagarise (1983)	비행 청소년(연령범위, 12~19세), n=82	비행 상태 범죄 유형 집단적 범행 vs. 단독 범행 피해자가 없는 범행 vs. 기타 범행	일반 청소년 집단과 비교, 비행청소년<일반 청소년 대인 범죄와 대물 범죄 비교, NS 집단적 범행과 단독 범행 비교, NS 피해자 없는 범행과 피해자 있는 범행 비교, t(16)=1.92, p<.05 피해자 없는 범행과 대물 범행 비교, t(43)=2.0, p<.05	Yes No No Yes Yes
McColgan et al.(1983)	비행청소년, n=26[c] 비교집단, n=26	비행 정도	집단 차 검증, t(25)[d]=3.58, 비행집단<일반집단 p<.05	Yes
Cain(1982)	비행청소년 집단 n=20	비행 정도	동등한 연령의 규준집단과의 비교, 5.8	Yes
Nitzberg (1980)	비행 유형별, 정신질환자 26명, 신경증 환자 11명, 하위 문화 범죄자 22명	범죄자 하위 집단 상태	집단 비교[e] 정신질환자>신경증 환자=하위 문화 집단 범죄자; F(2, 56)=5.82, P<.01	Yes
Hay(1983)	고교생 21명, 대학생 101명, 대학원생 27명, 모두 양심적 병역거부자 모임 회원; 이 중 1/3은 여자	양심적 병역 거부자 여부	양심적 병역거부자 집단 평균과 DIT 준거집단과 비교; 세 집단 모두 준거집단과 차이를 보임	Yes
Cooney (1983)	기혼 남성(평균 33세) 22명 기혼 여성(평균 32세) 25명 동거 남성(평균 29세) 24명 동거 여성(평균 26세) 24명	전통적 생활방식 vs. 비전통적 생활방식	기혼=동거 성차 및 성과 생활방식 간의 상호작용 없음	No

연구	피험자	행동 측정	DIT 관련 검사	결과
Steibe (1980)	전업 대학(원)생 168명: 여성 74명, 남성 94명	사회 정의 모임 참여도, 0~3	참여도와 DIT점수 간의 상관, $r(169) = .23, p<.05$	Yes
Benor et al.(1982)	벤그리온 대학 의대 지원자 199명 세클러 의대 지원자 179명	합격자 vs. 불합격자	벤그리온 대학-집단 차 검증, $t(197) = 4.35, p<.01$ 세클러 의대-집단 차 검증, $t(177) = -.57, p>.05$	Yes No
Leming (1978)	학부생 152명	공간 재인 과제에서의 부정행위	부정행위 정도에 따른 DIT 수준차, $x^2(2) = 10.4, p<.05$ P점수가 높은 집단, 낮은 부정행위 비율	Yes
Sprechel (1976)	7학년생 43명[f]	탈옥수 딜레마에서 협력하겠다는 반응	DIT점수와 협조적인 행동 간의 상관, 유의미하지 않음, $r(41) = -.03$	No
Jacobs (1977)	성인 여성 60명	탈옥수 딜레마에서 협력하겠다는 반응	P점수가 높은 집단과 낮은 집단 비교, $F(1, 50) = 31.74^8$	Yes
Brabeck (1984)	학부생 32명	실험실 상황에서 고발	실험집단의 경우 도덕 판단 수준과 고발 비율[h], $x^2(1) = 5.94, p<.05$	Yes
Malinowski & Smith (1985)	남자 대학생 53명	(1) 부정행위 횟수 (2) 점수 부풀리기까지의 시간 (3) 부정행위 하기까지의 시간	P점수와 (1)의 상관, $r(51) = -.48, p<.01$ P점수와 (2)의 상관, $r(51) = -.39, p<.01$ P점수와 (3)의 상관, $r(51) = .43, p<.01$	Yes Yes Yes
Lupfer (1982)	대학생 240명 P점수가 높은 집단 120명, P점수가 낮은 집단 120명	모의 재판에서 처벌 선고의 심각성	도덕 판단 수준에 대한 주 효과 없음, 도덕 판단과 범인의 의도성 사이의 상호작용 있음, 사건 정보의 해석 능력에서 차이	Yes
Lupfer et al.(1982)	11개 배심원단으로 나뉜 66명의 대학생 21개 배심원단으로 나뉜 126명의 대학생	각 평결에서 유죄 관결의 수 서로 다른 P점수를 가진 배심원단에서의 리더십(평정)	P점수가 높은 배심원이 낮은 유죄평결 P점수와 리더십 평정 사이의 상관, $r = .47, p<.01$	Yes Yes
Clark(1983)	고등학생 253명	소그룹 토론에서의 리더십	소그룹에서 도덕 추론 능력이 높은 사람이 리더로 뽑힌 비율이 우연보다 더 높음, $x^2(1) = 4.54$	Yes

표 5-1 　계속

연구	피험자	행동 측정	DIT 관련 검사	결과
Keller (1975)	미혼, 대학생 커플 37쌍, 4개 소집단으로 편성, 두 사람 다 높은 집단 1, 한쪽만 각각 높은 집단 2, 둘 다 낮은 집단 1	의사소통 방식에 대한 행동 측정도 구, 15개 척도		
Gunzburger et al. (1977)	고교생 49명 (13~18세)	작업 수준에 따라 차등적인 급여 지급	P점수 수준에 따라 급여 지급 경향이 다름, $F(3, 39) = 5.10, p < .01$	Yes
Carella (1977)	대학생 48명: 16명은 높은 P점수, 16명은 중간, 16명은 낮은 P점수	교실에서 소란을 피우는 행동에 대한 평정 (1) 각 행동에 대한 개인별 평정 정도 (2) 심각성에 대한 상호 평정 (3) 개별 평정과 상호 평정의 차이 (4) 피험자의 원리 수준 판단의 적절성	P점수가 낮은 사람의 평정이 높은 사람의 평정보다 더 심각 P점수가 높은 응답자가 더 적절한 판단을 함 P점수가 낮은 피험자 상호 평정이 높은 피험자의 상호 평정보다 더 심각함. 차이 없음	? Yes ? ?
Sauberman (1978)	대학생 107명: 여성 56명, 남성 51명	주인공의 나이와 행동 결과에 있어 차이가 있는 두 이야기에서의 책임판단	판단 결과에 대한 영향 없음 낮은 P점수의 피험자는 덜 중요한 정보원에 의해 영향을 받음	No Yes
Eberhardy (1982)	의사 39명	두 실험 상황에서의 행동 선택 (a) 신생아 상황 (b) 난치병 상황	P점수와 (a)에서의 판단 사이의 관계, $r = .35$ (b)에서의 판단, $r = .06$, 유의미하지 않음	Yes No
Dispoto (1977)	대학생 138명 과학 전공자 87명(대부분 남성), 인문학 전공자 51명(대부분 여성)	환경 수업에서의 활동에 대한 자기보고식 평정	P점수와 활동 평정 간의 상관(과학 전공자), 상관 없음 P점수와 활동 평정 간의 관계(인문학 전공자), $F = .27, p < .05$	No Yes
Charles (1978)	대학생 105명	예언적인 능력의 판단	측정치 간의 상관이 유의미함	Yes
Cook(1976)	성인 소아과 의사 196명	최소 1년 이상의 관찰에 근거한 수행 관련 평정	측정치 간의 상관이 유의미함	Yes

표 5-1 계속

연구	피험자	행동 측정	DIT 관련 검사	결과
Sheehan et al. (1980)	전공의 133명	수행 평정, 1 = 최고 점수	두 측정치 간의 상관, r=−.22	Yes
G. Rest (1977)	대학생 72명 성인 43명	1976년 대통령 선거에서의 선호도	P점수와 선호도 척도 간의 곡선적 관계, 유의미	Yes
Bredemeier & Shields (1984)	대학 농구 선수 46명: 남자 24명, 여자 22명	(1) 공격성에 대한 코치의 평정 (2) 동료 간의 공격성에 대한 코치 평정 (3) 경기에서의 반칙 기록	척도 1과 P점수 간의 상관: r=−.23, p<.10 척도 2와 P점수 간의 상관: r=−.30, p<.05 척도 3과 P점수 간의 상관: r=−.28, p<.10	경향성 Yes 경향성

MJ, 도덕 판단(Moral Judgment)
NS, 유의미하지 않음(No Significance)
[a] 1975년 측정값(McColgan, 1975 참고)
[b] P점수와 IQ를 통제한 척도 점수 간의 부분 상관이 유의미함. r(35)=−.35, p<.05
[c] IQ, SES, 연령, 가족 구성, 학교 위치 등 14개 요인을 고려하여 비행청소년 그룹과 비교 그룹의 짝을 지었다.
[d] 대응 t-test
[e] d점수를 활용한 연구
[f] 이 피험자 집단에 DIT를 사용할 수 있는지에 대한 의문이 있음
[g] "공범자 변절" 조건에서의 자료
[h] GPA, 성별, 연령, 확신수준에 영향을 받지 않은 결과
[i] 연령 효과는 유의하지 않음
출처: 저자들에 의해 집계됨.

단계로 도덕 판단과 행동 간의 관계 특성을 밝히는 연구가 진행되어야 한다는 블라지의 말에 동의한다.

도덕 판단이 특정 상황을 해석하는 서로 다른 방식을 나타낸다는 점에 있어서 도덕 판단이 행동과 연결되어 있다고 가정하는 것은 논리적으로 타당해 보인다. 즉, DIT의 서로 다른 점수는 사람들이 그 상황을 정의하는 서로 다른 방식을 보여 주며, 상황 정의에서의 차이는 곧 무엇이 중요한지에 대한 판단에서의 차이로 이어져, 결국에는 어떤 행동이 적절한지에 대한 판단의 차이로 귀결된다. 이 가정은 다양한 방식의 경험적 방법으로 검증될 수 있다.

간접적이고 다소 정교하지 않지만, 그 한 가지 방법은 DIT점수를 태도 검사(tests of attitude)와 연결하여 설명하는 것이다. 태도 척도는 인지발달척도와는 다른 논리와 방법론에 따라 구성되었지만 현실에 대한 서로 다른 지각과 개념을 보여 주는 지표로 간주될 수 있다. 하지만 도덕 판단력 측정도구는 정의에 대한 서로 다른 개념이 어떻게 도덕 판단 과정에 영향을 주는지를 드러내기 위해 개발된 것인 반면, 태도 검사는 판단에 대한 서로 다른 결론이나 결과를 드러내기 위해 개발된 점을 잊지 말아야 한다. 달리 말해, 도덕 판단은 추론의 과정을 측정하고자 하지만, 태도 검사는 추론 과정을 통해 도출된 결론의 특성을 알아보고자 고안된 것이다. 따라서 우리들은 DIT점수를 태도 검사와 연결하여 설명하는 연구들을 살펴보았으며, 연구자들은 '개인이 머릿속에서 어떤 상황을 지각하는 방식이 자신의 결정 또는 특정 견해(태도)에 대한 지지와 관계가 있는가?'와 같은 질문을 가지고 있었다.

"법과 질서 검사(Law and Order Test)"를 사용한 일련의 연구에서 DIT점수와 논란이 되고 있는 일련의 공공 정책 문제에 대한 태도의 관계를 연구하였다. 법과 질서 검사는 언론의 자유, 적법 절차의 원리(due process of law),[1] 시민 불복종 등등에 관한 질문으로 구성되었다. 이 검사지는 피험자가 국가기관에 거의 제한이 없는 절대 권한을 부여하는 답을 하거나, 현재 존재하는 사회 기관은 개인의 복지와 자유를 아무리 제한하더라도 계속 존재해야 한다고 답한 문항의 수를 세어 채점되었다. 이에 이 검사지의 이름을 "법과 질서 검사"로 명명하였다. 이 검사에서 사용한 이슈에 대해 '법과 질서' 중심의 입장은 4단계 수준의 정의 개념과 서로 같은 성질의 것으로, 원리 수준(5,

---

1) Due process of law란 영미법, 특히나 미국헌법에 있어서의 원리다. 이는 국가권력의 행사는 정당한 목적에 의해 정당한 절차에 따라서 행사되어야 한다는 것으로서, 대륙법계인 독일이나 프랑스에서 사용되는 실질적 법치주의의 의미와 유사한 것이다. 실질적 법치주의 역시 국가권력의 행사는 정당한 내용을 가진 법에 따라 행사되어야 한다는 것이며, 이러한 영미법상의 Due process of law, 적법절차의 원리는 미국법 전반에 걸쳐 적용되고 있다. 미연방대법원은 이 적법절차의 원리를 적용하여, 고전적 삼권분립을 취하고 있는 미국헌법을 시대상황에 맞게 수정해 가고 있다. 한마디로 적법절차의 원리는 미국법상 모든 것을 해결해 내는 만능열쇠와 같다고 할 수 있다.

6단계)의 사고방식을 가진 사람의 경우 이 검사에서 낮은 점수를 받게 될 것이라는 믿을 만한 이론적인 근거가 존재했다(Rest, 1979a: 161-165). 사실, DIT와 법과 질서 검사는 유의미한 상관이 있었다. P점수와 법과 질서 검사 점수 사이에는 부적 상관이 있었고, 4단계 점수와는 정적 상관이 나타났다. 1979년도 책에서 소개된 8개의 연구 중 7개의 연구가 통계적으로 유의미한 상관을 보고했다. 최근에 실시한 102명의 종단연구 피험자에 대한 재검사에서도(2장에서 논의됨) 법과 질서 검사와 P점수 간의 상관은 -.61이었다. 또한 손린슨(Thornlindsson, 1978)도 아이슬란드에서 실시한 그의 연구에서 아이슬란드어판 DIT검사 점수와 법과 정의 검사 점수 간의 상관이 -.45임을 밝혔다. 그리고 다른 일련의 연구들에서도 DIT와 일종의 정치 태도 검사인 법과 정의 검사 사이에 일관된 상관이 있음이 나타났다.

다른 정치 태도 검사에 대한 최근의 연구에서 바넷(Barnett, 1985)은 진보주의적 정치 성향과 DIT의 P점수 사이에 일관된 정적 상관을 발견하였으며 보수주의적 정치 성향과도 역시 4단계 점수와 일관된 정적 상관이 있음을 발견하였다. 〈표 5-2〉에 이 연구들이 요약되어 있다.

〈표 5-2〉를 보면 4장에서 논의된 것처럼 DIT가 종교적 진보주의/보수주의와의 관계와 비슷한 양상으로 정치적 진보주의/보수주의와 관계를 맺고 있음을 알 수 있다.

아이린 겟츠(Irene Getz, 1985)는 최근 자신의 박사학위 논문에서 DIT에서 더 높은 점수를 받은 사람은 인권 문제에 대해 더 자유로운 시각을 가질 뿐 아니라, 보수적이며 DIT점수가 낮은 사람과는 다른 구조로 사고한다는 점을 밝혀냈다. 겟츠는 그러한 양상에 대해 DIT에서 P점수가 높은 사람은 사회를 구성하는 일반적인 원리에 입각하여 자신의 도덕적 사고 체계를 구성하기 때문이라고 설명했다. 왜냐하면 '원리'라는 것은 특정한 인간의 가치를 최적화하기 위해 사람들 사이의 상호작용을 조직하는 일반적인 지침 또는 특성이기 때문이다. 따라서 P점수가 높은 사람은 특정한 원리를 승인하는 것이 곧 사회관계가 일반적으로 그 원리에 따라 특정한 방식으로 구성된다는 것

표 5-2 DIT점수와 정치적 태도의 관계에 관한 연구 요약

연구	피험자 수(n)	연령/ 교육수준	태도 검사	5, 6단계
Clouse(1979)	371	대학생	자유/보수	F = 2265.53
Coder(1975)	58	성인	급진/보수	.13
Crowder(1978)	70	성인	정치적 관용도	.04[a]
Elmer, Renwick, & Malone(1983)	73	대학생	신규 승진 척도 전통적 도덕주의 마키아벨리식 전략 마키아벨리식 냉소주의 신흥 좌익 철학 혁명적 전략	-.49*** -.42*** -.04 .39*** .09
Eyler(1980)	135	대학생	Maj Rule: 높은 도덕 판단력=56% yes, 낮은 도덕 판단력=18% yes: 27.8**[b] Min Rights: 높은 도덕 판단력=88% yes, 낮은 도덕 판단력=61% yes: 3.8*[b] 분리 분쟁: 높은 도덕 판단력=52% yes, 낮은 도덕 판단력=21% yes: 4.7*[b]	
Fincham & Barling(1979)	55	대학생	윌슨의 보수주의	-.22*
Forsyth(1980)	221	대학생	이상주의 상대주의	-.1
Getz(1985)	105 67	성인 대학생	인권에 대한 태도	.01
Butkin & Suls(1979)	284	대학생	SEA	r = .66*** r = .52***
Lonky, Reilman, & Serlin (1981)	287	중고생과 대학생	Maj rule Min Rights 평등한 기회 시민의 자유 사회 보장	.45* .52 .37 .42 .20
Nardi & Tsujimoto(1978)	179	대학생	SEA	-.32
Rest(1977)	111	대학생과 성인	진보/보수 진보주의 정도에 대한 자기 평정치	-.46* .20
Rest, Cooper, Coder, Masanz, & Anderson(1974)	329	중고생, 대학생, 성인	법과 질서 자유신봉주의	-.23* .37*

[a] 유의도 수준은 보고되지 않음
[b] X^2 분석 실시
[c] ANOVA 분석 실시
*p = .05, **p = .01, ***p = .001
출처: 저자들에 의해 집계됨.

을 이해하고 있는 것이다. 반대로, P점수가 낮은 사람은 어떤 도덕 원리를 지지하는 말을 좋은 감정을 표현하는 것이라고 생각할지 모르겠지만 그것에서 파생되는 결과는 인식하지 못하고 있는 것이다. 어쩌면 사회 전체를 구성하는 원리에 입각해서 생각하지 않는 사람은 특정 규칙이나 역할 체계, 특정 관계, 그리고 특정한 전제나 합의 등의 유지와 같은 좀 더 구체적인 용어로 도덕성을 개념화하고 있는지 모른다.

이러한 생각에서 겟츠는 인권에 관한 두 가지 유형의 태도 문항을 개발했다. 한 유형은 매우 일반적인 진술문으로, 예를 들면, "언론의 자유는 기본적인 인권이어야 한다." 또는 "인간은 신앙의 자유와 신념의 자유를 가져야 한다." 등과 같은 것이었다. 반면에 다른 한 유형은 특정 상황에서 나타나는 특정인의 권리에 대한 진술문이었다. 예를 들면, "아시아에서 전파된 미신적인 종교를 숭배하는 행위를 금지하는 법이 제정되어야 한다."와 같은 문항이었다. 겟츠는 첫 번째 유형과 같은 진부하면서도 가장 미국적인 진술문에는 모든 사람들이 동의할 것이라고 예상했다. 하지만 첫 유형의 문항은 P점수가 낮은 사람이 아닌 P점수가 높은 사람들에게 적용될 가능성이 높으며 중요한 함의를 가질 것이라 생각했다. 그래서 겟츠는 P점수가 높은 사람들은 두 유형의 문항에 대해 일관된 입장을 취할 테지만 P점수가 낮은 사람은 두 유형의 문항에서 일관되지 않은 입장을 보일 뿐 아니라 그것을 알아차리지도 못할 것이라는 가설을 세웠고 이 가설이 옳음이 증명되었다. 일관성-비일관성 점수는 P점수와 유의미한 상관을 보였다(r = −.41). 그리고 DIT는 인권에 대한 진보주의적 정치 성향과도 상관이 있었으며, 인권에 대한 사고 구조와도 상관이 있었다. 예를 들면, 원리 수준의 피험자는 어떤 도덕 원리에서 파생되는 결과들에 대해 인지하고 있었다. 더 나아가 겟츠는 중다회귀분석을 통해 신념에서의 일관성과 DIT점수 모두 정치적 진보주의-보수주의 변인("나는 진보주의자입니다", "나는 보수주의자입니다." 식의)에 대한 자기보고식 설명을 넘어 인권에 관한 태도 점수를 상당한 수준으로 정확히 예측할 수 있다는 점을 밝혀냈다. 그러므로 DIT와 신념 일관성 측정도구는 다음에서 다룰 진보주의/보수주의 태도 검사로 단순히 환원될 수 없다.

　이전의 논의들은 DIT점수가 기본적으로 종교와 정치적 태도에서의 진보주의/보수주의 측면과 어떤 관계가 있는가에 초점을 두고 있었다. 이들 연구와 함께, 최근에는 도덕 판단력의 발달과 좀 더 일반적인 사회적 주제 사이의 관계를 측정하는 연구가 증가하고 있다. 이 연구들이 〈표 5-3〉에 제시되어 있다.

표 5-3　DIT와 일반적 사회적 태도 검사의 관계에 관한 연구

연구	표본	측정도구	결과
Smith(1978)	대학생 55명	피험자가 자신의 처벌 경험을 해석하는 것에 대한 면접 평정(총점)	$r = .62$
Bloom(1978)	사범대학생 189명	학생 통제 이념 척도(Pupil Control Ideology Scale)	$r = -.18$
Deal(1978)	대학원생 28명	학생 통제 이념 척도(Pupil Control Ideology Scale)	$r = -.60$
Lapsley et al.(1976)	여대생 65명	권위에 대한 태도 척도	$r = -.29$
Bidwell(1982)	성인(27~65세)	죽음 불안 척도(죽음에 대한 생각과 태도를 종합적으로 측정하는 척도)	$r = .68$
Malloy(1984)	의공학 기사 64명	의료 윤리 학습에 대한 태도	$r = .44$
DeWolfe & Jackson(1984)	대학생 113명	사형 제도에 대한 태도	$r = -.41$
Letchworth & McGee(1981)	대학생 24명	평등권에 대한 수정 헌법에 대한 추론	$r = .55$
Walgren(1985)	대학교 저학년 49명	미네소타 중요도 측정 질문지(업무 만족 관련 요구와 가치)	$r = .37$
Felton(n.d.)	대학원생 102명과 학부생 209명	책임에 대한 태도 척도	$r = $ n.s.
Corcoran(n.d.)	여대생 20명	죄수 딜레마에서 비협조적인 파트너에 대한 태도	$F = $ n.s

n.s.: 유의미하지 않음.
출처: 저자들에 의해 집계됨.

처음 네 개의 연구들은 권위에 대한 주제를 다루고 있다. 스미스(Smith, 1978)는 대학 내 행정 기관과의 관계에서 생길 수 있는 어려움과 관련하여 대학생들의 이해도를 측정하였다. 블룸(Bloom, 1978)과 딜(Deal, 1978)은 교실 내에서의 권위(authority position)를 연구하기 위해 태도 척도와 DIT의 P점수를 비교하였다. 랩슬리, 시손, 엔라이트(Lapsley, Sison, & Enright, 1976)는 P점수와 일반적인 권위 척도의 관계를 연구하였다. 각 연구에서 상관 계수의 크기는 다양하였지만, 모든 연구에서 서로 다른 특성의 권위 척도와 도덕 판단 사이에 유의미한 상관이 있음이 발견되었다.

그 아래의 두 연구, 비드웰(Bidwell, 1982)과 맬로우(Malloy, 1984)의 연구에서는 의료계 관련 종사자를 대상으로 하여 최근 의료계의 문제와 그들의 도덕 판단력 관계를 조사하였다. 이 연구들 아래에 있는 디울프와 잭슨(DeWolfe & Jackson, 1984)과, 레치워스와 맥기(Letchworth & McGee, 1981)의 연구에서는 대학생이 사용하고 있는 일반적인 사회 문제와 도덕 판단력 점수 사이의 관계를 조사하였다. 이들 네 개의 연구는 모두 현재 사회 문제에 관한 서로 다른 입장이 도덕 판단력의 발달과 관련이 있다는 것을 밝혀내었다.

월그렌(Walgren, 1985)은 대학생을 대상으로 DIT점수를 그들이 지각하고 있는 직무 조정과 직무 만족(work adjustment and satisfaction)과 관련된 요구 및 가치와 비교하였다. 월그렌은 이들 가치에 대한 요약 점수와 P점수 사이에 유의미한 비선형적 관계가 있음을 밝혀내었다. 월그렌은 그동안 연구자들이 도덕 판단과 다른 측정도구 사이의 선형성을 성급하게 단정했다고 주장했다. 우리들도 사례에 따라서 서로 다른 추론 수준에 있는 피험자가 특정한 태도 검사와 행동 상황에서 비슷한 반응을 보여서 비선형적인 관계를 만들 수 있다는 점에 동의한다. 이러한 가능성에 대한 가장 명쾌한 사례는 정치적 선호의 경우다. 레스트(1979a)는 도덕 판단력과 1976년도 대통령 선거(높은 추론 수준의 유권자와 낮은 추론 수준의 유권자는 지미 카터를 선호했고, 중간 정도의 추론 수준을 가진 유권자는 포드를 선호했다)에서 후보자 선호 관계가 곡선 모형으로 가장 잘 설명된다고 지적했다. DIT가 도덕 판단에 있어 연속적인 지표를 제공하더라도 연구자들은 다른 변인들과의 관계에 대한 가설을 설정할 때 질적 차이(비선형 관계)에 대해서도 주의를 기울여야 한다.

〈표 5-3〉의 마지막 두 연구는 도덕 판단과 실험실 조건에서의 특정 상황에 대한 태도 사이의 관계를 연구하였다. 펠튼(Felton, n.d.)은 실제 상황을 기반으로 할 때 도덕 판단력이 간호사의 딜레마에 관한 책임감 척도와 상관이 없음을 발견했다. 이와 비슷하게, 코코란(Corcoran, n.d.)도 죄수 딜레마에서 비협조적인 공모자에 대한 태도 검사 결과는 P점수와 상관이 없음을 발견하였다. 그러나 이들 연구들이 다루는 주제가 겹치는 부분이 거의 없다고 가정했을 때, 이들 두 변인 간에 상관이 유의미하지 않은 이유가 실험실 상황 때문인지, 아니면 이 연구에서 사용한 태도 검사의 지나친 구체성 때문인지는 판단하기 어렵다.

유타 대학 마릴린 존스톤(Marilyn Johnston, 1984a, 1984b)의 선구적인 연구에 대해서도 언급할 필요가 있다. 사례 조사 연구법을 이용한 임상상황하의 탐색적 연구를 통해 존스톤은 DIT점수가 교사들이 학교 규칙과 교육과정 관련 문제를 이해하는 방식과 서로 관계가 있다는 것을 발견했다. 교사로서의 역할은 교실에서 다양하고 복잡한 사회적 상호작용과 가치 판단을 포함하며, DIT점수는 교사들이 직업 관련 문제에 관한 개념을 형성하는 것과도 관계가 있는 것처럼 보였다. 도덕 판단을 실제 생활 속 직업상황으로 옮긴 존스톤의 연구는 의료계 내의 의사 결정에 관한 연구를 하고 있는 미네소타대학교의 연구자들의 관심과 그 맥을 같이하고 있다.

종합하면 우리는 행동, 법과 질서, 정치적 태도, 진보주의-보수주의 종교 신념 그리고 기타 사회적 태도들에 대한 70개의 연구에서 이들 요인들과 DIT점수 간의 유의미한 상관을 일관되게 관찰할 수 있었다. 그러므로 DIT에 의해 측정된 도덕 판단력과 DIT검사 문항 외의 어떤 것이 관련이 있다는 결론을 내리는 것은 무방해 보인다. 사실 다양한 변인들이 DIT와 상관이 있다는 것은 놀라운 일이다. 결론적으로, 이제 논의의 관심이 되는 질문은 '이 모든 것이 의미하는 것이 무엇인가?'로 모아진다. 즉, 이 관계의 특성이 무엇인지에 초점을 두어야 함을 의미하는 것이다.

도덕 판단은 진보주의/보수주의 태도와 일치하는가

질문에 답하기 전에 우리들은 먼저 서로 팽팽히 맞서는 두 해석을 살펴보고자 한다. 최근에 엠러, 렌위크, 말론(Emler, Renwick, & Malone, 1983)은 도덕 판단이 진보주의-보수주의 태도로 환원될 수 있다고 주장했다. 그들의 견해에 따르면, 인지발달론자들은 수년에 걸쳐 정의 개념의 발달 이론화라는 오류를 범해 왔다. 왜냐하면 진보주의-보수주의 태도는 개인차라는 차원에서 충분히 설명될 수 있는 문제이기 때문이다. 어떤 이는 보수주의적이며, 다른 이는 진보주의적인 것을 그저 단순한 사실로 인정하면 될 뿐이다. 도덕 판단력 발달에 대한 다른 어떤 이론화도 필요하지 않다. 엠러와 동료(1983)들은 다음과 같이 지적했다.

> 우리는 성인들 사이에서 발생하는 도덕 추론 능력의 개인차가 인지발달의 개인차라는 범주가 아닌, 정치성향을 내포한 도덕관념(politico-moral ideology)의 개인차로 해석될 수 있다고 믿는다[p. 1075].
> 콜버그가 성인 수준의 도덕 추론 능력을 설명하는 데에 적용한 보수주의 원리의 특성은 구조화된 복잡성에 있다기보다는 관념론적 내용 중의 하나일 뿐이다[p. 1079].
> 이러한 발견은 도덕발달 척도인 DIT검사에 대한 의구심을 불러일으킬 뿐만 아니라 콜버그가 도덕 추론 수준에 의거하여 이론화한 도덕발달 단계까지도 의심하게 만든다. 콜버그가 주장한 모든 단계들이 조사 연구를 통해 그 존재 여부를 인정받았다 하더라도, 5단계를 기본으로 하는 발달 단계에 대한 증거는 미약하기 짝이 없다[p. 1079].

이러한 논쟁이 이어진 기간이 꽤 길었다는 사실은 위와 같은 주장의 신빙성을 더해 준다. 엠러의 주장은 스승인 로버트 호간(Robert Hogan) 박사의 뜻을 이어받은 것으로, 호간은 십 년이 넘게 위와 같은 주장을 꾸준히 제기해왔다. 호간은 1970년대 초에 도덕 판단을 측정하는 도구로 '윤리적 태도 검사(Survey of Ethical Attitude, SEA)'를 개발하였는데 이는 사실 진보주의-보수주의 태도를 측정하기 위한 도구로 고안된 것이었다(1972). 그러나 당시 콜버그의 도덕 사고에 대한 이론은 이미 다른 어떤 주장이 필적할 수 없을 만큼 독보적인 위치에 올라 있었다. 호간은 자신이 개발한 SEA검사 결과의 최고 수준인 진보주의적 태도가 콜버그 도덕발달 단계의 6단계에 해당하며, 보수주의적 태도는 5단계에 해당한다고 주장했다. 더 나아가 그는 5단계와 6단계 사이에는 실제로 어떠한 발달적 차이도 발생하지 않으며, 단지 둘 다 동일한 수준의 선택 가능한 고차원적 이념으로 SEA 검사로도 충분히 측정 가능하다고 주장했다. 그러나 거틴과 술(Gutkin & Sul, 1979), 나드리와 스지모토(Nadri & Tsujimoto, 1978)의 연구에서 SEA의 진보주의적 태도는 콜버그의 6단계와 전혀 상관이 없었고 오히려 5단계와 미세한 상관을 보이는 것으로 밝혀졌다. 그리고 오히려 보수주의적 태도는 콜버그의 4단계와 높은 상관을 보였다. 이 조사에서 사용된 DIT검사는 구조적인 도덕 발달을 측정하는 도구로, 특히 4단계에서 5단계로의 발달적인 이동을 일관적으로 보여주기 때문에 DIT를 사용한 검사 결과는 오히려 호간의 주장을 반박하는 증거로 사용되었다.

그 후 1979년에 미한(Meehan), 울(Woll), 애보트(Abbott)는 SEA가 위선적인 응답을 할 가능성이 매우 높은 검사임을 밝혀냈다. 미한과 동료들은 SEA에서 피험자의 응답이 호의적이거나 비호의적인 인상을 나타내도록 요구받거나, 정치적으로 보수적이거나 진보주의적이라는 거짓 응답을 하도록 요구받았을 경우, SEA에서의 피험자 응답이 터무니없이 변화한다는 사실을 밝혀냈다. 즉, SEA 검사에서 본래 보수적인 것으로 채점된 피험자가 진보주의적 점수를 쉽게 얻을 수 있는 것이다. SEA 결과 중 55~78%의 변량이 '사회적 바람직함(social desirability)'으로 설명될 수 있었다. 그 결과 미한과 동료들은 SEA가 도덕적 사고능력을 측정하는 도구로는 효과적이지 않다고 지적했으며, 이전의 연구자들(Lorr & Zea, 1977; Woll & Cozby, 1976)과 같이 SEA는 정치적 태도를 측정하는 도구로서 고려되는 것이 마땅하다고 결론지었다.

위와 같은 비판에 대해 호간과 동료들(Hogan & Emler, 1978; Johnson & Hogan, 1981; Mill & Hogan, 1978)은 미한과 동료들의 연구결과를 재해석했다. 그들은 SEA가 사회적 바람직함과 높은 상관을 보인다는 미한의 연구결과를 두고 논쟁을 벌이는 대신, 사회적 바람직함이 정치적 태도의 상당 부분을 의미한다는 것으로 합의점을 찾았다. 그들은 사람들이 특정 문제에 대해 정치적 견지를 선택하는 것은 다른 사람에게 자신의 특정한 이미지를 전달하기 위함이라고 주장했다. 따라서 어떤 사회적 문제에 대해 보수적인 입장을 취하는 사람의 경우를 예로 들면, 그는 보수적인 입장을 취하는 것이 다른 사람들이 자신을 더 호의적으로 봐줄 것이라고 믿는 것을 뜻한다. 그 반대의 경우인 진보주의의 경우도 마찬가지다. 그러므로 어떤 사람의 정치적 태도 검사 점수는 그가 사회정치적인 세계 문제에 대해 어떠한 입장을 취하는가를 말해 준다기보다는, 다른 사람에게 자신을 표현하고 상대방이 느끼는 자신에 대한 인상을 조작하려는 시도로 볼 수 있다. "사람들은 검사 항목에 대한 응답을 자신이 어떻게 보이길 원하는지 타인에게 말해 주는 수단으로 사용한다. 심리측정도구 항목에 대한 사람들의 반응은 근원적인 자아상을 통해 설명된다(Johnson & Hogan, 1981: 62)."

그러므로 SEA에 대한 미한의 비판은 모든 '정신측정도구'의 의미를 피험자가 사회적 바람직함을 나타내고자 하는 일종의 시도와 자신의 이미지 관리의 반영이라고 재해석하게 했다. DIT에 동일한 논리를 적용하는 것은 어려운 일이 아니다. 엠러와 동료들은 미한과 동료들의 연구 방식과 동일하게 DIT의 검사 지시 사항을 조작했다. 엠러와 동료들은 DIT점수와 진보주의-보수주의 정치 태도 사이에서 예상했던 대로 일반적인 상관이 있음을 발견하고(진보적 태도가 DIT에서 더 높은 P점수를 얻는 경향이 발견됨), 피험자들은 미한의 연구에서와 같이 DIT를 두 번 수행했다. 한 번은 그들의 진짜 견해를 반영하고, 다른 한 번은 자신의 견해와는 반대되는 정치적 입장에서 검사를 수행하도록 요청했다. 즉, 보수주의적으로 분류된 피험자는 두 번째 검사에서는 진보주의적인 입장을, 진보주의적으로 분류된 피험자는 두 번째 검사에서는 보수주의적인 입장으로 검사를 받도록 요구받았다. 엠러와 동료들은 검사의 지시 사항을 조작하면 피험자의 DIT점수 또한 성공적으로 변경시킬 수 있다는 점을 발견했다. 다시 말해 진보주의적인 피험자가 보수주의적인 문항에 거짓으로 답하면 그들의 DIT점수(P점수)가 내려가고, 보수주의적인 피험자가 진보주의적인 문항에 거짓으로 답하면 DIT점수가 올라가는 것이다.

보수주의자들의 DIT점수가 올라가는 것은 인지발달론자들에게 하나의 도전 과제가 되었다(진보주의자들의 P점수가 거짓 답변으로 인해 하락할 수 있다는 것은 인지발달이론과 일치되는 점이다.). 엠러는 보수주의자들의 점수가 상승할 수 있다는 것을 발견하고, 다음과 같은 결론을 도출했다.

1. 보수주의와 진보주의 간 그리고 DIT결과상의 높은 P점수와 낮은 P점수 간에는 어떠한 개념상의 능력 차이도 없다. 그것은 단지 그 사람이 자신의 모습이 어떻게 보이기를 원하는지에 대한 선택의 차이일 뿐이다. 요약하자면, DIT점수는 인지능력이 아닌 자기 모습이 어떻게 보이기를 원하는가에 대한 선호의 문제일 뿐이다. 이는 피험자 스스로가 자신의 점수를 높일 수도, 낮출 수도 있다는 사실에서 기인한다.

2. 마찬가지로, 도덕 판단력의 발달적 계열성에 대한 견해는 잘못된 것이다. 만약 모든 피험자가 자신의 선호에 따라 높은 P점수 또는 낮은 P점수를 가질 수 있다면, 인지발달론에 기초한 발달의 순차성은 이치에 어긋나는 것이다.

3. 진보주의 또는 보수주의로 가장하여 점수를 변경시키는 것이 매우 효과적이었기 때문에, DIT에서 발생하는 검사 점수의 변화는 근본적으로는 피험자가 진보주의적으로 보이고 싶었는지 또는 보수주의적으로 보이고 싶었는지의 자의적인 의도에 의해 발생한 것이 틀림없다고 해

석될 수 있다. 다시 말해, 조작 결과가 강력한 것은 DIT검사의 일반적인 과정이 자기를 나타내는 과정이며 피험자가 자신의 인상을 만들어내려는 시도임을 명백하게 하는 것이다. 그러므로 DIT점수의 변화를 인지발달과 사회정치적 세계에 대한 개념의 변화로 해석한 이전의 모든 연구들은 자신이 어떻게 보이기를 원하는지에 대한 자기-표현(self-presentation)의 차원에서 반드시 재해석되어야 한다.

엠러와 동료들의 결과는 인지발달론자들의 견해에 대한 강력한 도전이었다. 그러나 이 하나의 연구로 모든 인지발달 연구들을 도덕발달 연구의 중심에서 밀어내기란 역부족이었다. 이 도전에 대한 반응은 첫째, 엠러의 결과를 다른 연구로부터 얻은 증거들과 나란히 두고 비교해 볼 것, 둘째, 엠러의 조작이 진실로 내포하고 있는 것이 무엇인가를 면밀하게 관찰하고 그들이 연구결과로부터 결론을 도출해내는 과정에서 사용된 논리를 시험해 볼 것의 두 가지 기본 원칙에 따른 것이었다.

입증된 다수의 연구결과들과 비교해 볼 때 엠러의 해석에는 의심스러운 점이 많았다.

1. DIT점수는 시간의 경과와 교육기간의 연장에 따라 상승된다는 명백하고 일관된 증거가 있다(2장에서 논의된 종단적 연구와 계층별 연구에서 이미 다루었다.). 따라서 DIT점수에서 연령 증가에 따른 변화에 대해 문제를 제기하는 것은 바람직하지 않다. 그리고 DIT의 주요 지표는 P점수(5단계와 6단계)이기 때문에, 원리 수준의 도덕성을 입증할 증거가 낮은 수준의 증거보다 더 빈약하다는 주장은 신빙성이 없다. 앞서 언급했듯이 보수주의적 도덕성(3, 4단계)이 원리 수준의 단계로 이동하는 것은 DIT로부터 얻을 수 있는 가장 주요한 결과다. 발달적 변화 현상이 어떻게 개인적인 견해 수준으로 뒷받침될 수 있겠는가? 엠러는 자신의 논문에서 나이에 따른 변화를 보이는 자료에 대해서는 전혀 언급하지

않았을 뿐 아니라 이러한 증거들을 어떠한 방식으로도 다루지 않았다.

2. 도덕 판단력 점수의 해석에 관한 12개 정도의 연구가 수행되었다(1979
년 레스트의 연구와 1984년 워커, 드브리스, 비차드의 연구를 보라.).
자신의 연구에서 엠러는 도덕 판단력 점수의 해석에 대한 평가를 전혀
시도하지 않았기 때문에, 그 의미를 정확히 평가하여 DIT점수와의 강
한 상관관계를 발견한 다른 많은 연구들을 반박하는 데에 어려움을 겪
었다.

3. DIT점수를 진보주의와 보수주의 태도 점수와 동일하게 다루는 것은 도
덕 판단력 점수가 단지 진보주의-보수주의를 측정한 수치로는 설명될
수는 없는 독특한 정보를 가졌음을 보여 주는 연구들을 간과한 것이다.
예를 들어, 레스트(1979a)는 DIT점수 결과를 진보주의-보수주의 태도
로 부분 분할하여 실시한 중다회귀분석 결과를 통해 DIT점수가 1976년
대통령 선거 결과를 예언할 수 있음을 발견했다. 또한 겟츠(1985)는
DIT점수 결과를 진보주의-보수주의 태도로 부분 분할하여 실시한 중다
회귀분석 결과를 통해 DIT점수로부터 인권 문제에 대한 피험자의 입장
을 예언해낼 수 있음을 발견했다. 이는 진보주의-보수주의 태도와 DIT
점수 사이에 상관이 없다는 것을 말하는 것이 아니며 앞서 소개한 상당
수의 연구들에서는 비록 미미하기는 하나 상관이 있음을 일관적으로 증
명하고 있다. 이는 단지 DIT점수와 진보주의-보수주의 태도가 일치하
는 개념이 아니며, 서로에게 안 좋은 영향을 미치는 것도 아니라는 점을
보여 준다. 만약 DIT로 측정된 도덕 판단력이 단지 진보주의-보수주의
태도를 다른 방식으로 측정한 것에 지나지 않는다면, 진보주의-보수주
의 태도에 대한 다른 척도들에서도 DIT결과와 동일한 경향성이 나타날
것으로 기대할 수 있을 것이다. 그러나 진보주의-보수주의 태도에 대한
척도들은 DIT로 얻어진 결과와 동일한 경향성을 보이지 않았다(레스트
의 1979년 논쟁을 보라.). 그러므로 경험과학적 증거를 들어 DIT를 진보
주의-보수주의 태도로 축소할 수는 없다.

이론적으로 DIT는 정의라는 개념이 어떻게 도덕 판단 과정에 영향을 미치는지를 측정하기 위해 제작되었다. 이와 대조적으로 태도 척도들은 판단의 결과들에 특징을 부여하기 위해 만들어졌다. 사람들이 도덕 문제에 대해 사고하는 과정은 사고 과정의 결과와 직접적으로 연결되기 때문에 DIT는 태도와 관련지어 설명될 수 있다. 만일 DIT가 진보주의-보수주의 태도로 과소평가된다 하더라도, 사회 과학자들은 여전히 '왜 어떤 사람들은 진보주의적인 사고를 하고 또 어떤 사람들은 보수적인 사고를 하는 것일까?'와 같은 질문을 피할 수 없을 것이다. 사실 엠러도 "왜 어떤 사람들은 스스로를 우익이라고 정의하고, 다른 어떤 사람들은 자신을 좌익이라고 정의하는가, 그리고 또 다른 나머지 사람들은 왜 중립적인 태도로 남아 있는 것일까?"와 같은 문제에 대해 어떠한 해답도 줄 수 없다는 점을 인정했다(1983, 1979). 그러나 '사람은 어떻게 직관적으로 선과 악을 알 수 있는가, 왜 어떤 사람들은 보수적인 입장을 선호하는가, 왜 어떤 사람들은 진보주의적인 입장을 선호하는가?'와 같은 문제는 분명 도덕 판단력 연구가 직면하고 있는 과제다.

엠러의 발견을 재분석하여 연구결과가 제시하는 것이 정확히 무엇인가를 조사한 내용과 그의 추론 과정이 갖고 있는 약점을 밝혀낸 새로운 연구들로부터 그의 견해를 반박하기 위한 가장 강력한 증거들을 찾아낼 수 있었다. 자신의 연구결과를 해석한 엠러의 주장에 대해 다음 두 개의 비판적인 논쟁이 제기되었다. (1) '진보주의인 척하는' 상황을 가정하여 P점수를 높인 보수주의적인 피험자들은 어떤 사고 과정을 거친 것인가? (2) 검사의 지시사항을 조작하는 것(보수주의인 척하거나 진보주의인 척하기)이 DIT점수의 변동 이유를 설명할 수 있는 정상적인 과정을 반영하고 있는가?

먼저 검사의 지시 사항을 조작하는 것이 검사자의 검사 결과 해석에 얼마나 큰 영향을 미치는지를 고려해 보자. 다음의 시나리오 1번 상황을 상상해 보라: 한 집단에게 수학능력을 측정하기 위한 검사를 실시한 결과 그들 중 일부는 매우 낮은 점수를 얻었다. 그 후 검사자는 검사를 다시 실시하면서 이번에 만점을 받는 학생에게는 1,000달러의 상금을 주겠다는 조건을 붙였다. 검사 결과 첫 번째 검사에서 매우 낮은 점수를 얻었던 학생들을 포함해서 모든 학생이 만점을 받았다. 이러한 경우를 통해 볼 때 아무런 보상이 주어지지 않은 상황에서 실시되었던 첫 번째 수학능력검사가 과연 좋은 검사였는가에 대한 의구심이 생긴다. 왜냐하면 낮은 점수를 받았던 학생들도 보상이 주어지자 다른 학생들처럼 높은 점수를 얻을 수 있었기 때문이다. 검사 지시 사항 조작은 첫 번째 검사 결과에서 발생한 점수 차가 대부분 능력보다는 동기에서 귀인한 것임을 보여 준다. 다시 말해 검사에 조작을 가해 점수가 변동될 수 있다는 것은 그 검사 자체를 무효로 만드는 것이다.

다음의 시나리오 2번 상황을 상상해 보라. 검사자들은 처음에 검사의 목적을 수학능력을 측정하는 데에 두었다. 그 후 다시 검사를 실시할 때에는 첫 번째 검사에서 낮은 점수를 얻었던 학생들에게 정답을 맞힐 수 있는 힌트를 주었다. 그 결과 두 번째 검사에서는 첫 번째 검사에서 낮은 점수를 얻었던 피험자들이 매우 높은 점수를 얻게 되었다. 이러한 점수 변동 또한 시나리오 1과 같이 그 검사를 무효화시키는 것일까?

시나리오 2에서 시행된 조작은 그 검사를 무효화시키지는 않는다고 답할 수 있다. 몇몇 피험자에게 정답에 대한 힌트를 준 것은 사실상 그들의 진짜 실력으로 문제를 풀지 않고도 정답을 맞힐 수 있도록 해 준 것이기 때문이다. 정답에 대한 힌트를 알고 검사를 수행한 피험자는 그들의 수학능력에 대한 어떠한 정보도 주지 않는다. 모든 검사는 정상적인 상황에서 진행된다는 가정하에 실시되며 몇몇 학생이 정답에 대한 힌트를 받는다는 것은 이러한 정상적인 상황에 위배된다. 정답에 대한 힌트 덕분에 높은 점수를 얻은 학생들의 경우는 단지 그들이 유효하지 않는 조건하에서 검사를 치른 것을 의미할 뿐이지 그들의 수학능력이 실제로 더 높은 것을 의미하는 것은 아니다.

종합하자면 엠러가 행한 조작은 시나리오 1이라기보다는 시나리오 2와 유사하다고 생각할 수 있다. 엠러의 자료를 조사하는 과정에서 첫 번째 제한점을 발견할 수 있었다. 엠러가 이 문제를 보고하지 않았음에도 불구하고, 그의 자료를 재검사하는 과정에서 다음의 결과를 발견할 수 있었다. 보수주의인 피험자에게 진보주의인 척 위장하여 검사를 수행하라고 요구한 경우 가장 많이 증가한 점수는 P점수가 아닌 A점수였으며, P점수는 두 번째로 증가한 점수였다. DIT에서 A점수는 분노, 반권위주의, 기성주의에 대한 반감을 옹호하는 문항들에 대한 반응 결과를 의미한다. 예를 들어, 하인츠 딜레마에서는 "약국 주인은 부자들에게 유리한 법을 믿고서 무리한 값을 요구하는 것이 아닐까?"와 같은 문항이 A문항에 속한다. DIT의 다른 이야기에서는 "법에 의한 제약이나 형무소와 같은 제도가 아예 필요 없는 사회가 있다면 좋지 않을까?" 또는 "사람들의 삶뿐만 아니라 죽음까지 획일화하려는 사회라는 체제가 사라진다면 더욱 살기 좋아질 것이다."와 같은 것이 A문항에 속한다. 엠러가 보수적인 피험자에게 급진적 진보주의자인 척 위장하여 검사를 수행하도록 요구했을 때, 그들은 주로 분노나 반제도주의의 특성을 보이는 A문항에 반응했다. 즉, 피험자는 공평과 정의에 입각하여 도덕 문제를 해결하려는 시도를 한 게 아니라, 새로운 지시(조작) 사항에 입각하여 그 문항이 분노를 얼마나 잘 표현하고 있는가에 따라 반응한 것이다. 피험자들은 고를 수 있는 A문항이 다 떨어지자 단지 선택할 대안이 없다는 이유로 P문항을 선택했다. 보수주의적 피험자들은 4단계의 문항은 선택하지 않았는데 그 이유는 그 문항들은 진보인 척 위장하기 전에 자신이 실제로 선택한 문항이기 때문이다. 그들은 더 낮은 단계의 문항들(2, 3단계)도 선택하지 않았다. 왜냐하면 2, 3단계는 자신의 단계보다 더 낮고 유치한 단계라는 사실을 인식하고 있었기 때문이다. 따라서 피험자들에게는 P문항 이외의 또 다른 선택의 여지가 남아 있지 않았던 것이다.

그러므로 엠러가 피험자들을 조작하여 얻어낸 P점수로의 변동은 지극히 인위적으로 조작된 검사 조건 때문이며, DIT문항에서 사용된 문항 수가 제한되어 있었기 때문이다. 엠러가 피험자를 급진적 보수주의 또는 진보주의자인척 하도록 조작하여 시행한 검사는 시나리오 2와 같이 첫 번째 검사와 두 번째 검사의 환경을 다르게 한 조건하에서 문항을 선택하게 한 것이므로, 낮은 DIT점수를 얻은 피험자가 원리 수준의 도덕적 사고를 한다는 증거로 여겨질 수 없다. 엠러의 조작은 피험자에게 정답에 대한 힌트를 준 것과 같으며 이러한 이유에서 피험자는 도덕 문제를 통해 사고를 하고 정의와 도덕적 옳음에 대한 최적의 판단을 스스로 내리는 대신 분노, 기성세대에 대한 반감, 반권위주의의 느낌을 주는 문항을 선택하게 된 것이다. 따라서 이것은 정의 개념에 대한 차이 때문이 아니라, 위와 같은 문항 특성에 따라 피험자는 우선 A문항을 골라냈고 더 이상 선택할 A문항이 없자 P문항을 골라낸 것일 뿐이다.

우리들이 엠러의 조작에 대해 해석한 것이 정확하다면 어느 누가 엠러에 대한 우리들의 해석을 반박할 수 있겠는가? 사실 이는 매우 단순한 작업을 통해 가능하다. 로버츠 바넷(Robert Barnett, 1985)은 엠러의 추론이 갖고 있는 결점을 입증하며 분명한 결과를 제시할 수 있는 명확하고 세련된 연구를 수행하였다. 만약 P점수로의 이동이 피험자가 더 이상 선택할 문항이 없기 때문에 발생한 경우라면 DIT에 더 많은 A문항을 추가하여 선택의 폭을 넓혀 주면 되는 것이다. 이에 바넷은 5개였던 A문항을 21개로 늘리는 간단한 방법을 사용했다(P문항의 개수와 동일). 그래서 피험자가 15개의 문항 중 4개의 문항을 선택해야 할 때, 피험자가 P문항을 선택하고 싶은 경우를 제외하고는 선택할 A문항이 없어서 할 수 없이 P문항을 선택하는 상황이 발생하지 않도록 하였다. 우리들은 엠러의 검사 조작이 DIT를 피험자의 정의에 대한 개념을 묻는 검사가 아니라, 분노의 감정이 실린 문항을 구별해내는 검사로 변형시켰다고 생각한다. 이에 대해 바넷은 A문항을 "우리 삶의 모든 면은 '제도'에 의해 불공정하게 지배당할지 모른다." "현존하는 문제의 해결책이 바로 그 근본에 있는 것이라면 심각한 피해가 발생할지라도 파괴해야 할지 모른다." "사회는 문제를 해결하기보다는 불멸하는 악마를 섬기려는 것일지 모른다."와 같은 문장으로 표현했다.

바넷은 엠러가 자신의 실험에서 사용한 절차와 지시를 그대로 따랐다. 그러나 이번에는 A문항이 추가된 확장된 DIT를 사용했다. 〈표 5-4〉는 바넷과 엠러의 검사 결과를 나란히 보여 주고 있다. 엠러의 연구와 같이 피험자들을 각자의 정치적 성향에 기반하여 진보주의, 중립주의, 보수주의로 분류하였

엠러와 동료들의 연구와 바넷의 연구에서 정치적 관점을 정의한 것에 따른 4단계, A점수, P점수 평균비교

연구	그룹(표집수)		나(Self)			(표집수)*	급진적인 나(Radical self)		
			4단계	A	P		4단계	A	P
Emler et al.	진보주의 집단(26)	평균	16.60	7.12	52.12	(12)	12.50	15.00	45.50
		표준편차	8.72	5.53	13.37		8.57	8.78	15.45
	중립주의 집단(24)	평균	30.06	2.43	35.07	(11)	13.33	16.06	46.97
		표준편차	12.12	3.61	10.58		8.03	10.15	7.95
	보수주의 집단(23)	평균	46.62	2.46	30.80	(11)	12.12	16.37	52.58
		표준편차	12.40	2.60	12.53		11.10	11.10	14.42
Barnett	진보주의 집단(49)	평균	17.42	15.27	51.91		7.45	42.01	39.16
		표준편차	10.57	11.59	12.96		7.65	17.47	14.72
	중립주의 집단(13)	평균	29.75	10.77	37.31		15.64	27.82	37.44
		표준편차	9.10	9.80	12.69		10.01	17.71	11.17
	보수주의 집단(47)	평균	45.50	7.60	30.94		13.88	38.95	26.53
		표준편차	12.07	6.67	11.43		10.57	16.88	9.25

참고: 1983년 엠러와 그의 동료들의 연구에서 각 정치집단 중 대략 절반 정도의 피험자들은 정치적 관점을 위장하도록 요구받음.
출처: 저자들에 의해 집계됨.

다. 그러므로 각 연구에서 피험자는 세 집단으로 나눠졌다. 두 연구는 '나 (self)'라는 조건(정상적인 지시하에서 DIT를 수행한 경우)과 '급진적인 나 (radical self)'라는 조건(피험자에게 급진적 진보주의자인 척 위장하여 DIT를 수 행하게 한 경우)에서 실시되었다.

바넷의 연구에는 엠러의 연구보다 네 배 더 많은 수의 피험자가 동원되었 다. '나'라는 조건에서, 바넷의 피험자들은 실제로 엠러의 4단계와 P단계에 있는 피험자들과 일치했다. 비록 바넷의 연구에서 A점수가 더 높긴 했으나, 이는 확장된 DIT에서 A문항의 수가 증가되었기 때문이었다. 가장 흥미로운 대조는 보수적인 그룹의 피험자가 '나'에서 '급진적인 나'로 변하는 과정에 서 발생한 P점수의 변화다. 엠러의 연구에서 P점수는 30.80에서 52.58로 변화했으나, 바넷의 연구에서는 30.94에서 26.53으로 변화하였다. 바넷의 연구에서처럼 선택할 수 있는 A문항이 충분한 경우 엠러의 조작은 A점수의 증가에만 효과가 있을 뿐 P점수의 증가에는 영향을 주지 못함이 드러났다. 실제로 보수주의자들의 P점수는 보수주의자들이 P문항을 선택할 필요가 없게되자 오히려 하락하였다.

확실히 세 그룹 모두에서 급진적 진보주의자인 척 위장 반응을 하게 하는 엠러의 지시는 P문항이 아닌 A문항에 대한 반응만을 증가시켰다. 〈표 5-5〉는 점수 변화에 대한 다양한 분석 결과를 보여 준다. 그 결과, 엠러의 연구에서 발생한 P점수의 증가는 누구나 원하기만 한다면 높은 P점수를 얻을 수 있다는 그의 주장에 대한 증거가 될 수 없음이 밝혀졌다. 따라서 자신의 연구결과가 인지발달론적 연구가 잘못되어 왔음을 증명한다는 엠러의 주장은 다소 과장된 것이라는 결론을 내릴 수 있다.

또한 바넷의 연구와 논쟁은 검사의 지시 사항을 조작하려는 검사자들이 매우 신중해야 함을 보여 준다. 검사 환경을 조작하는 것이 피험자의 본성을 변화시키지는 못한다는 사실에 유념해야 한다. 엠러가 행한 조작의 경우 검사자는 피험자를 조작하여 그들의 정의 개념에 따라 도덕 문제를 해결하기를 기대했으나, 피험자는 문항의 문체상의 특징(문항이 얼마나 분노를 표현하는가)에 따라 응답했던 것이다. 검사에 변형을 가하면 검사자가 도덕 판단 과정에 대해 추론할 수 있는 여지는 줄어든다. 예를 들어, 만약 검사자가 피험자에게 알파벳 순서에 따라 문항을 고르라고 한다면 P점수는 변화할 것이다. 그러나 이러한 변화를 두고 피험자의 도덕 판단력에 대해 말할 수는 없는 것이다.

지금까지 엠러 연구의 첫 번째 비판적인 질문인 "P점수의 변화를 어떻게 해석할 수 있을까?"에 대해 살펴보았다. 이제는 두 번째 비판적인 질문인 "피험자가 정상적인 상황에서 한 도덕 판단과 조작된 상황에서 한 도덕 판단 사이에는 어떠한 연관이 있나?"에 대해 알아보겠다. 엠러의 입장을 다시 생각해 보자. 보수주의인 척 또는 진보주의인 척 위장하는 조작을 통해 얻은 검

표 5-5 정치적 관점에 의한 '나'와 '금지적인 나'의 DIT점수 평균과 표준편차

조건		나									금지적인 나								
DIT점수	2	3	4	5A	5B	6	A	M	P	2	3	4	5A	5B	6	A	M	P
진보주의 (n=49) 평균	2.65	9.49	17.42	30.82	12.01	9.12	15.27	3.47	51.91	1.60*	7.21*	7.45***	26.50*	9.01	6.60	42.01***	2.65*	39.16***
진보주의 표준편차	4.15	7.29	10.57^a	9.21^b	5.77^b	5.87	11.59^b	3.38	12.96^b	3.23^d	7.28^b	7.65	11.15^b	11.88^b	12.07	17.47^d	3.10	14.72^b
중립주의 (n=13) 평균	4.36	13.46	29.75	25.00	7.18	5.13	10.77	3.59	37.31	4.74	10.26	15.64**	29.92	5.13	5.39	27.82**	4.10	37.44
중립주의 표준편차	4.69	8.86	9.10^d	10.23^c	3.93^c	5.16	9.80	3.53	12.69^c	4.40^d	8.41	10.01^c	11.03^c	3.63	4.09	17.71^d	4.44	11.17^c
보수주의 (n=47) 평균	3.22	8.55	45.50	17.17	4.77	9.11	7.60	3.77	30.94	2.94	14.40***	13.88***	17.61	5.18	3.32***	38.95***	3.19	26.53*
보수주의 표준편차	3.54	5.56	12.07^a	8.70^a	3.69^b	5.34	6.67^b	2.98	11.43^b	3.60^c	8.50^b	10.57^a	7.42^a	3.62^b	3.45	16.88	3.99	9.25^a

a 평균은 .05 수준에서 두 집단 간 평균에 유의미한 차이가 있다.
b 진보주의와 보수주의는 .05 수준에서 유의미한 차이가 있다.
c 중립주의와 보수주의는 .05 수준에서 유의미한 차이가 있다.
d 진보주의와 중립주의는 .05 수준에서 유의미한 차이가 있다.
반복된 변인 분석 측정에서 금지적인 나의 점수와 실제 나의 점수에는 다음과 같은 차이가 있다:
*p=.05, **p=.01, ***p=.001
모든 집단의 평균은 퍼센트로 표현했다.
출처: 저자들에 의해 집계됨.

사 결과에서 DIT점수의 이동이 너무나 극명하게 나타났기 때문에, 엠러는 DIT점수의 이동을 보수주의자 또는 진보주의자로 구분하고 싶어 하는 사람들의 의도가 반영된 것으로 해석하게 되었다. 다시 말해 조작이 보여 준 극명한 효과가 정상적으로 수행된 DIT를 자기-표현과 원하는 인상을 심어 주려는 피험자의 시도 정도도 해석하려는 증거로 사용된 것이다.

바넷(1985)은 다시 명쾌한 해답을 제시했다. 피험자들이 두 가지 조건하에서 확장된 DIT에 답하고 난 후, 바넷은 피험자들에게 각각의 문항에 답했을 때 사용한 사고 과정을 돌이켜 생각해 보라고 요구했다. 바넷은 인지발달이론에 입각하여 문제를 해결하는 여섯 가지 특성을 밝혀냈다. 첫 번째 전략은 사람들 간의 화합을 극대화하기, 두 번째 전략은 법과 질서를 유지하기, 세 번째 전략은 개인의 권리를 최상으로 삼기, 네 번째 전략은 일반적인 윤리 원칙에 기초하는 것이다. 나머지 두 전략은 호간과 엠러의 주장을 검증하기 위해 의도된 것이다. 전략 중 하나는 "나는 진보주의자로 여겨졌으면 한다. 그래서 사회적 문제나 이슈에 답할 때에는 마치 내가 진보주의적인 사회를 신뢰하는 척한다"이다. 나머지 하나의 전략은 '진보'라는 글자를 '보수'라는 글자로 바꾼 것이다. 바넷은 피험자들이 정상적인 상황과 진보주의자인 척 위장한 상황에서 각각 DIT문항에 답했을 때 각각의 전략을 어느 정도 범위에서 사용했는지를 물었다. 〈표 5-6〉에 결과가 제시되어 있다.

결과는 정상적인 DIT상황하에서는 어떠한 그룹도 엠러와 호간 전략을 사용하지 않았음을 보여 준다. 그러나 진보주의자인 척 위장한 상황에서는 모든 그룹이 엠러와 호간 전략을 사용하였다. 피험자들은 정상적인 상황에서 DIT를 수행할 때와 엠러의 상황에서 수행할 때 기본적인 전략을 뒤바꿔서 사용했다고 진술했다(더 많은 논의를 위해서는 1985년 바넷의 연구를 참고할 것). 이러한 피험자들의 진술은 DIT에 답할 때 엠러가 조작한 상황에서 환기된 전략과 정상적인 상황에서 환기된 전략은 서로 다른 과정을 거친다는 증거가 될 수 있다. 분노를 포함하고 있는 문항을 찾는 일과 생각할 수 있는 가장 공정한 방법으로 도덕 문제를 해결하는 일은 다른 것이다. 엠러의 조작에 기

표 5-6 '나' 와 '급진적인 나' 의 의사결정 전략의 정확성에 대한 평균과 표준편차

		일반적 의사결정						급진적 의사결정					
		화합 극대화	법과 질서	개인의 권리	윤리적 원칙	자유 주의	보수 주의	화합 극대화	법과 질서	개인의 권리	윤리적 원칙	자유 주의	보수 주의
진보 주의 (n = 46)	평균	3.74	2.76	4.09	4.17	2.33	1.22	2.76***	1.41***	3.91	4.09	3.24***	1.04*
	표준 편차	.93	1.02[a]	.81	.89	1.27[b]	.46[b]	.99	.69a	1.13[b]	1.11[b]	1.52[b]	.30[b]
중립 주의 (n = 12)	평균	3.67	3.67	4.33	4.17	2.08	2.50	2.42**	2.50*	2.92**	3.50	4.25**	1.67**
	표준 편차	1.16	.89[a]	.78	.72	.99	.67[c]	.90	1.31[d]	1.08[d]	1.24	1.36	.89[b]
보수 주의 (n = 45)	평균	3.73	4.40	4.27	3.98	1.33	3.07	2.82***	1.87***	2.58***	3.24***	4.07***	1.30***
	표준 편차	.96	.78[a]	.89	1.03	.77[b]	1.44[a]	1.25	.89[b]	1.16[b]	1.26[b]	1.20[b]	.77

[a] 평균은 .05 수준에서 두 집단 간에 유의미한 차이가 있다.
[b] 진보주의와 보수주의는 .05 수준에서 유의미한 차이가 있다.
[c] 중립주의와 보수주의는 .05 수준에서 유의미한 차이가 있다.
[d] 진보주의와 중립주의는 .05 수준에서 유의미한 차이가 있다.
　반복된 변인 분석 측정에서 진보주의 의사결정의 점수는 일반적인 의사결정과 다음과 같은 차이가 있다.
*p = .05, **p = .01, ***p = .001
　의사결정 전략은 "매우 정확한"(5)과 "매우 부정확한"(1)의 척도를 사용하여 측정했다.
출처: 저자들에 의해 집계됨.

초한 연구로는 도덕 판단을 내리는 일반적인 사고 과정이나 DIT가 어떻게 정상적으로 수행되는지에 대한 어떠한 설명도 불가능하다.

　대조적으로, 위장능력(fakability)에 대한 맥조지(McGeorge, 1975), 블룸(Bloom, 1977), 하우(Hau, 1983)의 연구를 살펴보자. 일반적인 상황하에서 DIT를 정상적으로 수행한 피험자들에게 이번에는 "가능한 한 가장 높고, 가장 성숙한 수준의 사회적이고 윤리적인 판단을 내리고 응답하도록" DIT를 다시 실시한다(McGeorge, 1975). 세 차례 실시된 연구에서 특별히 '선한 척' 하도록 유도하는 것은 피험자의 P점수를 상승시키지 못했다. 왜일까? 우리들은 정상적인 조건하에서 피험자들이 도덕적으로 옳은 것에 대한 판단을

내릴 때에는 자신에게 가능한 한 가장 높은 수준의 정의 개념을 사용한다고 주장한다. 그래서 '선한 척' 하라는 특별한 지시나 자극은 점수 변화에 영향을 미치지 못한다. 이는 자기 자신이 갖고 있는 도덕적 공정성에 대한 개념으로부터 나온 선택과 그런 식으로 문항을 선택하지 못하도록 지시받은 피험자가 선택한 문항은 사고 과정이 다르기 때문이다. 그러므로 연구자가 옳은 일에 대한 판단을 내릴 때 사용하는 정의 개념을 어떻게 규정짓는지에 관심이 있다면, 일반적인 DIT상황 또는 '선한 척' 하는 상황에서 얻어진 결과는 둘 다 활용될 수 있으며 똑같이 중요하다는 점을 유념해야 한다.

요약하면, 바넷의 연구는 실제로 도덕 판단을 내려야 하는 경우에 피험자 자신이 어떻게 보여질지를 고민하며 자기-표현 전략을 사용하는 것은 아님을 보여 준다. 엠러의 연구결과는 사람이 도덕 판단을 내릴 때 사용하는 일반적인 사고 과정에 대한 어떠한 설명의 증거로도 사용되지 못한다. 맥조지, 블룸, 하우의 조작에 대한 연구로부터 얻어진 증거는 피험자들이 DIT에 답하는 순간부터 이미 그들은 자신이 생각할 수 있는 가능한 한 최고 수준의 정의 개념을 표현하고 있음을 보여 준다.

행동과 의사결정에서 정의 개념의 역할에 대한 연구 접근

4-구성요소모형은 행동에 대한 강한 예언력을 가진 어떠한 단일 변인도 존재하지 않는다고 가정한다. 우리는 도덕 판단-행동 연구에서 일관적이지만 낮은 정도의 상관으로 나타난 결론이 본질적으로 정확한 것으로 인정하고 있다. 행동 유발에 있어서의 정의 개념의 역할은 타 변인 및 매개 변인과 더불어 이해되어야 한다. 그러므로 우리의 접근은 기본적으로 타 변인과 매개 변인의 탐색에 있다. 이를 위해 의사결정에서 정의 개념의 역할을 먼저 알아볼 것이다.

우리는 사람들이 사회 경험으로부터 배우는 것이 무엇인가에 대한 가정에서 출발하고 있다. 아이들은 성장함에 따라, 구체적인 사회 규칙에 대해 보다 많이 알게 될 뿐 아니라 사회적 협력 형태들의 본질, 목적, 기능도 이해할수 있다. 처음에 아이들은 면대면(面對面) 거래와 구체적이고 단기적인 교환이 뒤따르는 단순한 형태의 협력만을 이해할 수 있게 된다. 그러나 점차 성장함에 따라 그들은 보다 복잡한 형태의 협력을 이해하게 되는데, 이러한 협력은 폭넓은 사회 네트워크, 제도와 역할 체계, 법의 제정과 집행, 협력 사회 창조를 위한 지도적 원리들을 포함하고 있다. 이러한 개념과 이해는 구체적 사회 경험으로부터 추상화된 일반적인 도식이며 사람들이 서로 어떻게 협력하는가를 이해하기 위한 기초가 된다. 협력에 대한 이러한 기본 도식은 도덕 판단 단계에 대한 정의의 근간을 이루는 구조다. 도덕 판단 단계는 협력이 어떻게 조직되는가에 대한 개념, 특히 협력의 이득과 손실이 배분되는 방식과 권리와 의무가 얻어지는 방식에 의해 규정된다. 간단히 말해서 단계는 정의의 서로 다른 개념을 상징한다.

도식은 장기 기억 속에 일반 지식으로 남아 있다. 어떤 사람이 도덕적 딜레마가 들어 있는 구체적 사회 상황과 직면하게 되면, 그는 행동의 어떤 과정이 가능한지, 당사자에게 각 행동 과정의 결과가 무엇인지, 어떤 도덕적 주장들이 가능한지, 도덕적 주장들 중 가장 중요한 것은 무엇인지 등을 확인함으로써 '그것을 분별하려' 할 것이다. 일반 도식은 중요하게 고려해야 할 사항에 주의를 기울이게 하고 무관한 사실들로부터 상황과 관련된 사실들을 분류하도록 도와줌으로써, 그리고 다양한 입장에서 갈등을 일으키는 도덕적 입장들에 우선순위를 매기고, 해야만 하는 판단에 도달하기 위하여 정보를 통합함으로써 구체적 상황을 해석하게 해 준다. 그러므로 기본 도식은 사회 상황에 대한 개인의 이해를 돕고 의사결정의 어려움을 명확히 파악할 수 있게 한다.

DIT의 몇 가지 특성들은 다시 강조할 만한 가치가 있다. 첫째, 개별 문항이 전적으로 특정 단계나 도식을 표상하는 것은 아니다. DIT문항은 일반 도식/단계의 이야기에 대한 적용에서 강조되거나 우선순위를 둘 수 있는 이야기의 특수성에 관한 고려이다. 피험자가 여섯 개의 이야기에 걸쳐 특정 단계로 매겨진 일련의 특정 문항들에 일관성 있게 높은 가치를 두는 것을 볼 때, 개인의 장기 기억 속의 일반 도식의 존재를 추측할 수 있다. 그러나 때로 피험자는 특이한 이유로(도식의 적용과 거의 관계가 없이) 개별 문항에 높은 가치를 부여할 수도 있다. 하지만 이러한 특이한 평가는 대체로 여섯 개의 이야기로 구성된 총 72문항을 통해 무선적으로 분포되며, 총점에서는 상쇄될 것으로 기대할 수 있다. DIT에서 사용하는 단계 점수가 특정 상황(혹은 행동의 특정 과정에 대한 옹호)에 연결되어 있는 것이 아니라는 것을 기억해야 한다. 이론적으로 단계 점수는 특정 상황이나 특정 행동이라기보다는 보다 더 일반적인 구조다. 이는 협력이 어떻게 조직되어야 하는가를 이해하는 일반적인 방법이다.

둘째, DIT문항은 특정 상황에서 다양한 공평성에 관한 고려사항만이 나타나도록 고안되어 있음을 주의해야 한다. 피험자에게 중요할지도 모르는 실용적이고 이데올로기적인 고려사항은 DIT문항에 나타나 있지 않다. 결과적으로 DIT는 피험자가 공평의 맥락에서만 선택하도록 강요하며, 검사지상에 각종 고려사항들을 구성하려는 시도는 하지 않았다.

이러한 관점에서 우리는 레스트와 토마의 1984년 저술과 토마의 박사학위논문(1985)에 보고된 일련의 연구에 참여하였다. 이 연구들은 도덕 판단과 행동 사이의 연결을 찾으려는 지속적인 추구였으며, 뒤이어 다른 연구들이 누적되어 진행되었다. 총 아홉 개의 연구가 수행되었으며 이에 대한 자세한 보고를 위해서는 이 책만큼이나 많은 지면이 필요하며 각종 컴퓨터 출력물이 몇 미터 높이로 쌓일 것이다. 따라서 여기서는 연구의 중요한 흐름과 후속 연구들이 연결되는 논리 및 주요한 연구결과를 보고하고, 그 결과에 대한 우리의 해석을 전달하는 데만 주력할 것이다. 간결하게 설명하는 것이 다소 어렵겠지만, 독자들도 우리가 갖고 있던 이러한 질문과 그에 대한 결과들이 어떻게 진행되어 왔는지에 대한 감각을 얻게 되길 바란다.

우리는 여섯 가지 가상 딜레마에 대한 피험자의 결정을 살펴보는 것으로 논의를 시작하고자 한다(예: 하인츠(Heinz) 딜레마에서 훔친다, 잘 모르겠다, 훔치지 않는다-부록을 참조). 이러한 행동 결정은 특정한 가상 딜레마에 대한 의사결정 결과를 나타내는 것으로 가정할 수 있다. 정의 개념(DIT문항에 나타난 예처럼)이 어떻게 의사결정 및 행동과 관련되어 있는지를 이해하고자 한다면, DIT문항이 DIT 딜레마에 대한 피험자의 행동과 어떻게 관련되어 있는지를 고찰하는 것이 합당하다고 생각한다. 이와 관련된 아홉 개의 연구를 요약하여 제시하면 다음과 같다.

1. 도덕 판단 발달 척도인 DIT에 대해서는 많은 연구들이 보고된 반면, 피험자의 행동 의사 결정이나 DIT문항 선택과 행동 선택 결정 사이의 관계에 초점을 두려는 노력은 상대적으로 거의 이루어지지 않았다. 마틴(Martin)과 샤토(Shafto)와 반 데인즈(Van Deinse, 1977)는 DIT에 대한 총론에서 피험자의 행동 선택 결정이 동일한 이야기에서의 4단계 문항에 중요성을 두는 것과 관계가 있다는 것에 주목하였다. 쿠퍼(Cooper, 1972)는 피험자의 행동 선택 결정이 도덕철학과 대학원생의 결정과 일치하는 정도를 나타내는 지수를 만들었다. 다시 말해서 그는 도덕철학과 대학원생 중의 절대다수가 동일한 행동 선택을 하는 것에 주목하였다(예: 하인츠는 훔쳐야 한다, 의사는 진통제를 주어야 한다, 웹스터는 소수민족인 정비공을 고용해야 한다 등). 여섯 개의 DIT 딜레마에서의 이러한 일련의 행동 선택은 기준으로 사용될 수 있으며, 다른 피험자들의 행동 선택은 그들의 선택 중 몇 개가 이 기준과 일치하는가에 의해 지수화될 수 있다. 쿠퍼는 이러한 지수와 DIT점수와의 상관을 계산하였고, 약간의 정적 상관이 존재하는 것을 발견하였다($r = .34$). 이러한 연구들은 도덕 판단 구조가 구체적인 도덕 결정의 결과와 관계되어 있다는 가정과 일치하는 결과다. 그러나 도덕 판단과 구체적 행동의 관계에 대한 많은 일세대 연구들처럼, 이 연구들은 이러한 관계의 본질에 대한 추가 정보(관계의 이유와 방식)는 거의 제시해 주지 못하였다. 이 영역에서 우리의 연구는 문항 옹호와 행동 선택 사이의 관계에 대해 상세한 분석을 한 첫 번째 연구였다.

우리는 기존 연구들과는 달리 행동 선택에 대한 기술적 자료들을 수집하는 것에서 연구를 시작했다. 이 자료들은 두 가지 질문을 제기하기 위해 필요했다: 첫째, 대규모 피험자군에서 행동 선택은 선택의 다양성을 나타내는가? 아니면 피험자들이 동일한 행동 선택 경향을 보이는가? 실제로 모든 피험자가 동일한 행동 선택을 한다면, 피험자 변량에 대해 설명할 수 있는 부분이 전혀 없기 때문에 이러한 변인과의 관계에 대한 어떠한 연구도 무의미할 것이다. 둘째, 피험자들의 행동 선택은 시간이 경과함에 따라 변화하는가? 도덕 판단 발달을 측정하는 연구를 통해 알고 있는 바와 같이 피험자들의 정의 개념은 시간의 경과에 따라 변화한다. 그러나 만일 시기에 따른 행동 선택이 안정적이라면 이러한 변인들 사이의 어떠한 인과관계 주장도 적절하지 못하다. 반면, 두 변인 간 관계를 설명할 인과관계가 존재한다면 상관을 찾기 위해서는 두 변인 모두 시간이 경과함에 따라 변화해야 한다.

연구결과, 피험자들의 행동 선택은 서로 다른 것으로 나타났다. 몇몇 딜레마들은 다른 것에 비해 보다 많은 논란이 있는 것 같았다. 가장 논란이 된 딜레마는 하인츠 딜레마(남편의 고민: 역자 주)였다. 피험자의 40%, 18%, 42%가 각각 '찬성, 결정불가, 반대' 행동을 선택한 반면, 상대적으로 논란이 적었던 딜레마(Webster 딜레마; 고용주의 처지: 역자 주)에서는 동일한 피험자에게서 각각 찬성 86%, 결정불가 9%, 반대 5%로 나타났다. 두 번째 횡단 연구(cross-sectional) 표집을 사용하여 네 개의 주요 연령-교육수준 집단(예: 중학교, 고등학교, 대학교, 대학원)으로 분류된 피험자들의 행동 선택 유형을 측정하였다. 집단의 교육수준이 올라갈수록 여섯 가지 딜레마에 대한 행동 선택에서의 논란은 감소하였다. 중학교에서의 평균 일치도는 59%인 반면, 박사과정생들의 평균 일치도는 78%였다.

2. 이 결과들을 더 자세히 고찰하는 과정에서 우리는 행동 선택이 시간 경과에 대한 특정 발달 유형을 따르는지 의문을 갖게 되었다. 개인의 DIT점수가 증가함에 따라 그들의 행동 선택 유형은 점차, 철학과 학생의 유형과 유사해질 것인가? 이러한 질문에 답하기 위해 쿠퍼(1972)의 연구에서 제시된 과

정에 따라 행동 선택 간편 지수를 만들었다. 이 지수는 철학과 대학원생의 행동 선택 유형과 일치하는 피험자의 행동 선택 횟수를 나타낸다(대학원생의 선택은 "훔친다." "점거해서는 안 된다." "고발해서는 안 된다." "들어준다." "고용해야 한다." "중단해야 한다."였다- 딜레마와 행동 선택에 대해서는 부록을 참조). 점수 범위는 0점(전혀 일치하지 않음)에서 6점(행동 선택 유형이 철학과 학생들의 유형과 동일함)까지다. 이 지수와 DIT 간에는 .31로 약간의 상관이 존재하였으며 이는 쿠퍼의 상관지수인 .34와 견줄 만하다. 행동 선택 지수와 연령 간에는 비슷한 수준의 낮은 상관이 존재하여 .29로 나타났다.

행동 선택에 관한 마지막 기술적 자료들은 피험자들의 행동 선택이 시간경과에 따라 변화하는지, 아니면 동일한 행동 선택은 고수하되 그러한 행동선택의 이유만 변화하는지의 여부를 검토하기 위해 사용되었다. 221명으로구성된 피험자 집단에 대해 자료를 얻은 지 2년 만에 검사를 실시하였다. 이연구의 관심은 피험자들이 이전 시기에 선택한 행동 선택으로부터 행동 선택을 바꾼 이야기의 개수에 있다. 이를 위해 행동 선택 변화 지수를 만들었다. 이 지수의 가능한 값의 범위는 0점(전혀 변화하지 않음, 피험자의 두 시기 행동 선택이 일치함)에서 6점(6개가 변화함, 6개 이야기 모두에서 피험자의 두 번째검사에서의 행동 선택이 첫 번째 행동 선택과 다르게 변화함)이다. 피험자의 행동선택 변화를 이러한 방식으로 지수화하였을 때, 변화의 평균은 이야기 개수의 1/3보다 약간 많았다(2.31개의 이야기에 대해 변화가 나타났다.). 이렇게 볼때 피험자들의 행동 선택은 시간경과에 따라 변화하는 것으로 보인다. 더구나 다른 이야기에 비해 보다 두드러진 변화가 나타난 이야기는 하나도 없었다. 우리는 위 분석을 통해 행동 선택에서 피험자 내 그리고 피험자 간 변량이 모두 존재하며, 이 결과는 행동 선택과 도덕 판단의 관계에 대한 연구를진행하기에 충분한 조건이라 볼 수 있다고 결론지었다.

3. 기술적 분석을 통해, 도덕 판단과 행동 선택의 성숙도 사이에 보다 안정적 상관(.31 이상)을 발견하는 데 실패한 원인이 특정 이야기와 특정 행동 선택 결정에 있어서 특정 이유에 대한 고려 없이 이야기 전체에 대한 총 합계점

수를 구했기 때문이 아닌지에 의문을 가졌다. 이제까지 언급된 연구들에서 도덕 판단 및 행동 선택 지수들은 여섯 개 이야기 모두에 대한 피험자의 반응에 따라 작성되었으며, 개별 이야기에서의 특정 도덕 판단과 특정 행동 선택 사이의 관계는 불분명하다는 것에 주목해야 한다. 그러므로 도덕 판단 이야기 지수(예: 하인츠 딜레마만을 토대로 한 도덕 판단 점수, 학생 딜레마만을 토대로 한 도덕 판단 점수 등)와 대응하는 이야기에 대한 행동 선택(찬성, 결정불가, 반대행동 선택에 각각 1, 2, 3점을 부여한다) 사이의 관계를 측정하여 분석을 실시하였다. 분석 결과는 개별 이야기에 초점을 두었을 때 얻은 도덕 판단과 행동 선택 사이의 상관이 이야기 전체에 대한 피험자 반응을 총합함으로써 얻은 .31의 상관보다 더 높아졌다고 보이지는 않았다. 그러나 우리들은 다른 결과를 발견할 수 있었다. 도덕 판단과 행동 선택의 관계 방향이 이야기에 따라 변화하였다. 어떤 이야기에서는 낮은 단계의 DIT문항이 찬성 행동 선택과 관련된 반면, 다른 이야기에서는 동일한 유형의 문항이 반대 선택에 관련되었다. 그러므로 행동 선택과 도덕 판단은 단순한 선형 관계가 아니다. 이러한 연구결과는 행동 선택과 도덕 판단의 관계를 이해하기 위해서는 한 개인이 중요한 것으로 생각하는 문항들의 단계 특성뿐 아니라, 상황의 특수성들, 단계 유형화(stage-typed)된 문항들이 특정 이야기에서의 선택을 암시할 가능성을 고려해야 한다는 것을 보여 준다.

4. 이러한 추론에 이어 우리들은 개별 DIT문항이 특정 행동 선택과 연합되는 정도를 측정하였다. 다시 말해서 DIT문항들을 논리적으로 찬성 혹은 반대 행동 결정을 함축하는 정도에 따라 신뢰할 만하게 묶을 수 있는가? 예를 들면, 하인츠 딜레마에서 첫 번째 문항이 사회의 법을 찬성하는지의 여부를 생각해 보자. 이 문항이 가장 중요한 고려사항이라고 선택한 피험자들은 법을 어기는 것을 심각하게 고려하여 하인츠는 약을 훔쳐서는 안 된다고 결론 내릴 것이라는 것은 그럴 듯해 보인다. 이와 반대로 하인츠 이야기에서 두 번째 문항은 다음과 같다. "정말로 아내를 사랑한다면 훔치는 게 당연하지 않을까?" 이 문항이 가장 중요하다고 여기는 피험자들은 그 문항의 논리적 함

의를 이해한다면 '훔친다'는 행동 선택이나 찬성의 입장에 서게 될 것이라 생각할 수도 있다. 따라서 우리는 모든 DIT문항들이 어느 쪽이든 행동 선택에 대한 지지 정도에 따라 신뢰할 수 있게 등급을 매길 수 있는지 알아보고자 하였다.

도덕 판단 연구에 익숙한 열 명의 대학원생들이 72개의 DIT문항을 평정하는 데 동의하였다. 그들의 과제는 각 DIT문항을 숙고하여 가장 중요한 것으로 평정할 것이라 가정되는 개별 문항에 가장 잘 어울리는 행동 선택을 5점 척도로 평정하는 것이었다. 대학원생이 가장 중요하다고 평정하는 문항이 찬성 행동 선택을 함의하는 것으로 확신하면 1점 평점을 준다. 대학원생 평정자가 확신은 덜하지만 그래도 어떤 문항이 찬성 행동 선택을 하도록 돕는 것으로 생각하면 2점을 준다. 대학원생 평정자가 문항에 함의된 행동 선택에 대해 잘 모르겠다면 3점을 매기는 것이 적합하다. 이와 비슷하게, 반대쪽으로 기울어지게 하는 문항과 강하게 반대를 나타내는 문항에는 각각 4점과 5점이 부여되었다(앞으로 우리는 이 평점을 "논리적 함의 평점(the logical implication ratings)"이라 언급할 것이다.).

연구결과는 명료했는데, 대학원생 평정자들은 행동 선택과 관련된 DIT문항을 정하는 것이 상당히 쉽다는 것을 발견하였다. 행동 선택 함의를 감정하는 것이 모호한 것은 72문항 중 19문항뿐이었다. 대학원생의 문항 평점 변량을 일치 지수로 간주하면, 문항 비율의 19%(혹은 26%)만이 1표준편차 혹은 그 이상의 표준편차를 갖는다. 이러한 연구결과는 행동 선택 함의에서 변량의 대부분은 주어진 문항이 동일한 행동 선택을 지지하는가에 대한 확신의 차이 때문이며, 행동 선택이 그 문항과 관계된 것으로 보이는가에 대한 혼란은 없었다.

5. 그러나 대학원생들이 행동에 대한 논리적 함의 관점에서 내린 문항 평점은 일반적 조건에서 이러한 문항을 보게 되는 일반 피험자들이 DIT를 이해하는 방식과 전혀 관계가 없을 가능성이 여전히 남아 있다. 우리들은 이러한 주장에 민감하게 반응하여 대학원생들의 평점의 의미를 분명히 하기 위한 분석

을 실시하였다. 이러한 두 번째 연구는 일반적 환경에서 DIT를 받아들이는 피험자들이 특정 문항과 관련된 것으로 여겨지는 행동 선택을 알아차리는지, 만약 그렇다면 피험자의 행동 선택 함의에 대한 이해는 대학원생의 이해와 일치하는지에 대한 문제를 다루고 있다.

우리는 이러한 문제를 다루기 위해 일반적 환경에서 969명의 피험자로 구성된 표집에서 DIT를 실시했다. 각 DIT이야기에 대한 행동 선택에 따라 집단을 세 집단으로 나누었다. 예를 들어, 하인츠 이야기에서 첫 번째 집단은 하인츠가 약을 훔쳐야 한다고 말한 피험자들로 구성되었고, 두 번째 집단은 결정할 수 없다고 말한 피험자들로 구성되었으며, 세 번째 집단은 하인츠가 약을 훔쳐서는 안 된다고 말한 피험자들로 이루어져 있다. 각 집단에서 하인츠 이야기의 전체 12개 질문에 대한 평균 평점을 계산하였다. 다른 5개의 이야기에서도 (총 72개의 문항에 대해) 동일한 과정이 반복되었다. 이 세 집단으로부터 각 DIT문항에 대한 평균 평점이 계산되었다. 여기에서 가장 주요한 연구문제는 찬성 행동 선택을 지지하는 피험자들이 반대 행동 선택을 지지하는 피험자들과 동일한 방식으로 문항을 평정하는지에 대한 것이다.

집단의 문항 평점의 평균을 비교하였을 때, 어느 한 집단에 속한 피험자들은 다른 집단에 속한 피험자들과 다르게 문항을 평정하는 것이 발견되었다. 예를 들면, '훔친다' 집단에 속한 피험자들은 어떤 문항이 훔치는 것을 지지할 때 그 문항을 더 높게 평정한 반면, '훔치지 않는다'에 속한 피험자는 어떤 문항이 훔치지 않는 것을 지지할 때 그 문항을 다른 집단에 비해 높게 평정했다. DIT문항의 79%(58문항)에서 행동 선택 집단에 따라 평정이 유의미하게 달랐다. 다시 말해서 DIT문항의 평점은 행동 및 행동에 관한 문항의 함의에 대한 피험자 자신의 선호를 반영하는 편향(bias) 정도를 포함하고 있다.

6. 이제 다음과 같은 연구문제가 제기된다. 즉, DIT문항을 평정하는 데 있어서 이러한 편향은 대학원생이 내린 문항의 논리적 함의에 대한 평점과 어떻게 조화를 이루는가? 예를 들어, 대학원생들이 어떤 문항이 찬성 행동 선택을 강하게 함의하는 것으로 생각했을 때, 일반적 환경에서 DIT를 다루는

일반 피험자들 또한 찬성 행동 선택을 지지한다면 그 문항에 '과다평점'을 주는 경향으로 볼 수 있으며, 그들이 마찬가지로 반대 행동 선택을 옹호한다면 문항에 '과소평점'을 주는 경향으로 볼 수 있는 것인가? 우리는 다음과 같은 절차를 진행하였다: 각 DIT문항에 대해 찬성집단의 평점에서 반대집단의 평균 평점을 뺀 차이 점수를 구하였다. 예를 들어, 하인츠 이야기의 첫 번째 문항에서 훔친다는 것을 찬성한 집단의 평점이 2.6이고 반대하는 집단의 평점이 2.1이라고 가정해 보자. 이러한 평점 유형은 반대집단이 찬성집단보다 문항 1을 보다 중요하게 생각한다는 것을 보여 준다(DIT점수의 범위는 1점인 '가장 중요하다'에서 5점인 '가장 중요하지 않다'까지기 때문이다.). 뺄셈을 하면 양의 값 .5를 얻을 수 있다. 하인츠 이야기에서 두 번째 문항에 대해 동일한 집단의 문항 평점이 1.5(찬성), 3.0(반대)이라면 그 차는 음의 값 −1.5이다. 이는 찬성집단이 반대 행동 선택을 하는 집단에 비해 문항 2를 보다 중요하게 생각한다는 것을 나타낸다.

이러한 두 가지 예는 문항 평점 간 차이 점수의 방향이 다를 수 있으며(예: 문항 평점 간 차는 양(positive)이거나 음(negative)일 수 있다), 문항 평점 간 차이 점수의 크기가 다를 수 있음을 보여 준다(예: 앞에 제시된 예에서 |.5| 대 |−1.5|). 집단 평점 차에 대한 이러한 두 요인의 영향은 대학원생의 논리적 함의 평점과 비교될 수 있다. 그리고 이러한 값의 차이에 대한 기본 원인이 동일하다면, 두 가지 요인이 함께 변화하는 것이라고 예상할 수 있다. 특히, 뺄셈 과정을 통해 얻은 차의 방향은 대학원생이 특정 문항이 적합한 행동 선택과 부합된다고 선택한 것과 일치하여야 한다. 집단 평점의 평균 사이의 차이점수의 크기는 논리적 함의 문항 평점에서의 신뢰도와 일치하여야 한다. 즉, 기대한 바가 옳다면, DIT문항에 대한 가장 큰 집단 차는 대학원생들이 행동 선택에 대해 가장 극단의 논리적 함의를 갖는다고 간주한 문항에서 나타날 것으로 기대할 수 있다.

논리적 함의 자료와 (969명 피험자의 평점으로부터의) 차이 점수 사이의 상관을 구함으로써 각 집단의 문항에 대한 행동 선택 함의 사이의 상관을 측정할 수 있다. 이 과정을 통해 우리는 통계적으로 유의미하게 높은 상관 (r=.73, p<.001)을 발견하였다. 이러한 연구결과는 일반 피험자들이 특정 행동 선택을 지지하는 DIT문항에 반응하며, 문항과 행동 선택 사이의 일치 유형은 대학원생 평점에서 예언된 유형과 유사하다는 주장을 지지한다.

7. 다음은 상황 특성과 정의 개념이 연합하여 미치는 영향을 파악함으로써 행동 선택을 예언할 수 있다는 견해를 살펴보고자 하였다. 우리 관점에서 보면, 정의 개념은 상황의 특정 부분에 주의를 기울이도록 이끌어 주어서, 논리적으로 뒤따라오는 행동이 무엇인지에 따라 상황에 대한 특정한 정의 (definition)를 나타내 준다. 예를 들면, 4단계 추론자가 하인츠 이야기에 접하게 되었다고 하면, 그(녀)의 P점수는 행동 선택을 예언하는 데 거의 정보를 제공해 주지 못한다. 이 사람은 가족에 대한 의무의 관점에서 상황을 정의하여 훔친다는 행위를 선택할 수도 있으며, 사회의 법에 대한 의무의 관점에서 딜레마를 정의하여 훔치지 않는다는 행동을 선택할 수도 있다. 그러나 이 사람이 중요하게 선택한 특정 문항이 무엇인지 알면, 그 문항의 논리적 함의에 의해(즉, 대학원생들의 평점을 사용하여) 어떠한 행동 선택이 보다 적합한지 결정할 수 있다. 예를 들어, 피험자가 "어떤 경우에라도 사회의 법은 지켜져야 한다."의 문항을 선택했다면, 그(녀)가 4단계 관점에서 딜레마를 정의하고 있다는 것을 알 수 있을 뿐 아니라, 행동 선택이 '훔치지 않는다.'에 더 가까울 것이라는 것도 짐작할 수 있다.

이 과정을 운용하기 위해서는 문항 정보를 조합하였을 때 최종 행동 선택에 도달하게 되는 일련의 규칙들이 필요하였다. 적절한 방법론을 고안하고자 할 때 부딪히는 어려움은 피험자들의 응답에 종종 찬성과 반대 문항이 혼합되어 있다는 점이다(즉, 한 피험자가 모든 문항들에서 '훔친다'를 선택하거나 모든 문항에서 '훔치지 않는다'를 선택하는 것은 아니다.). 하인츠 이야기에서 이와 같은 가장 전형적 유형은 다음과 같을 수도 있다. 즉, 가장 중요한 문항은 훔친다에 찬성, 두 번째와 세 번째로 중요한 문항은 훔치지 않는다에, 네 번째 중요한 문항은 모호하게(결정할 수 없다) 나타날 수 있다. 단지 찬성 문항이 가장 중요한 문항으로 선택되었기 때문에 이러한 피험자의 행동 선택이 '훔친다'가 될 것으로 기대할 수 있을까? 혹은 훔치지 않는다는 문항을 선택한 수가 더 많으므로 '훔치지 않는다'가 될 것으로 기대할 수 있을까? 또는 피험자의 문항 선택이 다소 우유부단한 것으로 보이므로 목록을 결정할 수 없다를 선택해야 하지 않을까? 그렇기 때문에 문항 정보에 체계적으로 가중치가 부여되고 행동 선택 예언을 산출하도록 결합되는 것에 의해 알고리즘을 만들 필요가 있었다.

우리들은 12개의 알고리즘으로 연구를 실시하였다. 이 연구에서 실제로 선택된 알고리즘은 정보의 두 주요한 요인의 복잡한 통합을 포함하였다: 피험자는 가장 중요한 문항부터 네 문항에 우선순위를 매기고 문항의 논리적 함의는 10명의 대학원생 평정자에 의해 제시되었다. 이 알고리즘의 중요한 특성은 (a) 한 문항이 논리적으로 특정한 행동 선택을 함의하는 데 있어 정도 차이가 있을 수 있다(예: 한 문항이 어떤 행동 선택을 강하게 암시하거나 혹은 어떤 행동 선택에 관심을 기울일 만한 정도일 수도 있다.). (b) 알고리즘은 피험자의 중요도 순위 매김에 따라 문항 정보에 가중치를 부여한다(예: 피험자가 가장 중요하다고 평정한 문항에 나타난 행동 선택 함의는 두 번째로 중요하다고 평정한 문항보다 높은 가중치를 두며, 두 번째로 중요한 문항이 세 번째로 중요한 문항보다는 높은 가중치를 가지며, 나머지 순위에서도 이와 마찬가지다.). (c) 알고리즘은 대학원생의 논리적 함의 평정 일치도를 결합하였다(즉, 평정자 변량이 더 크게 나타난 것이 입증된 바와 같이, 대학원생들이 평정하기 어려웠던 문항은 논리적 함의가 명확한 문항에 비해 상대적으로 실제적 예언 가중치를 덜 부여한다.).

우리는 이 알고리즘을 사용하여 개별 DIT이야기와 문항의 논리적 행동 선택 함의 양쪽 모두에 초점을 둔 과정이 이전의 전체적 합산(즉, 6개 이야기에 대한 P점수를 사용한 접근)보다 실제 행동 선택 결정을 보다 잘 예언할 수 있다는 주장이 지지된다는 사실을 밝혔다. 이야기에 따라 찬성 선택을 예언하는 평균 적중률은 73%였으며, 반대 행동 선택의 예언 적중률은 50%이었다. 그러나 결정할 수 없다를 선택한 피험자의 실제 행동을 예언하는 경우에는 이 알고리즘이 이야기에 관계없이(적중률은 6%에서 22%의 범위다) 효과적이지 않았다. 따라서 몇몇 이야기와 행동 선택 결정에 대해서는 DIT문항 옹호 정보로부터 피험자의 실제 행동을 대부분 예언함으로써 알고리즘이 매우 잘 들어맞았다.

8. 놀라운 결과는 어떤 피험자에 대해서는 DIT문항과 행동 선택 사이에 어떠한 일치도 나타나지 않는다는 것이다. 예를 들어, 어떤 피험자는 '훔치지 않는다'는 행동 선택을 고른 반면, 그 반대(훔치는 것에 찬성)를 함의하는 모든 문항을 선택하였다. 대개 피험자들은 이러한 두 극단 중 하나에 빠지게 된다. 〈표 5-7〉은 문항 선택과 행동 선택 결정이 서로 다른 개수에 대한 피험자의 분포를 나타낸다. 일치하는 개수 중 6은 각 DIT이야기에서 피험자의 DIT문항 평점과 그(녀)의 행동 선택으로부터 정확한 예언이 이루어졌음을 의미한다. 반면, 0은 이 피험자들에 대해 문항의 논리적 함의와 피험자의 행동 선택이 전혀 일치하지 않음을 의미한다. 〈표 5-7〉은 알고리즘을 통해 정확하게 행동 선택을 예언하는 능력이 정규분포를 이루고 있음을 보여 주며, 알고리즘 점수가 특정 시대 대다수 사람들의 행동 선택을 예언할 수 있음을 제시하고 있다.

〈표 5-7〉을 보면 특정 상황에서의 의사결정에 영향을 미치는 정의 개념이 어느 정도인지를 나타내 주는 정상 분포 차원이 있다는 것을 보여 준다고 해석할 수 있다. 이러한 해석은 몇몇 피험자들의 경우에는 DIT에서 구체화된 행동 선택과 다른 행동 선택을 결정하기 위해서 고려 사항들을 사용한다는 것을 시사한다. 많은 피험자에게 DIT문항에 예시된 정의 개념은 그 상황에서

표 5-7 '적중률'의 분포

일치하는 개수	0	1	2	3	4	5	6
피험자 수(명)	8	46	149	286	257	142	44
표본 비율(%)	.01	.05	.16	.31	.28	.15	.05

출처: 저자들에 의해 집계됨.

어떻게 해야 하는가에 대한 의사결정에서의 핵심 요소를 포착하고 있다. 그럼에도 불구하고 몇몇 다른 피험자들은 의사결정에서 이러한 정의 개념을 사용하지 않는다. 현시점에서 우리가 그 다른 개념이 무엇인지를 정확히 아는 것은 아니지만, 그것은 적어도 DIT식 개념은 아니다. 그러나 우리의 알고리즘에서 할 수 있는 것은 의사결정에서 정의 개념을 사용하는 피험자와 정의 개념을 사용하지 않는 피험자를 식별해내는 것이다. 우리는 이것을 '활용자(utilizer)' 영역으로 언급하고 있다(정의 개념 사용자 대 미사용자로 표시한다.).

앞장에서 언급한 로렌스의 연구를 기억해 보면, 그녀는 근본주의 신학생이 성숙한 정의 추론을 할 수 있는 능력은 있으나 DIT검사에서는 그들의 견해를 사용하지 않는다는 사실을 발견하였다. 그 피험자들에게 도덕 결정을 내리는 방법을 설명하도록 요청하였을 때 그들은 DIT이야기 속에 포함된 딜레마를 해결하기 위해 종교적 지침에 따른다고 말하였다. 여기에서 우리가 알 수 있는 것은 종교적 규준이 정의 추론을 대신하여 사용된 기준이라는 것이다. 따라서 이 신학생들은 비활용자의 극단(nonutilizer pole)에 위치할 것이라 기대할 수 있다. 결과적으로 이런 피험자들이 DIT문항의 순위를 매기는지 아는 것은 그들이 실제로 어떻게 행동 선택을 하게 되는지에 대해 아무런 정보도 제공해 주지 못한다. 또한 그렇다면 이러한 피험자들의 경우에는 DIT점수를 알아도 그들의 의사 결정이나 행동을 전혀 예언할 수 없을지도 모른다. 만일 활용 차원(utilizer dimension)을 매개 변인으로 간주한다면, 낮은 활용 점수는 이러한 피험자들에게는 DIT식 개념과 행동이 서로 관계가 없음을 나타낸다.

이미 서술한 바와 같이, 우리들이 생각하는 도덕 판단과 행동 관계에 대한 가장 효율적인 연구 방향은 연결(linkage)과 매개자(mediator)에 초점을 두는 것이다. 레스트와 토마(Rest & Thoma, 1984)의 연구는 이러한 매개자 중 하나로 활용 차원의 존재를 주장했다.

9. 이러한 가설은 토마(1985)의 박사학위 논문에서 연구되었다. 토마는 다섯 개의 사전 연구들을 재분석하여 DIT점수와 행동 척도와의 상관을 구하였

다. 그는 이 연구들을 재분석하면서 활용 차원을 포함하였으며, 논리적으로 가능한 범위를 나타내기 위해 자신이 고안한 알고리즘을 사용하였다. 토마는 활용 정도가 행동에 대한 도덕 판단의 영향력을 조정할 것으로 예견하였다. 즉, DIT점수의 행동에 대한 예언력은 활용 차원에 대한 정보가 주어질 때 보다 향상될 것이다. 그는 행동과 태도의 범위를 나타내기 위해 다섯 개의 연구를 선별하였다. 여기서 행동 척도는 비행, 협력 행동, 의사들의 임상 수행, 법과 질서 태도, 1976년 대통령 선거에서의 태도를 포함한다. 이와같은 방식으로 활용 효과의 일반화 능력이 확인될 수 있을 것이다. 활용 차원이 포함되었을 때 대부분의 연구에서 행동에 대한 예언력이 유의미하게 향상되었다면, 활용 변인을 정의 개념과 의사 결정 사이의 중요한 매개자로 확신할 수 있을 것이다. 그러나 한두 연구에서만 예언력이 향상되었다면, 활용 차원에 일반적 중요성을 부여할 수 없을 것이다. 〈표 5-8〉에 각 종속변인의 간단한 설명과 기술 통계치가 제시되어 있다.

이 연구들의 이차 분석을 위해 사용한 전반적 전략은 도덕 추론과 행동/태도 사이의 관계가 활용 정도의 차에 의해 일부분 감소하리라는 가정에 의한다. 따라서 적합한 분석 전략은 DIT점수에만 의존할 때보다 활용 효과의 영

표 5-8 행동과 태도 측정

표본	행동/태도 변인	사례 수	평균	표준편차
McColgan A	집단 1 : 대응 비교 집단(P점수)	26	23.46	12.16
	집단 2: 기존 비행 집단(P점수)	26	17.45	7.97
Jacobs B	검사: 협동 행동 횟수 (최대 가능횟수 20회)	56	10.25	3.77
법과 질서 C	법과 질서 검사 점수	70	3.70	2.23
정치적 태도 D	Ford/Dole-Carter/ Mondale 차이 점수	71	-2.39	42.30
임상 수행 E	평점 점수(1 = 최고 평점)	133	2.14	.93

출처: 저자들에 의해 집계됨.

향에 더 민감한 전략이어야 한다. 토마는 태도-처지 상호작용 연구(참고 Cronbach & Snow, 1977)에서 사용된 방법과 유사하게 일반 선형 모델 (general linear model) 접근을 선택하는데, 이는 "고전적 매개자 모델(classic moderator model)"(Cohen & Cohen, 1975; Tellegen, Kamp, & Watson, 1982) 로 기술되기도 한다. 이 방법은 대부분 위계적 중다회귀 모델로, 행동이나 태도 규준을 먼저 도덕 추론 척도에 회귀시킨 후 이러한 분석 방법을 중복하는데(단계 1), 알고리즘 점수에 실시하고(단계 2), 마지막으로 도덕 판단과 알고리즘 점수 벡터에서 계산된 벡터곱 항(cross-product term)에 실시한다(단계 3). 토마의 가정에서 특히 관심이 가는 것은 마지막 항인데, 이는 이 항이 규준 척도에 대한 도덕 판단의 영향과 활용 정도를 나타내기 때문이다. 종속 변인에 대한 벡터곱 항의 예언력이 유의미하게 증가한다면, 우리는 도덕 판단과 행동/태도 사이의 관계가 활용 함수에 따라 다르다는 주장을 입증할 수 있을 것이다. 게다가 이러한 결과는 활용이 도덕 추론과 행동 체계의 연결을 나타낸다는 주장과 일치하는 것으로 보인다.

토마의 연구결과는 〈표 5-9〉에 나타나 있다. 회귀분석에서의 단계 1에 해

표 5-9 행동과 태도 예언력의 증가

중다회귀에서의 단계	표본				
	A	B	C	D	E
단계 1 P 점수	$-.29^a$	.15	.57a	$-.20$	$-.22^a$
단계 2 활용 점수(U-점수)	$-.04$	$-.04$	.18	$-.24^a$	$-.01$
단계 3 P×활용 점수	$.30^a$	$.26^b$	$-.24^a$	$.27^a$	$-.18^a$
혼합 단계 3에서의 R	$.41^a$	$.30^a$	$.62^a$	$.33^a$	$.27^a$

[a] p<.05, [b] p<.10
출처: 저자들에 의해 집계됨.

당하는 첫 번째 행에서는 행동/태도 척도와 DIT P점수 사이의 최초의 관계를 생각해 볼 수 있다. 기대한 바와 같이 도덕 판단은 표본 A에서의 집단 구성, 표본 C에서의 법과 질서 점수, 표본 E에서의 임상 수행과 부적 관계가 있었으며, 표본 B의 모든 조건에서 협력 행동과는 정적 관계를 나타냈다. 반면 P점수는 태도 점수와 관련이 없었다. 처음 연구에서의 표본 D의 D점수는 태도와 유의미한 상관을 보였다. 그러나 비교를 위해 표본 D에서 P점수가 사용되었다. 또한 P점수와 표본 B에서의 검사 조건 점수와의 상관(Jacobs의 원 연구에서는 보고되지 않았다)은 유의미하지 않았다.

회귀분석의 두 번째 단계는 〈표 5-9〉의 두 번째 행에 나타나 있다. 이 계수는 도덕 판단과 행동-태도 사이의 최초의 관계를 통제한 후의 규준 척도와 활용 점수 사이의 부분 상관을 나타낸다. 따라서 이러한 상관은 변수로서의 활용의 기여 정도를 측정한다. 확인할 수 있는 바와 같이, 이러한 상관은 활용이 독립적으로 행동/태도 변량의 일정한 부분을 설명한다는 주장을 뒷받침해 주지 않는다. 이 연구결과는 토마의 가정을 손상시키는 것은 아닌데, 이는 활용 효과가 도덕 판단 점수와 상호작용하여 규준 변량에 영향을 미치는 것으로 기대되기 때문이다. 따라서 가정된 효과를 위한 적합한 검사는 단계 3에서 제시된 벡터곱항을 구함으로써 얻어진다.

세 번째 행에는 회귀분석의 단계 3이 나타나 있다. 앞에 기술된 바와 같이, 이 단계는 활용(utilization)이 도덕 판단과 행동/태도 관계의 매개자로서 작용한다는 가설을 직접적으로 다루고 있다. 대다수 이차 부분 상관이 유의미하였으며, 이 가설은 대략 같은 크기의 상관이 나타남으로써 지지되었다. 그러므로 활용(utilization)이 도덕 판단과 상호작용하여 행동과 태도에 대한 최초의 관계를 증가시킨다는 것을 알 수 있다. 증가의 구체적 크기는 〈표 5-9〉에서 마지막 행을 보면 파악할 수 있다. 이 계수들은 회귀 모형의 마지막 단계에서의 R^2(결정계수: 역자주)값을 나타낸다. 이 값을 단계 1의 상관과 비교해 보면, 거의 제곱이 되는 것을 알 수 있다. 이 분석에 대한 보다 상세한 설명, 추세 및 역(易)추세에 대한 논의 그리고 활용 차원의 본질에 대한 보다 상세한 설명을 원하면 토마의 박사학위 논문을 참조하길 바란다.

이 모든 연구와 계산을 통해 우리가 얻을 수 있는 것은 무엇일까? 실제적 관점에서 볼 때 토마는 새로운 요소인 활용(utilization) 변인을 분석에 통합함으로써, 행동 척도에서의 예언력을 거의 두 배로 끌어올렸다. 예언력의 이러한 증가는 피험자에게 또 다른 검사를 실시해서가 아니라, DIT질문지에 대한 몇 가지 부가적 계산을 수행함으로써 얻어진 것이다. 경우에 따라 어떤 것은 P점수를 계산하기 위해 질문지를 채점하는 동안 컴퓨터에 의해 쉽게 구할 수 있다. 또한 다른 연구자들의 연구에서 이 지수를 사용하도록 장려할 수도 있다. '활용' 점수를 계산하는 공식은 토마의 박사학위 논문에 들어 있으며 이것을 계산하기 위한 컴퓨터 프로그램은 DIT 매뉴얼에 포함되어 있다.

이론적 관점에서 볼 때 토마의 박사학위 논문에서 절정에 이른 이러한 일련의 연구 성과는 일련의 연결과 매개자를 조사함으로써 정의 개념과 행동 사이의 관계에 근접할 수 있는 전망을 밝게 했다. '활용' 차원은 다양한 연결과 매개자 중 하나에 불과하지만, 그것은 (새로운 가능성을 열어 주는) 시작의 신호탄이다. 우리가 활용 차원을 파악하기 위해 고안한 몇몇 연구 전략들이 다른 연구자들의 다른 연결과 매개자를 파악하기 위한 다른 전략을 시사해 줄 수 있기를 기대한다. 활용 차원에 대해 더 깊이 생각하다 보면 숱한 의문점들이 떠오른다. 예를 들어, 비활용자(nonutilizer)들의 경우, 어떤 것이 도덕적으로 옳은가를 결정하는 데 정의 개념을 사용하지 않는다면, 그들이 사용하는 규준은 무엇인가? 여기에서 관심이 가는 것은 활용 차원의 지식이 특정 상황에서의 행동 결정과정에서의 도덕 판단 구조와 경쟁하는 해석 체계 분류를 이해하고 식별하도록 도와주는지에 있다. 둘째로, 도덕 민감성이 활용과 어떻게 관련을 맺고 있는가? 활용자(utilizer)가 보다 도덕적으로 민감할 것인가? 아니면 이러한 구성요소는 상대적으로 독립적인가? 셋째, 활용은 도덕 추론 발달의 한 국면인가? 예를 들어, 활용자는 공평의 도식이 통합되어 있으며, 따라서 그들은 의사 결정에서 이러한 정보의 함의와 유용성을 명확하게 인식할 수 있는가? 이러한 주장은 개인의 발달 동안 각기 다른 시점에서 전혀 다른 활용 수준을 측정해야 한다는 것을 함의할지도 모른다. 넷째, 우리들은 도덕 교육 프로그램이 활용에 영향을 미치는지의 여부에 대해 의문을 갖고 있다. 단기교육개입이 구조 변화를 일으키는 데 비교적 비효과적이라면, 이러한 개입은 활용에 영향을 미칠 수 있을까?

  이상이 활용 차원에 대한 연구에서 일어나는 몇 가지 질문들이다. 그리고 다른 연결과 매개자, 다른 구성요소와 그들의 상호작용에 대한 연구를 결합하면 셀 수 없이 많은 질문들이 쏟아져 나올 것이다. 분명히 수많은 연구자들이 해야 할 일은 많이 있다. 우리의 과감한 시도가 다른 연구자들이 이러한 연구에 힘을 쏟도록 격려할 수 있기를 기대하고 있다.

요약

06

500개의 DIT를 사용한 연구들이 수행된 이후, 이 모든 연구들로부터 얻어진 것은 무엇일까? 아마도 반년 동안 발표된 일반 연구들을 상세하게 평가하는 것만도 몇 세기가 걸릴 것이다. 그렇다면 어떠한 진전이 있었는가?

이 장에서는 발전에 대해 세 가지 진술목록을 매우 간결하게 제시하고자한다. 첫 번째 항목은 대체로 잘 수행되었다고 여겨지는 주요 경험 연구의 결과들이다. 연구자들은 비슷한 현상에 관한 반복연구에 의존할 수도 있으며, 이런 경향을 예견하고 연구들을 설계하거나 계획할 수 있을 것이다. 두 번째로는 도덕발달 현상에 대해 몰두함으로써 도출되는 개념적 발전과 여기서 얻어지는 경험에 대한 더 나은 고찰이다. 다시 말해, 두 번째 항목은 새로운 이론적 관점과 연구 전략에 대한 제안들을 제공해 준다. 마지막으로 이 책을 통해 도출될 수 있는 새로운 연구방향(그리고 이런 문제들을 해결할 수 있는 방법을 누군가 찾아내리라는 희망)이 세 번째 자리를 차지하게 될 것이다.

---

* James Rest

잘 수행된 연구결과들

1. 도덕 판단력은 시간의 흐름과 정규교육을 받은 정도에 따라 변화하며, 발달에 따른 성숙과 같이 이론에 의해 예견되는 방향으로 변화한다. 10,000명의 피험자들을 대상으로 실시한 두 개의 메타분석 결과는 연령/교육연한이 DIT점수 변량의 30∼50%를 설명할 수 있음을 보여 준다. 또한 12개의 종단연구들도 도덕 판단력에서의 발달이 나타남을 지적하였다(1장 참조). 변인들(생활연령과 교육연한) 사이에서 후자(정규교육)는 도덕 판단력 발달과 더 강한 상관을 보인다.

2. 도덕성 문헌에서 몇 개의 논문들은 콜버그의 6단계 이론에서 높은 단계들에 대한 증거가 없다고 주장하였지만, 높은 단계에 대한 증거는 DIT만 보더라도 쉽게 찾을 수 있다. DIT의 주요 지표인 'P점수'는 5단계와 6단계의 합계 점수다. 물론 DIT가 최근 콜버그의 채점 체계와는 다소 다른 단계 정의에 기초하고 있기는 하지만, 그럼에도 불구하고 둘 사이에서의 공통점이 차이점보다 훨씬 두드러진다. 그리고 500개의 DIT연구들은 6단계 이론에서의 높은 단계가 가지는 유용성에 대한 증거를 확보한다.

3. 도덕 판단력 발달과 관련이 있는 생활경험에 대한 몇몇 연구들에서는 대부분의 사람들이 도덕발달을 촉진하는 특별한 도덕 경험(예를 들어, 도덕교육 프로그램, 도덕적 지도자들, 도덕적 위기들, 도덕적 딜레마를 겪는 것)을 가지지 않는 것으로 나타났지만, 이러한 경험은 오히려 사람들이 일반적인 사회적 세계와 그 안에서 자신의 위치를 파악하는 데 기반이 된다는 점을 밝혀내었다. 도덕 판단력이 발달한 사람은 배우는 것을 좋아하고, 새로운 도전을 추구하며, 지적 자극을 주는 환경을 즐기고, 반성적이면서 계획과 목적을 세우며, 위험을 감수하고, 자신을 역사나 제도와 같은 넓은 문화적 경향의 보다 큰 사회 맥락에서 보고자 하며, 그들 자신과 환경에 대해 책임을 지고자 하는 사람들이다. 도덕 판단력이 발달한 사람들은 교육과 발달을 지속시키기 위

해 용기를 내어 유익을 얻고, 환경을 자극하고 도전하며, 그들의 일을 지지해 주는 사회환경을 조직하고, 그 환경들에 관심을 가지고자 노력하며, 성취에 대해 보상을 한다. 도덕 판단력이 발달한 젊은 사람들은 자신의 직업에 대한 열정을 가지고 잘 수행하고, 지적인 자극과 도전을 지속시키는 방향으로 생활을 유지하며, 자신이 속한 사회에 보다 더 깊이 관여하고, 보다 더 큰 사회적 쟁점들에 보다 많은 관심을 가진다(2장 참조).

4. 도덕 판단력 발달을 촉진하기 위해 설계된 도덕 교육 프로그램들에서는 크지는 않지만 의미 있는 결과가 나타났다. 이는 서로 상충하는 도덕 딜레마에 대한 또래 간의 토론을 강조하는 프로그램에서 특별히 그러하다. 또한 일반 성격발달을 촉진하기 위해 설계된 교육 프로그램들 역시 효과적이다. 그러나 전통적인 학습 주제에서 사용되는 훈육 지향적이고 정보 부하량이 많은 과정들은 그리 효과적이지 않은 것으로 나타났다. 도덕성이 아동기에 고정된다는 일반적인 견해와 달리, 성인들은 도덕교육 프로그램들에서 어린 참여자들보다 더 잘 변화하였다. 교육 개입 기간이 3주보다 더 짧은 것은 효과적이지 않았으나, 시간 길이와 비례해서 12주 이상의 개입 기간에서 효과가 증가되는 것은 아니라는 점이 드러났다(3장 참조).

5. DIT번역판을 사용한 20개 정도의 비교문화 연구들에 대한 설명은 문화들 간에 차이점보다는 유사점이 많다는 것을 보여 준다. 연령에 대한 비교문화 연구는 DIT영문판을 사용한 미국 표집에서 수행된 연구들과 상관이 높았으며 내적 구조에 있어서도 비슷한 결과를 나타냈다. 그러나 DIT번역판을 타 문화권에서 사용하는 것은 어려움이 있는 것으로 밝혀졌으며, DIT나 콜버그의 채점 도식을 타 문화에 사용하는 데에는 문제가 따랐다(왜냐하면 이런 절차는 도덕 판단을 내리는 데 있어서 다른 개념과 과정들이 문화에 따라 편향적으로 발견되기 때문이다.). 그럼에도 불구하고 DIT점수가 미국 표집에서의 점수보다 타 문화에서 더 높다는 것은 상당히 흥미로운 사실이다. 이는 미국에서 개발된 이론과 측정도구가 자국 사람들을 타 문화보다 더 높게 평가하지 못한다는 것을 뜻하기 때문이다.

6. DIT에서의 성(性) 차이는 크지 않았다. DIT점수 변량의 0.5%보다도 작은 점수가 남성과 여성의 차이(성 차이)에 귀인되었다(이를 교육 효과와 비교해 보면, 교육효과가 성차보다 250배 더 강력한 것이다.). 그러므로 정의 개념에 대해 여성이 남성보다 덜 정교하게 발달한다고 보는 길리건의 관점은 결코 지지될 수 없는 것이다. 실제로는 여성이 남성보다 DIT점수에서 더 높은 점수를 차지하는 경우도 발견되었다. 따라서 도덕 판단력 점수를 예언하기 위해서는 성별이 아니라 교육 수준을 묻는 것이 보다 바람직하다(4장 참조).

7. 종교를 보수주의적 관점과 진보주의적 관점으로 구분하여 표현했을 때, 종교는 DIT점수와 크지는 않지만 유의미한 상관을 보였다. 많은 연구에서 진보주의적 종교 이념은 높은 DIT점수와 관련이 있게 나타났다. 아마도 이것은 도덕 딜레마 상황에서 서로 상충되는 요구의 균형을 결정해야 할 때, 진보주의적 이념들이 개인 자신의 책임을 강조하는 도덕 의사결정을 지향하도록 촉진하는 반면, 보수주의적인 이념들은 진보주의적 이념들에 비해 외부의 권위와 교조에 대해 복종을 강조하기 때문인 것으로 보인다.

8. 50개 이상의 연구를 재고해 본 결과, DIT는 다양한 행동과 태도의 측정치들과 의미 있는 상관이 있었다. 이 측정치들은 협동 행동, 보상의 분배, 부정행위, 양심적 병역거부, 다른 대통령 후보자에 대한 투표, 의학 수련의 임상 수행률, 비행, 학교 문제행동 등과 같은 행동들을 포함한다. 태도는 정치적인 진보주의와 보수주의적 태도, '법과 질서'에 대한 태도, 권위와 죽음에 대한 태도, 또래의 규제에 대한 태도, 학교 규율에 대한 태도 그리고 치명적인 처벌 등에 대한 태도들을 포함한다. 일관적이지만 크지 않은 상관이 이런 폭넓은 행동과 태도의 스펙트럼에서 나타났다. 그러나 실험연구에서는 도덕 판단이 도덕적 진보주의와 보수주의에 의해 감소되지는 않는다고 지적하였다. 그렇다 하더라도, 이 행동과 태도 요인 안의 다양한 변량은 DIT에 의해 제대로 설명되지 못하므로 다른 요인들을 밝히기 위한 노력이 이루어져야 한다(5장 참조).

9. 이러한 추가적인 변인은 "활용자(즉, 사람들이 정의 개념을 의사결정하는

데 사용하는 정도)" 차원이 될 수 있을 듯하다. 도덕 판단력과 행동의 관계에 대한 5개의 연구들을 재분석한 결과, 활용자(utilizer) 차원을 매개 변수로 포함시켰을 때 행동의 측정치에 대한 설명량은 거의 두 배로 증가했다. 그러므로 추후의 행동연구들은 활용자 변인을 포함시키기 위해 잘 설계되어야 할 것이다(5장 참조).

10. 비록 500개 연구들의 주 관심이 DIT의 타당화 검증을 위한 것은 아니었지만, 많은 연구들에서 DIT를 사용한다는 사실은 DIT가 도덕 판단력 연구에서 유용한 측정치라는 것을 증명하는 것이다.

이론의 발전

1. 중요한 이론의 발전은 바로 4-구성요소모형이다. 이 모형은 우리에게 몇 가지 시사점을 제공한다. 이 모형은 서로 다른 연구 전통들을 하나의 그림으로 통합시키고 자리매김하는 데 이론적 관점을 제시해 준다. 서로 다른 연구 전통들은 도덕심리학에 포함되어 있는 과정들의 총체에서 서로 다른 일면을 폭넓게 드러내 준다. 4-구성요소모형은 각 접근의 독립적인 기여(그리고 구별된 한계들)들을 보는 하나의 통합된 관점을 제시해 준다. 이는 사고와 감정 그리고 행동의 관계를 개념화하는 방법을 제시한다. 그리고 연구를 조직하는 방법을 제시해 주며 교육 목표들을 세우는 데 방향을 제공해 준다(1장 참조).

2. 4-구성요소모형을 DIT연구에 적용할 때에 인지발달적 접근(6단계 이론)은 구성요소 2로, 즉 사람들이 사회적 상황에서 어떻게 도덕적으로 옳고 그르다는 판단을 내리게 되는지로 재해석된다. 도덕 판단의 6단계는 사회적 협동이 어떻게 조직될 수 있는지에 대한 사람들의 개념들을 주로 반영하는 것으로 해석된다(즉, 사회적 협동은 이익을 위한 단순한 교환으로, 혹은 친밀한 관계를 유지시키는 것으로, 혹은 2차 조직 내에서 법과 역할에 기초하여 협동에 대한

사회 전반의 네트워크로, 혹은 사회를 구성하기 위한 이상적인 원칙들로 개념화될 수 있다.). 사회적 협동에 대한 각 개념은 공정하고 옳은 것이 무엇인지에 대한 구별된 생각을 함의하고 있다. 대체로 사람들은 도덕적인 딜레마를 포함하고 있는 사회적 상황에 직면할 때 사회적 협동에 대한 자신의 기본 개념들과 그에 따르는 공정에 대한 생각들을 하게 되며, 어떤 것을 고려하는 것이 중요하고 타당한지, 그리고 그 상충되는 요구들 중에서 어떤 것이 더 우선되어야 하는지 결정하기 위한 통찰로 이런 생각들을 (예를 들어, 종교적 혹은 정치적 이데올로기) 사용한다. 도덕 판단을 결정하는 사람들의 정의 개념의 범위는 각기 매우 다른 것처럼 보인다(4장과 5장 참조).

3. 인지발달이론의 기본적인 입장은 사람들이 경험을 이해하기 위해 그들의 경험을 조작하고, 그 경험들은 사람들이 구성하는 의미들에 의해 기본적 개념구조들을 변화시킨다는 것이다. 오랫동안 지속되어 온 질문 중 하나는 어떤 경험이 도덕 판단의 구조를 변형시키는 데 기여하는가에 있었다. 이 중 이론적인 쟁점이 되는 것은 그런 경험들의 특성에 관한 것이다(즉, 경험을 어떻게 기술하고 분류할 수 있는지, 경험에서 어떤 종류의 정보가 사람의 생활경험을 그리는 데 필요한지에 관한 것이다.). 피아제의 "인지적 불평형화(cognitive disequilibrium)"와 콜버그의 "역할-채택 기회"에 대한 생각은 너무 애매해서 조작적으로 정의내리기 어렵다. 우리들은 처음에 생활경험을 구체적으로 기술하려고 시도했었다. 그러나 이런 경험들이 쉽게 조작할 수 있는 것이기는 했으나, 도덕 판단력 발달을 설명하는 데 매우 강력한 자료를 제공해 주지는 못하였다. 도덕 판단력 발달과 생활경험을 연결시키려고 시도했던 12개의 연구를 검토해 보면 너무나 구체적이었던 것 같다. 경험은 '보다 깊고' 일반적인 용어로 기술할 필요가 있다. 또한 생활경험 정보들은 피험자가 그 경험에 대해 어떻게 반응했는지 객관적 측면뿐 아니라 주관적 측면까지도 입력할 수 있을 정도로 구체적으로 표현되어야 한다. 즉, 사람이 어떠한 사태를 경험했는지의 여부를 아는 것보다는 그 사람이 그 사태에 대해 어떻게 반응을 했는지 기술해야 한다는 것을 의미한다. 몇몇의 '임상적' 접근들로부

터 나온 생활경험의 기록들은 생활 경험들에 대한 연구에 매우 큰 기여를 한 것으로 생각된다.

4. 도덕 판단의 6단계 이론의 보편성에 대한 질문은 몇몇의 심리학자들에게는 터무니없고 명백히 잘못된 것으로 받아들여진다. 심지어는 민족주의적이며 위험한 발상으로 취급되기도 한다. 우리는 보편성에 대한 그럴듯한 주장에 대한 해석을 제시하고자 했으나, 이는 인지발달 접근의 핵심에 필수적인 것은 아니었다. 인지발달적 관점에 결정적인 것은 표면적으로 드러나는 특성들과 그 이면을 구성하는 구조 사이의 불일치였다. 도덕 판단력 발달과 관련하여 그 바탕이 되는 일련의 구조가 존재하는지의 여부와는 관계없이, 우리는 이에 대하여 경험적 질문을 제시하였다. 게다가 6단계 이론의 보편성만이 비교문화 연구의 흥미 있는 쟁점 사항은 아니다. 생활환경의 변화를 가지는 "자연적인 실험들"로서 문화의 차이를 다루는 것은 사회적 변이가 어떻게 도덕발달에서의 변화를 가져오는지를 밝혀낼 또 다른 기회를 제공할 것이다.

5. 도덕 판단력과 행동의 관계를 연구하는 데 있어서 기본적 접근은 상호행동을 결정하는 많은 요인들이 있다는 것을 가정하는 것이다. 도덕 판단력에 대해 인터뷰한 것을 분석하고 재분석하는 것에 한정된 연구에는 제한점이 너무나 많다. 우리들이 택한 전략은 그 요인들과 도덕 판단력과의 연결을 밝혀내는 것이다. 활용자(utilizer) 변인에 대한 연구는 이러한 접근을 보여 주는 일례다. 실생활 상황에서 네 가지 구성요소 과정들을 모두 측정할 수 있을 때가 되어야 행동에 대한 강력한 예언을 할 수 있을 것이라 기대한다. 실생활 상황에서 각각의 구성요소들을 측정하는 것이 기술적으로 불가능하기 때문에 이러한 제안은 측정 불가능하다. 그러나 이러한 이론적 관점은 우리에게 새로운 과제와 연구방향을 제시해 준다.

새로운 연구 방향

1. 가설 상황이 아닌 실생활 상황에서 발생하는 도덕 판단을 측정하기 위한 도구 개발 연구가 필요하다(우리는 의료 분야의 직업에서 도덕적 의사결정들이 어떻게 이루어지는지를 측정하는 방법을 고안하고자 한다. 1장 참조).

2. 특히 실생활에 관여하는 구성요소 3과 4를 측정하는 도구 개발을 위한 연구가 필요하다. 주어진 상황에서 다른 대안 행동들과 경쟁해야 하기 때문에 도덕성의 동기적인 측면은 다른 동기나 가치들과 같이 명확하게 연구되어야 한다.

3. 4구성요소의 상호작용을 연구하되, 특별히 실생활에서 4구성요소와 관련된 정보를 모두 확인함으로써 실생활의 행동을 더 잘 예언하는 능력을 갖도록 해야 한다. 예를 들어, 도덕적 문제에 대해 매우 민감해지는 것(구성요소 1)은 이미 갖고 있던 도덕적인 목표를 추구하고 이행하는 능력(구성요소 4)을 약화시킬 수 있으며 그 반대 작용도 가능하다.

4. 교육적 개입에 대한 측정 연구에서 방법론을 향상시키는 연구가 필요하다(3장 참조). 여기에서의 주된 관심은 콜버그의 단계이론을 직접 교수하는 것이 사후검사 점수에 어떤 영향을 미치는지 연구하는 것이다. 즉, 발달로 인한 결과인지 아니면 실제적인 교수효과인지를 확인하는 것이다.

5. 두 번째 구성요소인 도덕 판단을 제외한 다른 구성요소들은 특별한 교육적 개입들에 의해 얼마나 영향을 받는지 연구할 필요가 있다(아마도 교육 프로그램의 효과는 1차적으로 학생들에게 도덕 문제에 민감해지도록 하는 데에 있으며, 정의에 대한 개인의 기본 개념이 변화되지 않을 때조차도 의사결정 시 정의 개념의 활용을 증가시키도록 하는 경우가 해당될 것이다.). 또한 교육을 통해 일어난 내적인 과정의 변화가 얼마나 많은 행동 변화를 가져오는지 확인하는 연구가 필요할 것이다. 즉, 교육에 의해 시작된 도덕 판단의 발달이 실제 행동에서의 변화를 야기하는지를 확인하기 위한 연구가 필요하다.

6. 도덕발달과 관련된 생활경험에 대한 후속연구가 이루어져야 한다. 디머와 스피클마이어에 의해 개발된 코딩 지침들은 새롭고 다른 표집들에 의해 교차-타당화해야 할 필요가 있다. '학문적'이고 '지적'인 차원들과 더불어 또 다른 어떤 차원의 생활경험이 있는지 연구할 필요가 있다. 그리고 이런 새로운 차원들은 도덕 판단뿐 아니라 도덕발달의 다른 구성요소들의 발달과도 관련지어 생각할 필요가 있다. 예컨대, 도덕 판단을 촉진시키는 생활경험이 도덕 동기화를 촉진시키는 생활경험과 차이가 있는지에 관한 연구가 필요하다.

7. 문화적 차이에 대한 연구는 DIT나 콜버그의 점수 지침을 다른 언어로 단순하게 번안하는 것이 아니며, 가설 검증의 양식보다는 귀납적으로 탐색하는 양식을 시도하는 것이 바람직하다. 차라리 콜버그가 1950년대에 했던 것과 같이 개방형 질문을 통해 사람들이 무엇을 옳고 그르다고 생각하는지, 왜 그렇게 생각하는지를 묻고 거기서 얻은 응답으로 범주와 중심개념들을 귀납적으로 도출해내는 연구가 보다 적절하다고 여겨진다. 이런 접근은 개념과 발달경로에 대해 색다른 결과를 도출해 낼 수 있게 해 줄 뿐 아니라, 6단계 이론에 대한 진정한 대안이 될 수도 있을 것이다.

이 책에서 다루고 있는 연구들에 대한 검토는 500개 DIT연구들의 모든 문제들을 다 포괄하지는 않는다. 따라서 앞으로 새로운 재검토들이 계속되기를 희망한다. 또한 여기서 제시한 새로운 연구 방향들도 차후 연구에 대한 가능성들을 모두 포괄하지는 못했음을 밝힌다. 그러나 다만 이 책이 앞으로 이어질 연구에 대한 흥미를 자극할 수 있기를 기대한다. 이를 위해 연구를 수행하기 위한 몇 가지 도구들과, 특정 연구에 대한 보다 상세한 세부 정보들 그리고 미네소타대학교에서 제공하는 서비스들을 부록으로 제시하고자 한다.

부 록

A. DIT의 역사

미국 미네소타대학교의 레스트 교수가 개발한 도덕 판단력 검사지인 DIT(Defining Issues Test)는 콜버그의 도덕성 발달이론에 기초를 두고 있다. 레스트가 1972년 지필식 도덕 판단력 검사도구인 DIT를 개발한 이래로 전 세계에 걸쳐 DIT를 활용한 연구물은 수백 편에 달한다. 이와 같이 DIT는 계속되는 연구를 통해 도덕성을 측정하는 훌륭한 도구로서 그 신뢰도와 타당도를 입증하였으며, 다수의 피험자를 대상으로 측정이 가능하고 시간의 제약을 덜 받는다는 이점 때문에 현재까지도 가장 널리 사용되고 있는 도구다.

한국에서는 문용린(1986)이 미국의 DIT를 처음 번안하여 사용하였으며, 1994년에는 번안된 검사도구에 대한 표준화 연구가 이루어졌다. 이를 토대로 현재까지 수백 편의 논문에서 한국판 DIT가 활용되었으며, 결과적으로 DIT는 한국인의 도덕성 측정 연구에 많은 기여를 해 왔다. 문용린 교수가 이끄는 도덕심리연구실에는 2004년에 DIT의 딜레마 내용을 보완한 K-DIT를 개발하였고, 이 검사도구의 의의는 도덕 판단력 연구의 대상을 초등학교 저학년까지 확대하여 실시가 가능하다는 점이다. 현재 도덕심리연구실에서는

K-DIT의 표준화 연구를 진행 중에 있으며, 필요에 따라 연구자들에게 검사지와 채점 서비스를 제공하고 있다.

미국의 경우

레스트는 1979년에 자신의 논문을 통해 DIT연구를 체계적으로 소개하고 있으며, 1987년 미네소타대학교의 도덕발달연구센터(Center for the study of Ethical Development)에서는 DIT검사에 대한 안내서를 발간한 바 있고, 이는 1993년에 한 차례 더 발간되어 보급되었다.

한편, 1998년에 레스트와 그의 동료들은 기존의 DIT(DIT-1)를 개정하여 DIT-2를 개발하였다. DIT-2와 기존의 DIT 사이의 중요한 차이점은 딜레마의 내용이 수정되었고, 딜레마의 수가 여섯 개에서 다섯 개로 줄었으며, 새로운 분석을 통해 검사도구의 신뢰도와 타당도가 보강되었다는 점이다.

그 이듬해인 1999년 레스트와 동료들은 DIT의 새로운 측정을 위해 N2지수와 도식점수를 개발하였다. 이는 P(%) 점수가 단지 인습 이후 도식의 발달 정도만을 나타내는 점수이기 때문에 더 낮은 단계인 개인적 관심 도식에서 규범준수 도식으로의 변화를 설명하지 못하는 한계를 극복한 새로운 지수 및 점수다.

그러나 새로운 DIT가 소개되었음에도 불구하고, 여전히 많은 연구자들은 DIT-1을 더 선호하는 경향이 있는데, 이는 DIT-1이 그동안 수백 편의 연구에서 활용됨으로써 그 연구기반을 갖추고 있기 때문이다.

한국의 경우

1986년에 문용린 교수는 미국 미네소타대학교의 레스트 교수에 의해 제작된 DIT를 한국에서 처음으로 번안하여 사용하였다.

　레스트의 DIT는 중학교 2학년 이상의 독해능력을 갖춘 피험자만을 대상으로 적용할 수 있으며, 완성형과 간편형으로 나누어진다. 완성형은 여섯 개의 딜레마로, 간편형은 세 개의 딜레마로 구성되어 있다.

　한국판 DIT는 [생활문제 설문지](문용린, 1986)라는 이름으로도 알려져 있으며, 미국판 DIT 간편형과 동일한 구조다. 즉, 피험자는 '남편의 고민' '탈옥수' '의사와 환자' 의 세 딜레마 이야기를 읽고 각각의 딜레마에 딸린 12개 문항에 중요도를 표시한 후 가장 중요하다고 생각하는 네 문항을 골라 순위를 매기게 된다.

　한국판 DIT는 1994년 한국 청소년 1,200명을 대상으로 표준화하여 검사의 신뢰도와 타당도를 확보했다.

　한편, 서울대 도덕심리연구실은 문용린의 한국판 DIT(1986)를 수정·보완하여 2004년에 초등학생에게도 실시가 가능한 K-DIT를 개발하였다. K-DIT는 기존 검사의 딜레마 내용 및 문항이 갖고 있는 언어적 난이도를 대폭 낮추어 초등학교 3학년까지도 적용할 수 있도록 하였다. 따라서 K-DIT는 중학교 3학년 또는 14세 이상에서만 사용 가능했던 기존 DIT의 한계를 보완하기 위해 개발된 검사라고 할 수 있다. 이러한 이유로 앞으로 한국에서 전개될 DIT연구에서는 새로운 K-DIT(문용린, 2004)를 사용할 것을 권한다.

　현재 도덕심리연구실에서는 한국의 초등학생부터 성인에 이르는 2,000명의 피험자를 대상으로 K-DIT에 대한 표준화 연구를 진행하고 있다. 한국인을 대상으로 현재 진행 중인 K-DIT연구는 표준화를 통해 그 자체의 신뢰도와 타당도가 입증될 것이며, 연구 집단별 규준이 마련될 것이다. 이러한 연구결과는 향후 한국인의 도덕성 연구에 대한 중요한 기초자료가 될 것이며, 다양한 추수연구를 이끌어낼 것으로 기대된다.

도덕 판단력 검사의 개요

피아제와 콜버그로부터 시작된 인지발달론적 관점(Cognitive Developmental Approach)에서 도덕성을 측정하는 방식에는 MJI, DIT, OISE 그리고 SRM이라는 네 가지 방식이 널리 알려져 있다. MJI(The Moral Judgement Interview)는 면접방식의 검사로 콜버그가 직접 고안하여 사용한 것이고, DIT(The Defining Issues Test)는 객관식의 선택형 검사로 미네소타 대학교의 레스트가 개발하여 사용한 것이다. OISE(Ontario Institute for Studies in Education)는 캐나다의 온타리오 교육연구소의 포스터와 타일러가 아동의 도덕성 측정을 위해 제작한 주관식 검사다. 끝으로 SRM(The Social Reflection Measures)은 단답형의 주관식 검사로 미국 오하이오대학의 깁스가 제작하여 사용하기 시작하였다.

최근 북미지역의 대학과 연구소에서 조사된 이들 검사에 대한 사용빈도를 보면, 콜버그의 도덕 판단 면접법(MJI)이 22%, 레스트의 도덕 판단력 검사(DIT)가 18%, 깁스의 사회적 사고측정검사(SRM)가 약 5%를 차지하고 있다(Snarey, 1999). 각 검사에 대한 간략한 소개는 다음과 같다.

콜버그의 도덕 판단 면접법(MJI)

콜버그는 도덕 판단 면접법(MJI)을 통해서 피아제의 기본 개념인 도덕적 인지구조를 측정해 내고자 하였다. 콜버그는 도덕판단을 특징짓는 인지단계를 구조화하고, 아동들에게 도덕적 갈등상황 이야기를 들려준 후 그에 대한 아동의 판단을 분석하여 인지구조의 성격과 발달의 논리를 탐구하고자 하였다. 그러나 방법론에 있어서 콜버그는 피아제보다 더 복잡한 가상적 딜레마를 사용하였고, 피아제가 연구한 대상보다 높은 연령(10~16세)의 아동들을 대상으로 연구했다.

콜버그는 피험자들에게 인간생명의 가치나 권리 등 도덕적 문제를 내포하고 있는 갈등상황을 제시한 후, '어떻게 할 것인지' '왜 그렇게 하는지'를 물었다. 그리고 얻은 반응을 분석하여 피험자들이 그러한 판단을 내리게 된 사고방식에 따라 3수준 6단계의 도덕성 발달단계를 설정하였다.

그러나 콜버그 이론의 검증 과정에서 항상 문제가 되었던 것은 콜버그가 사용한 도덕 판단 채점 방식의 신뢰도와 타당도에 관한 것이었다. 즉, 면담한 내용을 분석하여 아동의 도덕발달 단계를 평정하는 일은 채점자(분석자)의 능력 수준과 주관적 요소(감정상태 등)에 의해서 크게 달라질 수 있고 채점의 기준조차 명확하지 않았다. 현재 사용되고 있는 채점 방식은 종래의 것보다 여러 점에서 개선되었다는 평을 듣고는 있으나, 면접법에 머물러 있는 한 채점의 주관성, 집단검사의 어려움, 긴 면담시간 등의 문제를 여전히 지니고 있다.

레스트의 도덕 판단력 검사(DIT)

콜버그의 도덕 판단 면접법(MJI)의 문제점을 극복하기 위해 새롭게 고안된 것이 레스트의 도덕 판단력 검사(DIT)다. 레스트는 콜버그 이론이 갖는 이론적 전제를 받아들이면서 콜버그의 주관식 면접방식을 객관식 검사로 전환하였다.

레스트는 객관식 검사를 제작함으로써 보다 신뢰할 수 있고 타당한 도덕성의 측정이 가능할 것으로 믿었다. 나아가 객관식 검사는 실시의 용이성과 집단검사를 가능하게 하므로 인지발달론적 도덕성 이론에서 제기되는 여러 가설들을 보다 많은 사례와 빈번한 연구를 통하여 검증할 수 있는 계기를 마련해 주었다.

이러한 레스트의 DIT는 피아제나 콜버그식의 주관식 면접검사의 장점은 살리되, 단점을 극복함으로써 신뢰성과 타당성을 갖춘 측정을 하고자 의도된 것이었다.

DIT는 콜버그식 검사에서 나타나는 검사자의 주관적인 단계 평정의 오류를 피하기 위하여 각 단계별로 예상되는 답지를 선다형으로 제시하고 피험자로 하여금 선택하게 한다. 이러한 DIT의 기본 가정은 서로 다른 발달단계에 있는 사람들은 도덕적 갈등 상황을 서로 다르게 지각한다는 것이다. 그러므로 상이한 발달단계에 위치한 사람들은 어떤 갈등 상황의 이슈에 대해 여러 가지 질문이 제시되면 각각 서로 다른 반응을 보이며, 가장 중요하다고 생각되는 질문도 서로 다르게 선택한다. 따라서 DIT는 각 개인이 이슈를 정의하는 방식에 주목한 것으로서 도덕적 사고결정 과정에서 어떠한 가치를 중요하게 보고 있는가에 따라 각 개인의 도덕발달 단계를 결정한다.

OISE와 SRM 도덕성 검사

OISE(Ontario Institute for Studies in Education) 검사는 캐나다의 온타리오 교육연구소의 포스터와 타일러가 1972년 초 · 중 · 고 학생들의 도덕성 측정을 위해 제작한 주관식 검사다. OISE 검사는 포스터와 타일러가 제작한 딜레마와 콜버그가 제작한 하인츠 딜레마를 합친 다섯 개의 딜레마 이야기로 구성되어 있다. 각 딜레마는 5~6개의 질문으로 이루어졌으며 응답은 인터뷰를 녹음하거나 직접 적는 방식 중 하나를 피험자가 직접 선택한다.

OISE 검사의 채점 방식은 주어진 딜레마 이야기와 그에 대한 학생들의 답을 먼저 읽고, 콜버그의 6단계에 대한 설명을 학생의 응답과 비교해 보는 방식이다. 채점자는 학생의 응답을 염두에 두고 콜버그의 6단계와 비교하면서 학생의 답이 몇 단계에 속하는지를 결정한다(중앙교육평가원, 1987).

SRM(The Social Reflection Measures)은 단답형의 주관식 검사로서, 미국의 오하이오 대학의 깁스가 제작하여 사용하기 시작하였다.

도덕 판단 면접법(MJI)과 도덕 판단력 검사(DIT)의 차이점

DIT는 콜버그 연구 활동의 연장선상에서 개발되었으며 각 발달단계의 특징들은 콜버그의 기본 가정을 따르고 있지만, 다음과 같은 점에서 콜버그 검사와는 차이점을 지니고 있다(박찬주, 1989).

첫째, 콜버그식 방법은 처음부터 피험자에게 문제에 대한 해결책을 스스로 만들어 내도록 요구하지만, DIT는 피험자에게 주어진 여러 가지 판단의 근거나 이유에 대해 평정하도록 요구한다. 즉, DIT는 생성과제(production task)가 아닌 인지과제(recognition task)다. 둘째, 콜버그의 채점방식은 채점 요강에 의해 피험자의 반응을 분류해야 하지만, DIT는 피험자 자신의 반응에 따라 객관적인 채점이 가능하다. 셋째, 콜버그식 방법은 피험자를 어느 특정 단계에 속하는 것으로 평정하지만, DIT는 P(%)점수나 D점수로 나타낸다. 물론, 두 방법 모두 각기 다른 발달단계에 있는 피험자는 질적으로 다른 인지구조를 지니고 있다고 가정한다. 그러나 DIT를 이용한 연구 자료에서 단계 점수는 별로 의미가 없고 콜버그식 방법과 같이 피험자를 어느 특정단계에 속한다고 해석하지 않는다.

이러한 DIT에도 여러 가지 문제점이 있지만, 가장 큰 약점은 객관식 검사이기 때문에 피험자의 자유 반응을 고려할 수 없다는 점이다. 따라서 DIT는 새로운 인지구조를 발견할 가능성이 막혀 있는 셈이다. 콜버그 방식은 피험자의 자유로운 반응을 분석하므로 미처 생각하지 못했던 도덕인지구조를 발견할 가능성이 언제나 열려 있다. 또한 DIT는 적어도 9학년(중3, 13~14세) 이상의 언어능력이 요구되며, 다소 어렵다는 평이 있다. 그 이하 연령의 아동인 경우에는 딜레마 및 질문들을 이해하기가 어렵다. 따라서 DIT는 발달 정도를 측정하는 검사임에도 불구하고 어린아동의 도덕 판단 수준을 측정하기 힘들다는 한계를 지니고 있다.

이러한 문제의식에서 문용린(2004)은 기존의 DIT를 초등학생 수준에 맞춰 재구조화하고자 했으며, 그 결과로 한국의 초등학생들에게 적합한 새로운

DIT를 제작하여 이를 K-DIT라 명명하였다.

DIT(문용린, 1986)의 구성과 측정방식

DIT의 구성

DIT는 1972년 미국 미네소타대학교의 레스트에 의해 제작되었으며, 우리나라에서는 1986년 서울대학교의 문용린(서울대 도덕심리연구실, 1989)이 번안하였다. DIT는 중학교 2학년 이상의 독해능력을 갖춘 피험자만을 대상으로 적용하며, 완성형과 간편형으로 나누어진다. 완성형은 여섯 개의 딜레마로, 간편형은 세 개의 딜레마로 구성되어 있다.

완성형은 '남편의 고민' '학생 데모' '탈옥수' '의사와 환자' '고용주의 처지' '학생신문' 의 여섯 개 딜레마로 구성되어 있고, 간편형은 '남편의 고민' '의사와 환자' '고용주의 처지' 의 세 개의 딜레마로 구성되어 있다. 딜레마는 청소년이나 성인에게 일어날 수 있는 가상적인 상황으로 두 가지 이상의 갈등하는 가치가 포함된다.

한국판 DIT는 [생활문제 설문지](DIT, 문용린, 1986)라는 이름으로 알려져 있다. 또한 한국판 DIT는 미국판 DIT의 간편형과 동일한 체제를 가지고 있으며, '남편의 고민' '탈옥수' '의사와 환자' 의 세 딜레마 이야기와 36문항 (3딜레마×12문항)으로 이루어져 있다.

레스트의 DIT완성형은 집단용 검사로서 여섯 개의 딜레마 이야기가 제시되고, 각 이야기에는 행동 결정을 묻는 문제가 있다(예: [남편의 고민 이야기]의 경우, '만약 당신이 이 남편의 입장에 놓였다면 어떻게 하시겠습니까?'). 그 다음에는 각 이야기마다 각 딜레마 이야기의 중요 이슈와 관련되는 12개의 질문이 뒤따른다. 이 질문에 피험자는 리커르트 5점 척도에 평정을 하도록 되어 있다.

마지막으로 피험자들은 12개의 질문 중에서 '가장 중요하다고 생각되는 질문'을 순서대로 네 개씩 골라서 적게 된다. 여섯 가지 딜레마에 총 72개 문항들은 각각 2, 3, 4, A, 5A, 5B, 6단계의 사고를 반영하도록 되어 있거나, 피험자의 검사 받는 태도를 재기 위한 M문항으로 구성되어 있다.

DIT의 측정방식 및 점수의 해석

DIT의 채점은 객관식으로 컴퓨터로 채점된다. 채점의 결과는 개인별로 2, 3, 4, 5A, 5B, 6단계 점수와 A, M점수 및 개인의 도덕 판단력 수준을 총괄적으로 표시해 주는 P(%)점수(Principle morality score)와 D점수(Davison's score)가 제시된다. 여기서 2, 3, 4, 5A, 5B, 6단계 점수는 콜버그의 도덕발달 6단계 중 각각 인습 이전 수준의 2단계, 인습수준의 3단계와 4단계 그리고 인습 이후 수준의 5A, 5B단계 및 6단계에 해당하는 %점수다.

이러한 점수들 중에서 가장 많이 사용되는 점수는 P(%)점수와 D점수다. P(%)점수는 각 갈등상황의 12개의 질문 중에서 피험자가 중요하다고 순위매긴 네 개의 질문에 기초하여 산출되는데, 이 점수는 피험자의 도덕적 사고 중에서 인습 이후 수준인 5단계와 6단계의 사고가 차지하는 비율을 가리킨다. 따라서 P(%)점수가 높을수록 그 개인의 도덕 판단력 수준은 그만큼 5, 6단계에 도달해 있다고 볼 수 있다.

D점수는 인습 이전, 인습적 추론보다 원리적 추론을 상대적으로 선호하는 경향을 나타낸다. M점수는 고상하게 보이는 문항이나 의미 없는 문항을 나타낸다. 이 점수는 사고의 단계를 나타낸다기보다는, 피험자가 진술문의 의미보다는 그것의 허세성 때문에 진술문에 찬성하는 경향을 나타낸다. 그러므로 이 척도에서 높은 점수를 보이는 피험자의 자료는 신중하게 취급하도록 주의가 요청되고 있다. 레스트는 M 원점수가 8점 이상인 답지는 무시하도록 권고하고 있으며, 세 이야기로 이루어진 간편형 검사의 경우는 4점 이상이다(문용린, 1994).

DIT의 신뢰도와 타당도

미국 DIT표본(USA 1080)을 통한 DIT의 신뢰도는 데이비슨과 로빈스의 연구에서 DIT의 주요 지수인 P(%)점수와 D점수의 검사-재검사 신뢰도가 .70~.80, 내적일치도 지수인 Cronbach-α는 .70으로 나타났다. 이에 비하여 한국 DIT표본(KOR 1200)을 통한 한국판 DIT검사(간편형)의 신뢰도는 Cronbach-α로 추정해 본 결과 미국판 DIT보다는 대체로 낮게 나타났다(문용린, 1994).

한국판 DIT(문용린, 1986)의 타당도는 미국 DIT에 있는 세 딜레마(남편의 고민, 탈옥수, 의사와 환자)가 여섯 딜레마 DIT와 가장 높은 상관을 가진다는 근거하에서 선택되었다. 간편형 DIT의 P(%)점수는 160명 피험자 표본에서 완성형 DIT의 P(%)점수와 .93의 상관을 보였다. 간편형의 D점수는 완성형의 D점수와 .94의 상관을 보였다. 더 큰 1,080명의 피험자 표본에서 완성형의 P(%)점수와 간편형의 P(%)점수의 상관은 .91이었고, 완성형의 D점수와 간편형의 D점수의 상관은 .94였다. 간편형은 본질상 완성형과 똑같은 속성을 지니고 있으므로, 약간의 차이를 제외하고는 완성형에서 밝혀진 것이 간편형 DIT에도 적용될 수 있다(문용린, 1994).

문용린은 한국판 DIT의 표준화를 위해 중, 고, 대학, 성인 집단을 골고루 표집하되, 남녀 구성비를 50:50이 되게 하였다. 수집된 표본들은 DIT점수들의 평균이 극단적인 분포를 가지지 않도록 처리되었다. 이상의 원칙하에 1986년에서 1990년까지 수행된 DIT 관련 연구물 중에서 최종적으로 선정된 표본의 명칭을 "KOR 1200"이라고 부른다(문용린, 1994).

다음에서 제시되는 규준(norm)은 문용린이 번안한 한국판 DIT(1986: DIT 중에서 남편의 고민, 탈옥수, 의사와 환자의 세 이야기만을 사용한 간편형 DIT)를 사용해서 얻은 DIT점수의 해석에만 적용된다. "KOR 1200" 표본(문용린, 1994)을 이용해서 얻은 DIT 각 점수의 중, 고, 대학, 성인들의 평균점수는 〈부록 B-1〉과 같다.

DIT 평균과 표준편차(문용린, 1994)

score	중 Mean(SD)	고 Mean(SD)	대 Mean(SD)	성인 Mean(SD)	남 Mean(SD)	녀 Mean(SD)
A	3.40(3.83)	3.16(4.14)	3.99(4.61)	3.70(4.18)	3.59(4.17)	3.49(4.25)
M	2.20(2.87)	2.38(2.79)	2.69(3.03)	2.54(2.98)	2.35(2.92)	2.56(2.92)
P	37.80(12.43)	42.85(13.99)	44.97(16.35)	35.14(14.61)	39.14(14.14)	41.28(15.66)
D	17.91(3.51)	19.35(3.38)	20.04(3.59)	18.35(3.35)	18.63(3.49)	19.29(3.64)
Stage Scores(Ratings)						
2	1.90(2.89)	1.30(2.32)	1.39(2.57)	2.06(3.01)	1.62(2.63)	1.69(2.80)
3	18.24(6.93)	16.45(7.27)	14.73(7.47)	16.19(7.41)	16.71(7.28)	16.19(7.66)
4	11.55(7.09)	10.97(6.55)	10.20(6.75)	14.41(7.69)	12.21(7.57)	11.28(6.75)
5A	14.26(6.50)	15.64(7.26)	16.51(8.27)	12.69(7.03)	14.42((7.11)	14.93(7.78)
5B	2.38(2.91)	2.75(3.14)	3.20(3.26)	2.64(3.08)	2.53(3.08)	3.12(3.16)
6	6.03(4.62)	7.31(4.98)	7.26(4.68)	5.74(4.64)	6.53(4.80)	6.71(4.78)

DIT의 실시방법

DIT는 속도 검사로 의도된 것이 아니기 때문에 피험자들에게 충분한 시간을 주어 각 학교급별 단위 수업시간(초등학교 40분, 중학교 45분, 고등학교 50분) 안에 검사를 마치도록 한다. 미국판 완성형 DIT의 경우, 50분의 시간은 피험자들이 검사를 마치는 데 충분한 시간이며, 대부분의 피험자들이 20~40분 이내로 검사를 끝마칠 수 있다고 알려져 있다.

모든 이야기는 한 개의 행동선택 문항과 12개의 이슈에 대한 진술문항을 가지고 있다. 이야기를 읽은 후 첫 번째 과제는 딜레마 이야기의 주인공 입장에서 행동선택을 하는 것이며, 두 번째 과제는 12개의 각 문항을 읽고 중요도를 평정하는 것이다. 각 문항별로 평정한 후에 피험자는 12개의 문항을 고려해 보고 가장 중요한 질문 네 개의 순위를 매긴다. 각 이슈들이 행동선택을 하는 데 얼마나 중요성을 가지는지를 평정하고 순위매기는 과제를 설명하기 위하여 〈보기〉 이야기('자전거 사기')가 사용되었다.

검사를 하는 동안에 피험자가 이야기 안에 있는 어휘를 이해하지 못하여 질문을 할 때는 그 단어에 대한 사전적인 정의까지만 제공할 수 있고, 12개의 문항 내에 있는 어휘를 이해하지 못하였을 경우에도 사전적 정의만을 제공할 수 있다.

DIT의 채점 방법

DIT의 채점은 손으로 계산하는 방법과 컴퓨터 채점방법이 있는데, 서울대 도덕심리연구실에서 컴퓨터 채점 서비스를 무료로 제공한다. DIT의 컴퓨터 채점으로 연구자들은 간편성, 정확성, 신속성을 기할 수 있게 되었다.

DIT의 컴퓨터 채점 결과 얻을 수 있는 자료는 2, 3, 4, 5A, 5B, 6단계의 %점수와 A문항, M문항에 대한 %점수 그리고 DIT에서 가장 많이 사용되는 P점수(Principled morality: "도덕결정 시 원리화된 수준인 5, 6단계의 도덕 판단력을 고려한 것에 상대적 중요성을 둔 정도")다.

검사 신청 및 실시요강은 서울대학교 도덕심리연구실(http://moral.snu.ac.kr)에서 받아볼 수 있으며, 채점 서비스를 무료로 제공하고 있다. 현재까지 도덕심리연구실에서 나온 DIT 및 K-DIT를 활용한 연구들의 목록은 다음과 같다.

- DIT를 사용한 도덕심리연구실 연구물
문용린(박사, 1987). A study of test item bias in the measurement of moral judgment development: gender bias in the defining issues test.
홍성훈(박사, 1994). 靑少年들의 道德的 行動의 抑制 現象과 그 理由에 관한 연구.
이승미(석사, 1994). 딜레마토론이 고등학생의 사회 도덕적 추론능력에 미

치는 영향: 원자력발전과 핵폐기물 처리에 대한 태도
　　　　　를 중심으로.

원현주(석사, 1999). 도덕적 자아와 도덕 행동 선택에 관한 연구: Blasi의
　　　　　도덕적 자아를 중심으로.

육숙자(석사, 1999). 도덕판단수준 향상을 위한 딜레마 토론의 적용에 관한
　　　　　연구.

전수경(석사, 1999). 고등학교 도덕풍토의 차이에 관한 연구.

이승미(박사, 2000). 人權敎育 프로그램의 認知 情緖 要因에 관한 實驗 硏究.

홍성훈(박사, 2000). 醫療倫理 敎育 프로그램의 開發 硏究: 醫科大學生의
　　　　　道德 判斷力 敏感性 行動選擇을 中心으로.

김지영(박사, 2004). 大學敎育과 道德判斷力의 關係 硏究.

문미희(박사, 2004). 사범대 학생을 위한 인권교육 프로그램 개발 연구.

이병희(석사, 2004). 한국판 초등용 DIT 타당화 연구.

이지혜(석사, 2005). 도덕민감성 척도 개발 및 특성에 관한 연구.

장희선(석사, 2006). 도덕판단력검사(DIT)의 초등학생 이해도 분석.

김민강(박사, 2007). 전문직업인의 도덕적 자아 발달에 관한 비교문화연구
　　　　　: 치과의사를 중심으로.

▪ DIT검사 도구 개발 관련 연구물

문용린(1994). 한국청소년의 도덕성발달 진단을 위한 연구: 도덕판단력 진
　　　　단검사(DIT)를 위한 표준화연구. 서울: 한국학술진흥재단.

문미희(1990). 도덕판단력검사(DIT)의 문항적절성 분석연구. 서울대 석사
　　　　학위논문.

이병희(2004). 한국판 초등용 DIT 타당화연구. 서울대 석사학위논문.

장희선(2006). 도덕판단력검사(DIT)의 초등학생 이해도 분석. 서울대 석사
　　　　학위논문.

C. K-DIT검사지

〈K-DIT〉

여러분의 일상생활에 대한 질문

이 질문지는 여러분의 일상생활에 대한 생각을 알아보려는 것입니다. 여기에는 맞는 답이나 틀린 답이 없습니다.

이 질문지의 결과는 컴퓨터로 처리되어 집단 점수로만 활용될 것이므로, 여러분의 인적사항이나 질문에 대한 생각은 결코 다른 사람에게 알려지지 않을 것입니다.

이 질문지는 3개의 짧은 이야기와 그 이야기에 대한 여러분의 생각을 알아보려는 12개의 질문들이 각각 별도로 있습니다.

다음 〈보기〉를 잘 읽고, 이와 같은 방법으로 여러분의 생각을 표시해 주시기 바랍니다.

서울대학교 사범대학 교육학과
도덕심리연구실(http://moral.snu.ac.kr)

〈보기〉 자전거사기

철수의 아버지는 집에서 차로 30분가량 떨어져 있는 회사에서 일하고 있다. 그러나 교통이 막히면 한 시간도 넘게 걸린다. 그래서 철수 아버지는 오래전부터 자전거를 하나 사서 회사도 다니고, 시장을 보거나 운동을 하는 데에도 사용해야겠다고 마음먹고 있었다.

그러나 막상 사려고 하니 생각해 보아야 할 일이 많이 있음을 알게 되었다.

---

(1) (입장선택) 만약 당신이 철수 아버지라면 어떻게 하겠습니까?

　　① 자전거를 산다 (∨)　　② 잘 모르겠다 (　)　　③ 사지 않는다 (　)

(2) (중요성 정도) 다음의 질문들은 철수 아버지가 자전거를 살지 말지를 결정하는 데 어느 정도 중요합니까? (해당란에 ∨표 하시오)

매우 중요 하다 ①	대체로 중요 하다 ②	약간 중요 하다 ③	별로 중요하지 않다 ④	전혀 중요하지 않다 ⑤	질　　문
			∨		1. 동네에 있는 가게에서 살 것인가, 시내의 백화점에서 살 것인가? (이 질문은 '별로 중요하지 않게' 생각되어 ④에 ∨표 되었다.)
	∨				2. 장기적으로 볼 때, 새 것과 중고를 사는 것 중 어느 것이 더 이득인가? (이 질문은 '대체로 중요하게' 생각되어 ②에 ∨표 되었다.)
∨					3. 가격은 비싸지만 품질이 좋은 것을 살 것인가, 품질은 좀 떨어지더라도 값이 싼 것을 살 것인가? (이 질문은 '매우 중요하게' 생각되어 ①에 ∨표 되었다.)
				∨	4. 엔진의 크기가 어느 정도 되어야 하는가? (이 질문은 자전거를 사는 것과는 전혀 상관이 없으므로 '전혀 중요하지 않게' 생각되어 ⑤에 ∨표 되었다.)
		∨			5. 짐 틀의 크기가 어느 정도 커야 되는가? (이 질문은 '약간 중요하게' 생각되어 ③에 ∨표 되었다.)

(3) (중요 질문 순서선택) 위의 질문 중에서 중요하다고 생각하는 4개의 질문을 고른 후, 중요한 순서대로 그 질문의 번호를 쓰시오.

　　　　가장 중요한 질문의 번호　　　(3)

　　　　둘째로 중요한 질문의 번호　　　(2)

　　　　셋째로 중요한 질문의 번호　　　(5)

　　　　넷째로 중요한 질문의 번호　　　(1)

– 지시에 따라 다음 페이지로 넘어가시오 –

남편의 고민

　한 부인이 이상한 병으로 죽어 가고 있었다. 그래서 남편은 아내를 데리고 병원에 갔다. 의사는 암이라고 말하면서, 집 근처 가까운 약국에 그 암을 치료할 수 있는 약이 있다고 했다.

　그런데 약국 주인은 그 약을 만드는 데 돈과 시간을 많이 들이며 고생을 했기 때문에 그 약값을 아주 비싸게 요구했다. 그래서 남편은 약값을 마련하기 위해 열심히 일을 했지만, 약값의 반밖에 벌지 못했다.

　그래서 남편은 그 약국에 가서 주인에게 "아내가 죽어 가고 있어요. 그 약을 반값에 주세요. 다음에 나머지 반값을 드리겠습니다."라고 애원했지만, 약국 주인은 "미안하지만 안 되겠습니다."라고 거절했다.

　그래서 남편은 아내를 살리기 위해 많은 걱정을 하다가, 약을 몰래 훔치는 방법밖에 없다고 생각하기 시작했다.

---

(1) 만약 당신이 이 남편이라면 어떻게 하겠습니까?

　① 훔친다 (　)　　② 잘 모르겠다 (　)　　③ 훔치지 않는다 (　)

(2) 다음의 질문들은 남편이 약을 훔칠지 말지를 결정하는 데 어느 정도 중요합니까?

매우 중요 하다 ①	대체로 중요 하다 ②	약간 중요 하다 ③	별로 중요하지 않다 ④	전혀 중요하지 않다 ⑤	질 문
					1. 이유가 무엇이든 법이 정한 일은 지켜야 하지 않을까?
					2. 정말로 아내를 사랑한다면, 약을 훔쳐서라도 아내를 살려야 하지 않을까?
					3. 그 약을 먹는다 해도 아내가 살지 죽을지 모르는데, 감옥에 갈 일을 할 필요가 있을까?
					4. 부모님이 도둑질은 나쁜 짓이라고 하셨으니, 약을 훔치지 말아야 하지 않을까?
					5. 남편은 자신을 위해 훔치는 것인가, 아니면 누군가 다른 사람을 위해 훔치는 것인가?
					6. 그 약을 만든 약국 주인의 노력과 고생도 중요하지 않을까?
					7. 약을 훔치다 잡히면 감옥에서 오랫동안 벌을 받아야 하지 않을까?
					8. 아내와 남편은 각자 서로 무엇이 더 중요하다고 생각할까?
					9. 남편이 약을 훔친 것을 선생님이 알게 되면 화를 많이 내시지 않을까?
					10. 법을 지키는 것은 사람의 목숨을 살리는 데 오히려 방해가 되지 않을까?
					11. 약국 주인은 너무 욕심이 많고 마음씨가 나쁘니까 도둑질을 당해도 되지 않을까?
					12. 약을 훔쳐서라도 아내의 목숨을 살리려고 하는 것이 그냥 가만히 있는 것보다 낫지 않을까?

(3) 위의 질문 중에서 중요하다고 생각하는 4개의 질문을 고른 후, 중요한 순서대로 그 질문의 번호를 쓰시오.

　　　　가장 중요한 질문의 번호　　　(　)
　　　　둘째로 중요한 질문의 번호　　　(　)
　　　　셋째로 중요한 질문의 번호　　　(　)
　　　　넷째로 중요한 질문의 번호　　　(　)

탈옥수

어떤 사람이 10년 동안 감옥살이를 해야 하는데 1년을 살다가 감옥에서 도망을 쳤다. 그리고 다른 지방으로 가서 이름을 바꾸고 8년간 열심히 일해서 큰 부자가 되었다.

부자가 된 그는 양심적으로 회사를 운영하고, 월급도 잘 주며, 가난한 사람을 많이 도와주어 훌륭한 부자로 유명해졌다.

그러던 어느 날 옆집 부인이 이 부자가 감옥에서 도망친 범인이라는 것을 우연히 알게 되었다. 그리고 경찰에서 아직도 그를 체포하려고 열심히 찾고 있다는 사실도 알게 되었다.

부인이 이 부자를 경찰에 신고하면, 경찰은 그 부자를 잡아서 다시 감옥에 보낼 것이다. 대신에 그 부자의 회사는 망할 것이고, 부자는 더 이상 좋은 일을 할 수 없게 될 것이다.

부인은 이 부자를 경찰에 신고해야 할지 말아야 할지 망설이고 있다.

---

(1) 만약 당신이 이 부인이라면 어떻게 하겠습니까?

① 신고한다 (　) ② 잘 모르겠다 (　) ③ 신고하지 않는다 (　)

(2) 다음의 질문들은 부인이 신고를 할 것인지 말 것인지를 결정하는 데 어느 정도 중요합니까?

매우 중요 하다 ①	대체로 중요 하다 ②	약간 중요 하다 ③	별로 중요하지 않다 ④	전혀 중요하지 않다 ⑤	질　　　　　　　문
					1. 감옥에서 도망친 후 그8년 동안 착한 일은, 그 사람이 나쁜 사람이 아니라는 것을 보여 주는데 충분하지 않을까?
					2. 감옥에서 도망쳐도 잡히지 않으면, 감옥에서 도망치려고 하는 범인이 점점 많아지지 않을까?
					3. 벌을 다 받지 않고 감옥에서 도망치는 일은 나쁜 일이 아닐까?
					4. 그 부자는 착한 일을 많이 했으니까 옛날에 법을 어긴 일은 용서받을 수 있지 않을까?
					5. 그 부자를 다시 감옥에 보내게 되면 그 사람이 했던 착한 일을 무시한 것이며, 앞으로 착한 일을 못하게 하는 것은 아닐까?
					6. 감옥에서 도망치다가 잡히면 더 큰 벌을 받게 되지 않을까?
					7. 그 사람을 다시 감옥으로 보내는 것은 얼마나 인정이 없고 나쁜 짓인가?
					8. 신고하지 않으면, 도망치지 않고 감옥에서 끝까지 벌을 받고 있는 다른 범인들에게는 억울한 일이 아닐까?
					9. 이 사실을 알기 전에, 그 부인은 이 부자와 얼마나 친한 사이였을까?
					10. 이유야 무엇이든 도망친 범인을 신고하는 것은 당연히 해야 할 일이 아닐까?
					11. 어떤 한 사람의 생각이 다른 많은 사람의 생각과 다를 때, 사회는 이 문제를 어떻게 해결해야 할까?
					12. 그를 다시 감옥으로 보내는 것은 그 부자를 위해서인가, 아니면 다른 사람들을 위해서인가?

(3) 위의 질문 중에서 중요하다고 생각하는 4개의 질문을 고른 후, 중요한 순서대로 그 질문의 번호를 쓰시오.

　　　　　가장 중요한 질문의 번호　　　(　)
　　　　　둘째로 중요한 질문의 번호　　(　)
　　　　　셋째로 중요한 질문의 번호　　(　)
　　　　　넷째로 중요한 질문의 번호　　(　)

환자의 애원

　어느 젊은 여자가 암에 걸려 6개월밖에 살 수 없게 되었다. 그 여자는 암 때문에 고통스러워했다. 너무 많이 아플 때는 정신을 잃기까지 했다.

　강한 진통제를 주면 덜 아프기는 했지만, 이 진통제는 너무 강한 것이어서 오히려 그 여자를 더 빨리 죽게 할 수도 있었다.

　가끔 통증이 멈추었을 때, 이 여자는 의사에게 더 많은 진통제를 달라고 하면서 아픔 없이 죽게 해달라고 애원했다. 여자는 너무 아파서 참기도 힘들고 어차피 죽을 것이니 편안하게 죽게 해달라고 울면서 의사에게 부탁했다.

　의사는 이 환자의 애원대로 고통 없이 죽을 수 있게 해 주어야 할지 말아야 할지를 고민하고 있다.

---

(1) 만약 당신이 이 의사라면 환자의 애원을 어떻게 하겠습니까?

　　① 들어준다 (　)　　② 잘 모르겠다 (　)　　③ 들어주지 않는다 (　)

(2) 다음의 질문들은 의사가 환자의 애원을 들어줄지 말지를 결정하는 데 어느 정도 중요합니까?

매우 중요 하다 ①	대체로 중요 하다 ②	약간 중요 하다 ③	별로 중요하지 않다 ④	전혀 중요하지 않다 ⑤	질 문
					1. 환자의 가족들은 어떤 생각을 하고 있을까?
					2. 의사가 아닌 사람이 진통제를 주어서 사람이 죽게 되면 당연히 죄가 되는 것처럼, 의사가 그렇게 해도 똑같이 죄가 되지 않을까?
					3. 사람을 죽이는 일을 하느님이 용서할 수 있을까?
					4. 의사가 실수한 것처럼 꾸며서 환자의 부탁을 들어줄 수도 있지 않을까?
					5. 나라의 법에 스스로 죽고 싶어 하는 사람을 죽지 못하게 할 권리가 있을까?
					6. 일부러 사람을 죽이는 것은 의사가 해서는 안 되는 일이라고 배우지 않았을까?
					7. 의사는 환자를 덜 아프게 해 주는 일에 신경을 써야 할까, 아니면 다른 사람이 자신을 어떻게 생각할지에 더 신경을 써야 할까?
					8. 사람을 편안하게 죽도록 도와주는 일이 때로는 더 좋은 일이 아닐까?
					9. 오직 하느님만이 사람의 목숨을 살리거나 죽일 수 있는 것이 아닐까?
					10. 의사는 무엇을 가장 중요하게 생각하며 자신의 일을 해야 할까?
					11. 어떤 사람이 스스로 죽고 싶어 할 때, 법은 그 사람이 스스로 죽는 것을 허락할 수 있을까?
					12. 사회는 자살을 허락하면서, 동시에 살고 싶은 사람들의 생명을 지켜 주는 두 가지 일을 잘 할 수 있을까?

(3) 위의 질문 중에서 중요하다고 생각하는 4개의 질문을 고른 후, 중요한 순서대로 그 질문의 번호를 쓰시오.

가장 중요한 질문의 번호　　　(　　)

둘째로 중요한 질문의 번호　　　(　　)

셋째로 중요한 질문의 번호　　　(　　)

넷째로 중요한 질문의 번호　　　(　　)

D. 도덕심리연구실 소개

도덕심리연구실에 대하여

• 어떤 사람들이?

도덕심리연구실(Moral Psychology Lab)은 서울대학교 사범대학 교육학과 대학원 안에 꾸려 놓은 학문 공동체로, 특정한 학문적 주제에 대한 관심과 정보를 공유하면서 함께 공부하는 무리라는 뜻에서 SIG(Special Interest Group)라고 부른다. 문용린 교수를 중심으로 각자 개성 넘치고 저마다의 학문적 열정을 참지 못하는 40여 명이 넘는 연구자들이 인연을 맺고 서울대 안에서뿐만 아니라 미국과 영국, 호주 등 해외 대학, 각급 학교의 교육 현장, 연구소, 기업 등에서 다양한 주제와 현상에 대한 탐구와 대화를 끊임없이 진행 중이다. 지상의 보금자리는 서울대학교 11동 433호 문용린 교수 연구실이며, 가상공간에서도 함께 만날 수 있는 집(moral.snu.ac.kr)을 마련해 놓고 있다.

• 무엇을?

'Moral-SIG'라는 소모임에서는 우리나라 현실에 적합하고 효과적인 도덕교육 프로그램의 모델을 탐색하고 있다. 도덕성 발달에 있어 인지발달론적 접근, 인성 교육(Character Education), 도덕성 발달의 성차, 도덕 판단력과 정서 간의 관계, 동서양 도덕성 발달의 차이 등에 관심을 갖고 연구를 진행한다. 이런 관심하에 전문직업인의 윤리발달과 교육에 대한 연구도 진행되었는데, 의대생들의 도덕성 발달(홍성훈, 이지혜), 교사들의 윤리의식 발달(문미희), 치과의사의 도덕적 자아발달(김민강) 등의 연구가 이루어졌다. 직업윤리를 다룬 도덕심리학 서적인 H. Gardner의 *Good Work*(생각의 나무, 2003)와 J. Rest의 또 다른 도덕발달 서적인『윤리경영시대의 전문직업인의 윤리발달과 교육』(학지사, 2006) 등을 번역하기도 했다.

또 하나의 소모임인 'MI-SIG'에서는 다중지능이론을 주로 공부하면서 연구 프로젝트를 진행한다. 다중지능이론의 특성에 맞는 측정 도구와 종합적 성진로진단검사를 개발해 냈고, 다중지능이론을 적용한 다양한 프로그램을 개발하여 학교와 기업에 적용하고 있다.

세 번째 소모임인 'EI-SIG'에서는 1995년 우리나라에 처음으로 소개된 정서지능(EQ)에 대한 연구를 진행한다. 가정, 학교, 기업을 중심으로 정서지능 계발 프로그램을 제작했고 정서지능을 보다 한국적인 개념으로 분석하고 소화하여 그 모델과 구성요소를 새롭게 재정립하는 연구를 진행하고 있다.

• 어떻게?

12년 전부터 매주 한 번씩 여는 세미나를 지금까지 700여 차례가 넘게 계속해 왔다. 함께 모여 국내외 최신 저서들을 읽고, 번역하고, 토론한다. 지금까지 번역서를 포함하여 수십 종의 단행본과 수백 건의 논문, 연구 보고서를 생산해 냈다. 현재 도덕 이론과 정서지능, 다중지능 연구뿐만 아니라 성공지능(SI) 등 일반인과 기업에 적용할 수 있는 다양한 프로그램의 연구 개발에도 힘을 쏟고 있다.

• 이 책은?

문용린 교수와 도덕심리연구실 Moral-SIG는 도덕발달과 교육에 대한 관심으로 많은 논문과 책을 읽어 왔는데, 특히 이 책(Moral Development)은 SIG가 시작된 초창기 이래로 도덕심리학 연구의 지도(map)처럼 옆에 끼고 여러 번 읽은 책 중의 하나다. 왜냐하면 이 책은 도덕성 연구의 양적연구를 기하급수적으로 늘어나게 해 준 J. Rest의 DIT와 그것을 사용한 연구결과들을 정교하게 잘 정리해 주면서 인간의 도덕성에 대한 심리학적 이론에 대한 전체적인 조망을 하도록 도와주기 때문이다.

우리는 이 책을 대학원 과정에서 여러 차례 읽고 번역하면서 행간의 오역들이 없도록 여러 차례 수정 보완하고, J. Rest의 DIT와 그것을 한국 상황에 맞게 번역하여 연구하고 있는 K-DIT(문용린, 2004, 부록 참조), 그리고 그것의 심리측정학적 자료들을 함께 모아서 출판 원고를 준비하게 되었다.

최근 Moral-SIG 구성원들은 K-DIT 표준화 연구를 위해 초등학생부터 성인에 이르는 2천명을 대상으로 검사를 실시하였고, 국제학술대회 발표에 이어 출간을 준비중에 있다(2008, 예정). 1994년 실시한 표준화 연구에 이어 대규모 표집연구로 진행되고 있는 2007년 연구로 인해 한국에서의 도덕 판단력 연구에 큰 획을 그을 수 있으리라 기대한다.

아무쪼록 이 책을 통해서 우리나라에서도 K-DIT를 활용한 도덕발달에 관한 연구들이 더 많이 진행될 수 있기를 기대하며, 이 책을 내는 기념으로 현재 도덕심리연구실의 Moral-SIG 구성원들을 다음과 같이 밝힌다.

원현주: 서울대학교 사범대학 교육학과 박사 과정을 수료했고 현재 박사 논문을 쓰고 있다. 논문으로 〈도덕적 자아와 도덕행동 선택에 관한 연구〉(서울대학교 대학원 교육학과 석사논문, 1999)가 있다.

김민강: 서울대학교 사범대학 교육학과에서 박사학위를 받았으며, 논문으로 〈수학영재의 신념, 태도 및 정서적 특성에 관한 연구〉(서울대학교 대학원 교육학과 석사논문, 2003)와 〈전문직업인의 도덕적 자아 발달에 관한 비교문화연구: 치과의사를 중심으로〉(서울대학교 대학원 교육학과 박사논문, 2007)가 있다.

홍우림: 서울대학교 사범대학 교육학과 박사 과정을 수료했고 현재 박사 논문을 준비하고 있다.

유경재: 서울대학교 사범대학 교육학과 박사 과정을 수료했고 현재 박사 논문을 쓰고 있다. 논문으로 〈상위표상과 분배정의추론의 관계〉(서울대학교 대학원 교육학과 석사논문, 2004)가 있다.

이지혜: 서울대학교 사범대학 교육학과 박사 과정을 수료했고 현재 박사 논문을 준비하고 있다. 논문으로 〈도덕민감성 척도개발 및 특성에 관한 연구〉

(서울대학교 대학원 교육학과 석사논문, 2005)이 있다.

이미숙: 서울대학교 사범대학 교육학과 박사 과정을 수료했고 현재 박사 논문을 준비하고 있다.

장희선: 서울대학교 사범대학 교육학과 석사를 졸업했고 논문으로 〈도덕판단력 검사(DIT)의 초등학생 이해도 분석〉(서울대학교 대학원 교육학과 석사논문, 2006)이 있다.

엄채윤: 서울대학교 사범대학 교육학과 박사 과정에 재학 중이며, 논문으로 〈외국어 쾌속학습능력의 발현과정 분석〉(서울대학교 대학원 교육학과 석사논문, 2007)이 있다.

신소연: 서울대학교 사범대학 교육학과 석사과정에서 도덕성에 관련하여 관심을 가지고 석사학위 논문을 쓰고 있다.

송창희: 서울대학교 사범대학 교육학과 석사과정에서 도덕성에 관련하여 관심을 가지고 석사학위 논문을 쓰고 있다.

김영주: 서울대학교 사범대학 교육학과 석사과정에서 도덕성에 관련하여 관심을 가지고 연구에 참여하고 있다.

참고문헌

Adams, R. D. (1982). The Effects of a Moral Education Seminar upon the Stage of Moral Reasoning of Student Teachers. Doctoral dissertation, University of Tulsa, Oklahoma.

Allen, R., & Kickbush, K. (1976). Evaluation of the Nicolet High School Confluent Education Project for the Second Year, 1974-75. Unpublished manuscript, Nicolet High School, Glendale, Wisconsin.

Allport, G. W., & Ross, J. M. (1967). Personal Religious Orientation and Prejudice. *Journal of Personality and Social Psychology, 5*: 432-443.

Aronfreed, J. (1968). *Conduct and Conscience*. New York: Academic Press.

Astin, A. W. (1978). *Four Critical Years*. San Francisco, CA: Jossey-Bass.

Avise, M. J. (1980). A Study to Determine the Growth in Moral Development in Dexfield High School's 1979-80 Fall Peer Helper Program. Unpublished manuscript. Des Moines, IA: Drake University.

Balfour, M. J. (1975). An Investigation of a School-Community Involvement Program's Effect on the Moral Development of Participants. Master's thesis. Minneapolis, MN: University of Minnesota.

Baltes, P. B. (1968). Longitudinal and Cross-Sectional Sequences in the Study of Age and Generation Effects. *Human Development 11*: 145-171.

Bandura, A. (1977). *Social Learning Theory*. Englewood Cliffs, NJ: Prentice-

Hall.

Bandura, A., & McDonald, F. J. (1963). The Influence of Social Reinforcement and the Behavior of Models in Shaping Children's Moral Judgments. *Journal of Abnormal and Social Psychology, 67*: 274-281.

Bandura, A., Underwood, B., & Fromson, M. E. (1975). Disinhibition of Aggression through Diffusion of Responsibility and Dehumanization of Victims. *Journal of Research in Personality 9*: 253-269.

Barnett, R. (1982). *Change in Moral Judgment and College Experience. Master's thesis*. Minneapolis, MN: University of Minnesota.

Barnett, R. (1985). Dissimulation in Moral Reasoning. Doctoral dissertation. Minneapolis, MN: University of Minnesota.

Barnett, R., & Volker, J. M. (1985). Moral Judgment and Life Experience. Unpublished manuscript. Minneapolis, MN: University of Minnesota.

Barrrett, D. E., & Yarrow, M. R. (1977). Prosocial Behavior, Social Inferential Ability, and Assertiveness in Children. *Child Development, 48*: 475-481.

Bebeau, M. J., Oberle, M., & Rest, J. R. (1984). Developing Alternate Cases for the Dental Sensitivity Test (DEST). Program and Abstracts, abstract no. 228. *Journal of Dental Research, 63* (March): 196.

Bebeau, M. J., Reifel, N. M., & Speidel, T. M. (1981). Measuring the Type and Frequency of Professional Dilemmas in Dentistry. Program and Abstracts, abstract no. 891. *Journal of Dental Research 60* (March).

Bebeau, M. J., Rest, J. R., & Yamoor, C. M. (1985). Measuring Dental Students' Ethical Sensitivity. *Journal of Dental Education 49*, no. 4: 225-235.

Beck, C. (1985). Is There Really Development? An Alternative Interpretation. Paper presented at the annual conference of the Association for Moral Education, Toronto, Canada.

Beddoe, I. B. (1981). Assessing Principled Moral Thinking among Student Teachers in Trinidad and Tobago. Unpublished manuscript.

Benor, D. E., Notzer, N., Sheehan, T. J., & Norman, C. R. (1982). Moral Reasoning as a Criterion for Admission to Medical School. Paper presented at the AERA Annual Conference, March.

Berkowitz, M. W. (1980). The Role of Transactive Discussion in Moral Development: The History of a Six-Year Program of Research-Part II.

Moral Education Forum, 5: 15-27.

Berndt, T. J. (1985). Moral Reasoning: Measurement and Development. In *Research in Moral Development*. M. M. Brabeck (chair). Symposium conducted at the meeting of the American Educational Research Association, Chicago.

Bidwell, S. Y. (1982). Attitudes of Caregivers toward Grief: A Cognitive-Developmental Investigation. Unpublished master's thesis. Minneapolis, MN: University of Minnesota.

Biggs, D., & Barnett, R. (1981). Moral Judgement Development of College Students. *Research in Higher Education, 14*: 91-102.

Biggs, D., Schomberg, S., & Brown, J. (1977). Moral Development of Freshmen and Their Pre-College Experience. *Research of Higher Education, 7*: 329-339.

Blackner, B. L. (1975). Moral Development of Young Adults Involved in Weekday Religious Education and Self-Concept Relationships. *Dissertation Abstracts International, 35*: 5009A (University Microfilms no. 75-4160).

Blasi, A. (1980). Bridging Moral Cognition and Moral Action: A Critical Review of the Literature. *Psychological Bulletin, 88*: 1-45.

Blasi, A. (1984). Moral Identity: Its Role in Moral Functioning. In *Morality, Moral Behavior, and Moral Development* (pp. 128-139), edited by W. M. Kurtines, & J. L. Gewirtz. New. York: Academic Press.

Blatt, M., & Kohlberg, L. (1975). The Effects of Classroom Moral Discussion upon Children's Level of Moral Judgment. *Journal of Moral Education, 4*: 129-161.

Bloom, R. (1978). Discipline: Another Face of Moral Reasoning. *College Student Journal, 12*.

Bloom, R. B. (1977). Resistance to Faking on the Defining Issues Test of Moral Development. Unpublished manuscript. Williamsburg, VA: College of William and Mary.

Boland, M. L. (1980). The Effect of Classroom Discussion of Moral Dilemmas on Junior High Student's Level of Principled Moral Judgment. Unpublished manuscript. Louisville, KY: Spalding College.

Bowen, H. R. (1978). *Investment in Learning: The Individual and Social Value of American Higher Education*. San Francisco, CA: Jossey-Bass.

Boyd, C. D. (1980). Enhancing Ethical Development: An Intervention Program. Paper presented at the Eastern Academy of Management. Buffalo, New York.

Brabeck, M. (1984). Ethical Characteristics of Whistle Blowers. *Journal of Research in Personality, 18*: 41-53.

Brandt, R. R. (1959). *Ethical Theory*. Englewood Cliffs, NJ: Prentice-Hall.

Bredemeier, B. J., & Shields, D. L. (1984). The Utility of Moral Stage Analysis in the Investigation of Athletic Aggression. *Sociology of Sport Journal, 1*: 138-149.

Bridges, C., & Priest, R. (1983). Development of Values and Moral Judgments of West Point Cadets. Unpublished manuscript, West Point, NY: United States Military Academy.

Bridston, E. D. (1979). The Development of Principled Moral Reasoning in Baccalaureate Nursing Students. Doctoral dissertation, University of San Francisco.

Broadhurst, B. P. (1980). Report: The Defining Issues Test. Unpublished manuscript, Colorado State University.

Broverman, I., Vogel, S., Broverman, D., Clarkson, F., & Rosenkrantz, P. (1972). Sex-Role Stereotypes: A Current Appraisal. *Journal of Social Issues, 28*: 59-78.

Brown, D. M., & Annis, L. (1978). Moral Development and Religious Behavior. *Psychological Reports, 43*: 1230.

Bzuneck, J. K. (1978). Moral Judgment of Delinquent and Non-Delinquent Adolescents in Relation to Father Absence. Doctoral dissertation, Brazil.

Cady, M. (1982). Assessment of Moral Development among Clergy in Bloomington. Unpublished manuscript. Minneapolis, MN: Augsburg College.

Cain, T. (1982). The Moral and Ego Development of High School Subcultures. *Master's thesis*. Minneapolis, MN: University of Minnesota.

Campbell, D. T., & Stanley, J. C. (1963). Experimental and Quasi-Experimental Research on Teaching. In *Handbook of Research on Teaching* (pp. 171-

246), edited by N. L. Gage. Chicago, IL: Rand McNally.

Carella, S. D. (1977). Disciplinary Judgments of Disruptive Behavior by Individuals and Dyads Differing in Moral Reasoning. Unpublished manuscript.

Charles, R. A. (1978). The Relationship between Moral Judgment Development and Predictive Ability. Doctoral dissertation. Columbia, SC: University of South Carolina.

Chickering, A. W. (1969). *Education and Identity*. San Francisco, CA: Jossey-Bass.

Clark, G. (1979). Discussion of Moral Dilemmas in the Development of Moral Reasoning. Unpublished manuscript. Spartanburg, SC: Spartanburg Day School.

Clark, G. (1983). Leadership and Leader Effectiveness in Small Group Discussion of Moral Dilemmas. Doctoral dissertation. Columbia, SC: University of South Carolina.

Clarke, J. (1978). Prediction of the Development of Moral Judgment in Primary School Children. Doctoral dissertation. Sidney, Australia: MacQuarie University.

Clouse, B. (1979). Moral Judgment of Teacher Education Students as Related to Sex, Politics and Religion. Unpublished manuscript. Bloomington, IN: Indiana State University.

Coder, R. (1975). Moral Judgment in Adults. Doctoral dissertation. Minneapolis, MN: University of Minnesota.

Cognetta, P. (1977). Deliberate Psychological Education: A Highschool Cross Age Teaching Model. *Counseling Psychologist, 4*: 22-24.

Cohen, J. (1969). *Statistical Power Analysis for the Behavioral Sciences*. New York: Academic Press.

Cohen, J., & Cohen, P. (1975). *Applied Multiple Regressional/Correlation Analysis for the Behavioral Sciences*. Hillsdale, NJ: Erlbaum.

Colby, A., Kohlberg, L., Biggs, J., & Liebernman, M. (1983). A Longitudinal Study of Moral Judgment. *SRCD Monograph, 48* (1-2, serial no. 200).

Collins, W. A., Wellman, H. M., Keniston, A., & Westby, S. D. (1978). Age Related Aspects of Comprehension and Inference from a Television

Dramatic Narrative. *Child Development, 49*: 389-99.

Cook, C. D. (1976). Moral Reasoning and Attitude about Treatment of Critically Ill Patients and Performance in Pediatricians. Paper presented at the American Pediatric Society, SUNY, Downstate Medical Center, April.

Cooney, M. D. (1983). A Comparison of Married and Cohabiting Individuals with Regard to Egoistic Morality and Moral Judgment Development. Doctoral dissertation. Minneapolis, MN: University of Minnesota.

Cooper, D. (1972). The Analysis of an Objective Measure of Moral Development. Doctoral dissertation. Minneapolis, MN: University of Minnesota.

Copeland, J., & Parish, T. S. (1979). An Attempt to Enhance Moral Judgment of Offenders. *Psychological Reports, 45*: 831-843.

Corcoran, K. J. (n.d.). Locus of Control and Moral Development and the Impressions of a Confederate in a Trickery Situation. Unpublished manuscript.

Cronbach, L. J., & Snow, R. E. (1977). *Aptitudes and Instructional Methods*. New York: Irvington.

Crowder, J. W. (1978). The Defining Issues Test and Correlates of Moral Judgment. *Master's thesis*. College Park, MD: University of Maryland.

Damon, W. (1977). *The Social World of the Child*. San Francisco: Jossey-Bass.

Damon, W. (1984). Self-Understanding and Moral Development from Childhood to Adolescence. In *Morality, Moral Behavior, and Moral Development* (pp. 109-127), edited by W. M. Kurtines, & J. L. Gewirtz. New York: Wiley.

Darley, J., & Batson, C. (1973). From Jerusalem to Jericho: A Study of Situational and Dispositional Variables in Helping Behavior. *Journal of Personality & Social Psychology, 27*: 100-108.

Deal, M. D. (1978). The Relationship of Philosophy of Human Nature, Level of Cognitive Moral Reasoning and Pupil Control Ideology of Graduate Students in a Department of Curriculum and Instruction. Doctoral dissertation. Stillwater, OK: Oklahoma State University.

Dean, J. (1976). *Blind Ambition*. New York: Simon and Schuster.

Deemer, D. (1986) Life Experiences and Moral Judgment Development.

Doctoral dissertation. Minneapolis, MN: University of Minnesota.

Dewey, J. (1959). *Moral Principle in Education*. New York: Philosophical Library.

DeWolfe, T. E., & Jackson, L. A. (1984). Birds of a Brighter Feather: Level of Moral Reasoning and Attitude Similarity as Determinants of Interpersonal Attraction. *Psychological Reports, 54*: 303-308.

Deyoung, A. M. (1982). A Study of Relationships between Teacher and Student Levels of Moral Reasoning in a Japanese Setting. Doctoral dissertation. Lansing, MI: Michigan State University.

Dickinson, V. (1979). The Relation of Principled Moral Thinking to Commonly Measured Sample Characteristics and to Family Correlates in Samples of Australian Highschool Adolescents and Family Triads. Doctoral dissertation. Sidney, Australia: MacQuarie University.

Dickinson, V., & Gabriel, J. (1982). Principled Moral Thinking (DIT P Percent Score) of Australian Adolescents: Sample Characteristics and F Correlates. *Genetic Psychology Monographs, 106*: 25-29.

Dispoto, R. G. (1977). Moral Valuing and Environmental Variables. *Journal of Research in Science Teaching, 14*: 273-280.

Donaldson, D. J. (1981). Effecting Moral Development in Professional College Students. Doctoral dissertation. St. Louis. MO: University of Missouri.

Durkheim, E. (1961). *Moral Education*. New York: Free Press.

Eberhardy, J. (1982). An Analysis of Moral Decision Making among Nursing Students Facing Professional Problems. Doctoral dissertation. Minneapolis, MN: University of Minnesota.

Eisenberg, N. (Ed.) (1982). *The Development of Prosocial Behavior*. New York: Academic Press.

Ellis, A. (1977). Rational Emotive Therapy: Research Data that Supports the Clinical and Personality Hypothesis of RET and Other Modes of Cognitive Behavioral Therapy. *Counseling Psychologist, 7*: 2-42.

Emler, N., Renwick, S., & Malone, B. (1983). The Relationship between Moral Reasoning and Political Orientation. *Journal of Personality and Social Psychology, 45*, 1073-1080.

Enright, R., Lapsley, M., & Levy, M. (1983). Moral Education Strategies. In

Cognitive Strategy Research : Educational Applications (pp. 43–83), edited by M. Pressley, & I. Levin. Springer-Verlag.

Erickson, B. L., Colby, S., Libbey, P., & Lohmann, G. (1976). The Young Adolescent: A Curriculum to Promote Psychological Growth. In *Developmental Education,* edited by G. D. Miller. St. Paul, MN: Minnesota Department of Education.

Erikson, E. (1958). *Young Man Luther.* New York: Norton.

Ernsberger, D. J. (1977). Intrinsic-Extrinsic Religious Identification and Level of Moral Development. *Dissertation Abstracts International, 37*: 6302B (University Microfilms no. 77-11, 510).

Ernsberger, D. J., & Manaster, G. J. (1981). Moral Development, Intrinsic/Extrinsic Religious Orientation and Denominational Teachings. *Genetic/Psychology Monographs, 104*: 23-41.

Eyler, J. (1980). Citizenship Education for Conflict: An Empirical Assessment of the Relationship between Principled Thinking and Tolerance for Conflict and Diversity. *Theory and Research in Social Education, 8*, no. 2: 11-26.

Eysenck, H. J. (1976). The Biology of Morality. In *Moral Development and Behavior* (pp. 108-123), edited by T. Lickona. New York: Holt, Rinehart & Winston.

Farrelly, T. (1980). Peer Group Discussion as a Strategy in Moral Education. Doctoral dissertation. Lakeland, FL: University of South Florida.

Felton, G. M. (n.d.). Attribution of Responsibility, Ethical/Moral Reasoning and the Ability of Undergraduate and Graduate Nursing Students to Resolve Ethical/Moral Dilemmas. Unpublished manuscript.

Fincham, F. D., & Barling, J. (1979). Effects of Alcohol on Moral Functioning in Male Social Drinkers. *Journal of Genetic Psychology, 134*: 79-88.

Finkler, D. (1980). *Personal communication.*

Fleetwood, R. S., & Parish, T. S. (1976). The Relationship between Moral Development Test Scores of Juvenile Delinquents and Their Inclusion in a Moral Dilemmas Discussion Group. *Psychological Reports, 39*: 1075-1080.

Fleiss, J. L. (1969). Estimating the Magnitude of Experimental Effects. *Psychology Bulletin, 72*: 273-276.

Forsyth, M. (1980). *Personal communication.*

Fox, P. (1982). Stages of Moral Development in Greek and English Schools. Unpublished manuscript, England.

Frankena, W. K. (1970). The Concept of Morality. In *The Definition of Morality* (pp. 146-173), edited by G. Wallace, & A. Walker. London: Methuen.

French, M. D. (1977). A Study of Kohlbergian Moral Development and Selected Behaviors among High School Students in Classes Using Values Clarification and Other Teaching Methods. Doctoral dissertation. Auburn, GA: Auburn University.

Galbraith, R. E., & Jones, T. M. (1976). *Moral Reasoning: A Teaching Handbook for Adapting Kohlberg to the Classroom.* Minneapolis, MN: Greenhaven Press.

Gallagher, W. (1978). Implication of a Kohlbergian Value Development Curriculum in Highschool Literature. Doctoral dissertation. New York: Fordham University.

Geis, G. (1977). The Relationship between Type of Peer Interaction and Development in Moral Judgment. Unpublished manuscript. Ambassador, CA: Ambassador College.

Gendron, L. (1981). An Empirical Study of the Defining Issues Test in Taiwan. Unpublished manuscript. Taiwan: Fujen Catholic University.

Getz, I. (1984). The Relation of Moral Reasoning and Religion: A Review of the Literature. *Counseling and Values, 28*: 94-116.

Getz, I. (1985). The Relation of Moral and Religious Ideology to Human Rights. Doctoral dissertation. Minneapolis, MN: University of Minnesota.

Gibbs, J. C., & Widaman, K. F. (1982). *Social Intelligence: Measuring the Development of Sociomoral Reflection.* Englewood Cliffs, NJ: Prentice-Hall.

Gilligan, C. (1977). In a Different Voice: Women's Conceptions of the Self and Morality. *Harvard Educational Review, 47*: 481-517.

Gilligan, C. (1982). *In a Different Voice.* Cambridge, MA: Harvard University Press.

Glass, G. V. (1977). Integrating Findings: The Meta-Analysis of Research. *Review of Research in Education, 5*: 351-379.

Goddard, R. C. (1983). Increase in Moral Reasoning as a Function of Didactic Training in Actualization and Assertiveness. Unpublished manuscript. Big Rapids, MI: Ferris State College.

Goldiamond, I. (1968). Moral Development: A Functional Analysis. *Psychology Today, September, 31ff.*

Greene, J. A. (1980). A Study to Investigate the Effects of Empathy Instruction on Moral Development. Doctoral dissertation. Nashville, TN: Vanderbilt University, George Peabody College for Teachers.

Gunzburg, D. W., Wegner, D. M., & Anooshian, L. (1977). Moral Judgment and Distributive Justice. *Human Development, 20*: 160-170.

Gutkin, D., & Suls, J. (1979). The Relation between the Ethics of Personal Conscience-Social Responsibility and Principled Moral Reasoning. *Journal of Youth and Adolescence, 8*: 433-441.

Hanford, J. J. (1980). Advancing Moral Reasoning in Bioethics with Nursing Students: A Report of a Faculty Research Project. Unpublished manuscript. Big Rapids, MI: Ferris State College.

Harris, A. T. (1981). A Study of the Relationship between Stages of Moral Development and the Religious Factors of Knowledge, Belief and Practice in Catholic Highschool Adolescents. *Dissertation Abstracts International, 42*: 638A-639A (University Microfilms no. 8116131).

Hau, K. T. (1983). A Cross-Cultural Study of a Moral Judgment Test (the D.I.T.). *Master's thesis.* Hong Kong: Chinese University.

Hay, J. (1983). A Study of Principled Moral Reasoning within a Sample of Conscientious Objectors. *Moral Education Forum, 7*, no. 3: 1-8.

Hays, L. V., & Olkin, I. (1980). *Statistics for Psychologists.* New York: Holt, Rinehart & Winston.

Hedges, L. V. (1981). Distribution Theory for Glass's Estimator of Effect Size and Related Estimators. *Journal of Educational Statistics, 6*: 107-128.

Heyns, P. M., Niekerk, & Rouk, J. A. (1981). Moral Judgment and Behavioral Dimensions of Juvenile Delinquency. *International Journal of Advanced Counseling, 4*: 139-151.

Hoffman, M. L. (1976). Empathy, Role-Taking, Guilt and Development of Altruistic Motives. In *Moral Development and Behavior: Theory Research and Social Issues* (pp. 124–143), edited by T. Lickona. Chicago, IL: Holt, Rinehart & Winston.

Hoffman, M. L. (1981). Is Altruism Part of Human Nature? *Journal of Personality and Social Psychology, 40*: 121–137.

Hogan, R. (1975). Moral Development and the Structure of Personality. In *Moral Development: Current Theory and Research* (pp. 153–163), edited by D. J. Depalma, & J. M. Foley. Hillsdale, NJ: Erlbaum.

Hogan, R., & Emler, N. P. (1978). The Biases in Contemporary Social Psychology. *Social Research, 45*, no. 3: 478–534.

Holley, S. (1978). Change in the Pattern of Use of Different Levels of Moral Reasoning Associated with Short–Term Individual Counseling. Doctoral dissertation. University of Texas at Austin.

Hurt, B. L. (1974). Psychological Education for College Students: A Cognitive Developmental Curriculum. Doctoral dissertation. Minneapolis, MN: University of Minnesota.

Isen, A. M. (1970). Success, Failure, Attention, and Reaction to Others: The Warm Glow of Success. *Journal of Personality and Social Psychology, 15*: 294–301.

Ismail, M. A. (1976). A Cross–Cultural Study of Moral Judgment: The Relationship between American and Saudi Arabic University Students in the Defining Issues Test. Doctoral dissertation. Oklahoma University.

Jacobs, M. K. (1977). The DIT Related to Behavior in an Experimental Setting: Promise Keeping in the Prisoner's Dilemma Game. In *Development in Judging Moral Issues: A Summary of Research Using the Defining Issues Test, edited* by J. Rest. Minneapolis, MN: Minnesota Moral Research Projects.

Jacobson, L. T. (1977). A Study of Relationships among Mother, Student and Teacher Levels of Moral Reasoning in a Department of Defense Middle School. Doctoral dissertation. East Lansing, MI: Michigan State University.

Johnson, J. A., & Hogan, R. (1981). Moral Judgments and Self Presentations. *Journal of Research in Personality, 15*: 57–63.

Johnson, S. F. (1984). The Relationship between Parent Occupation and Education and Student Moral Development. *Master's thesis*. Institute,

W.V.: West Virginia College of Graduate Studies.

Johnston, M. Lumbomudrob, C., & Parsons, M. (1982). The Cognitive Development of Teachers: Report on a Study in Progress. *Moral Education Forum,* 7, no. 4: 24-36.

Kagarise, L. E. (1983). Male Juvenile Delinquency Type of Crime and Level of Moral Maturity. *Master's thesis.* Millersville, PA: Millersville University.

Kaseman, T. C. (1980). *A Longitudinal Study of Moral Development of the West Point Class of 1981.* West Point, NY: United States Military Academy, Department of Behavioral Sciences and Leadership.

Keller, B. B. (1975). Verbal Communication Characteristics of Couples at Principled, Conventional or Mixed Levels of Moral Development. *Master's thesis.* Williamsburg, VA: College of William and Mary.

Kenvin, W. A. (1981). A Study of the Effect of Systematic Value Instruction on Level of Moral Judgment. Doctoral dissertation. New Brunswick, NJ: Rutgers University.

Killeen, O. P. (1977). The Relationship between Cognitive Levels of Thinking and Levels of Moral Judgment as Compared in Adolescents 12-18 in Catholic and Public Schools. *Dissertation Abstracts International, 38:* 6621A (University Microfilms no. 7804596).

Kitchner, K., King, P., Davison, M., Parker, C., & Wood, P. (1984). A Longitudinal Study of Moral and Ego Development in Young Adults. *Journal of Youth and Adolescence, 13:* 197-211.

Kohlberg, L. (1958). The Development of Modes of Moral Thinking and Choice in the Years 10 to 16. Doctoral dissertation. University of Chicago.

Kohlberg, L. (1969). Stage and Sequence: The Cognitive-Developmental Approach to Socialization. In *Handbook of Socialization Theory and Research* (pp. 347-480), edited by D. Goslin. Chicago, IL: Rand McNally.

Kohlberg, L. (1971). From Is to Ought: How to Commit the Naturalistic Fallacy and Get Away with It in the Study of Moral Development. In *Cognitive Development and Epistemology* (pp. 151-236), edited by T. Mischel. New York: Academic Press.

Kohlberg, L. (1984). *Essays on Moral Development, Volume II: The Psychology of Moral Development.* New York: Harper and Row.

Kohlberg, L. (1985). The Just Community Approach to Moral Education in Theory and Practice. In *Moral Education: Theory and Application* (pp. 27–88), edited by M. W. Berkowitz, & F. Oser. Hillsdale, NJ: Erlbaum.

Kohlberg, L., & Candee, D. (1984). The Relationship of Moral Judgment to Moral Action. In *Essays on Moral Development, Volume II: The Psychology of Moral Development* (pp. 498–581), edited by L. Kohlberg. New York: Harper & Row.

Kohlberg, L., Colby, A., & Damon, W. (1978). *Assessment of Moral Judgment in Childhood and Youth*. Grant proposal to the National Institute of Health.

Kraack, T. (1985). The Relation on Moral Development to Involvement and Leadership Experiences. Doctoral dissertation. Minneapolis, MN: University of Minnesota.

Krebs, D. (1975). Empathy and Altruism. *Journal of Personality and Social Psychology 32*: 1124–1146.

Krebs, R. L. (1967). Some Relations between Moral Judgment, Attention, and Resistance to Temptation. Doctoral dissertation. University of Chicago.

Kurtines, W., & Grief, E. (1974). The Development of Moral Thought: Review and Evaluation of Kohlberg's Approach. *Psychological Bulletin, 81*: 453–470.

Kurtines, W., & Gewirtz, J. (Eds.) (1984). *Morality, Moral Behavior, and Moral Development*. New York: Willey.

Lab of Comparative Human Cognitive (1983). Culture and Cognitive Development. In *Handbook of Child Psychology, Vol. 1: History, Theory, and Methods* (4th ed., pp. 295–356), edited by W. Kessen. New York: Willey.

Laisure, S., & Dacton, T. C. (1981). Using Moral Dilemma Discussion for Para Professional Staff Training in Residence Hall. Unpublished manuscript. Kent, OH: Kent State University.

Lapsley, D. K., Sison, G. G., & Enright, R. D. (1976). A Note Concerning Moral Judgment, Authority Biases and the Defining Issues Test. Unpublished manuscript. University of New Orleans.

Lawrence, J. A. (1979). The Component Procedure of Moral Judgment Making. *Dissertation Abstracts International, 40*: 896B (University Microfilms no.

7918360).

Lawrence, J. A. (1980). Moral Judgment Intervention Studies Using the Defining Issues Test. *Journal of Moral Education, 9*: 14-29.

Leming, J. S. (1978). Cheating Behavior, Situational Influence and Moral Development. *Journal of Educational Research, 71*: 214-217.

Leming, J. S. (1981). Curricular Effectiveness in Moral/Values Education: A Review of Research. *Journal of Moral Education, 10*: 147-164.

Letchworth, G. A., & McGee, D. (1981). Influence of Ego-Involvement, Attitude and Moral Development on Situational Moral Reasoning. Unpublished manuscript. University of Oklahoma.

Levine, A. (1980). *When Dreams and Heroes Died: A Portrait of Today's College Student*. San Francisco, CA: Jossey-Bass.

Lockwood, A. (1970). Relations of Political and Moral Thought. Doctoral dissertation. Cambridge, MA: Harvard University.

Lockwood, A. (1978). The Effects of Values Clarification and Moral Development Curricula on School-Age Subjects: A Critical Review of Recent Research. *Review of Educational Research, 48*: 325-364.

London, P. (1970). The Rescuers: Motivational Hypotheses about Christians Who Saved Jews from the Nazis. In *Altruism and Helping Behavior,* edited by J. Macaulay, & L. Berkowitz. New York: Academic Press.

Lonky, E., Reihman, J., & Serlin, R. (1981). Political Values and Moral Judgment in Adolescence. *Youth and Society, 12*: 423-441.

Lorr, M., & Zea, R. L. (1977). Moral Judgment and Liberal-Conservative Attitude. *Psychological Reports, 40*: 627-629.

Lupfer, M. (1982). Jucidial Sentencing and Judge's Moral Development. Unpublished manuscript. Memphis, TN: Memphis State University.

Lupfer, M., Cohn, B., & Brown. (1982). Jury Decisions as a Function of Level of Moral Reasoning. Unpublished manuscript. Memphis, TN: Memphis State University.

Ma, H. K. (1980). A Study of the Moral Development of Adolescents. *Master's thesis*. University of London.

Malinowski, C. I., & Smith, C. P. (1985). Moral Reasoning and Moral Conduct: An Investigation Prompted by Kohlberg's Theory. *Journal of Personality and Social Psychology.*

Malloy, F. J. (1984). Moral Development and the Study of Medical Ethics. *Master's thesis.* University of Wisconsin-Madison.

Mamville, K. (1978). A Test of Cleary's Hypothesis with Respect to Teaching Methodologies. Doctoral dissertation. Boston University.

Maratsos, M. (1983). Some Current Issues in the Study of the Acquisition of Grammar. In *Handbook of Child Psychology, Vol. III : Cognitive Development* (4th ed., pp. 707-786), edited by J. H. Flavell, & E. M. Markman. New York : Wiley.

Marston, D. (1978). Social Cognition and Behavior Problems in School : A Three Year Follow-Up Study of 38 Adolescents. Unpublished manuscript. University of Minnesota.

Martin, R. M., Shafto, M., & Van Deinse, W. (1977). The Reliablility, Validity, and Design of the Defining Issues Test. *Developmental Psychology, 13* : 460-468.

Masters, J. C., & Santrock, J. W. (1976). Studies in the Self-Regulation of Behavior : Effects of Contingent Cognitive and Affective Events. *Developmental Psychology, 12* : 334-348.

McColgan, E. B., Rest, J. R., & Pruitt, D. B. (1983). Moral Judgment and Antisocial Behavior in Early Adolescence. *Journal of Applied Developmental Psychology, 4* : 189-199.

McGeorge, C. (1975). The Susceptibility to Faking of the Defining Issues Test of Moral Development. *Developmental Psychology, 11* : 108.

McGeorge, C. (1976). Some Correlates of Principled Moral Thinking in Young Adults. *Journal of Moral Education, 5* : 265-273.

McKenzie, J. (1980). A Curriculum for Stimulating Moral Reasoning in Highschool Students Using Values Clarification and Moral Development Interventions. Doctoral dissertation. Boston College.

Meehan, K. A., Woll, S. B., & Abbott, R. D. (1979). The Role of Dissimulation and Social Desirability in the Measurement of Moral Reasoning. *Journal of Research in Personality, 13* : 25-38.

Mentkowski, M., & Strait, M. (1983). A Longitudinal Study of Student Change in Cognitive Development and Gene Abilities in an Outcome-Centered

Liberal Arts Curriculum. *Final Report to the National Institute of Education*, no. 6. Office of Research and Evaluation, Alverno College, Milwaukee, Wisconsin.

Meyer, P. (1977). Intellectual Development: Analysis of Religious Content. *Counseling Psychologist, 6*, no. 4: 47-50.

Miller, C. (1979). Relationship between Level of Moral Reasoning and Religiosity. Unpublished manuscript. Wellesley, MA: Wellesley College.

Mills, C., & Hogan, R. (1978). A Role Theoretical Interpretation of Personality Scale Item Responses. *Journal of Personality, 46*: 778-785.

Mischel, W. (1974). Processess in Delay of Gratification. In *Advances in Social Psychology, Vol. 7,* edited by L. Berkowitz. New York: Academic Press.

Mischel, W. (1976). *Introduction to Personality* (2nd ed.). New York: Willey.

Mischel, W., & Mischel, H. (1976). A Cognitive Social-Learning Approach to Morality and Self Regulation. In *Moral Development and Behavior* (pp. 84-107), edited by T. Lickona. New York: Holt, Rinehart & Winston.

Moon, Y. L. (1984). Cross-Cultural Studies on Moral Judgment Development Using the Defining Issues Test. Unpublished manuscript. Minneapolis, MN: University of Minnesota.

Moon, Y. L. (1986). An Examination of Sex Bias of Test Items in the Defining Issues Test of Moral Judgment. Doctoral dissertation. Minneapolis, MN: University of Minnesota.

Morrison, T., Toews, O., & Rest, J. (1973). An Evaluation of a Jurisprudential Model for Teaching Social Studies to Junior High School Students. *Study in progress.* University of Manitoba, Canada.

Mosher, R. I., & Sprinthall, N. (1970). Psychological Education in Secondary Schools: A Program to Promote Individual and Human Development. *American Psychologist, 25*: 911-924.

Nardi, P., & Tsujimoto, R. (1978). The Relationship of Moral Maturity and Ethical Attitude. *Journal of Personality, 7*: 365-377.

Nichols, K., Isham, M., & Austad, C. (1977). A Junior High School Curriculum to Promote Psychological Growth and Moral Reasoning. In *Developmental Theory and Its Application in Guidance Program, edited* by G. D. Miller. St. Paul, MN: Pupil Personnel Services Section, Minnesota Department of

Education.

Nisan, M., & Kohlberg, L. (1982). University and Cross-Cultural Variation in Moral Development: A Longitudinal and Cross-Sectional Study in Turkey. *Child Development, 53*: 865-876.

Nitzberg, M. (1980). The Relationship of Moral Development and Interpersonal Functioning in Juvenile Delinquent Subgroups. Doctoral dissertation. Long Island, NY: Nova University.

Nucci, L. (1981). Conceptions of Personal Issues: A Domain Distinct from Moral or Social Concepts. *Child Development, 52*: 114-121.

Oberlander, K. J. (1980). An Experimental Determination of the Effects of a Film about Moral Behavior and of Peer Group Discussion Regarding Moral Dilemmas upon the Moral Development of College Students. Doctoral dissertation. Los Angeles, CA: University of Southern California.

O'Gorman, T. P. (1979). An Investigation of Moral Judgment and Religious Knowledge Scores of Catholic Highschool Boys from Catholic and Public Schools. *Dissertation Abstracts International, 40*: 1365A (University Microfilms no. 7920460).

Oja, S. N. (1977). A Cognitive-Structural Approach to Adult Conceptual Moral and Ego Development through in Service Education. In *Developmental Theory and Its Application in Guidance Program* (pp. 291-298), edited by G. D. Miller, St. Paul, MN: Minnesota Department of Education.

Olson, A. A. (1982). Effects of Leadership Training and Experience on Student Development. Doctoral dissertation. Seattle, WA: Seattle University.

Panowitsch, H. R. (1975). Change and Stability in the Defining Issues Test. Doctoral dissertation. Minneapolis, MN: University of Minnesota.

Park, J. Y., & Johnson, R. C. (1983). Moral Development in Rural and Urban Korea. Unpublished manuscript. Seoul, Korea: Hankook University of Foreign Studies.

Piaget, J. (1965). *The Moral Judgment of the Child*. M. Gabain. trans. New York: Free Press (originally published 1932).

Piaget, J. (1970). Piaget's Theory. In *Carmichael's Manual of Child Psychology, 1* (pp. 703-732), edited by P. H. Mussen. New York: Wiley.

Pittel, S. M., & Mendelsohn, G. A. (1966). Measurement of Moral Values: A

Review and Critique. *Psychological Bulletin, 66*: 22-35.

Piwko, J. (1975). The Effects of a Moral Development Workshop. Unpublished manuscript. Winona, MN: St. Mary's College.

Prahallada, N. N. (1982). An Investigation of the Moral Judgments of Junior College Students and Their Relationship with the Socio-Economic Status, Intelligence and Personality Adjustment. Doctoral dissertation. University of Mysore, India.

Preston, D. (1979). A Moral Education Program Conducted in the Health and Physical Education Curriculum. Doctoral dissertation. Athens, GA: University of Georgia.

Radich, V. M. (1982). Conservatism, Altruism, Religious Orientation and the Defining Issues Test: With Catholic, Brethren and Non-Religious Adolescents. Unpublished manuscript. Murdoch University, Murdoch, Australia.

Radke-Yarrow, M., Zahn-Waxler, C., & Chapman, M. (1983). Children's Prosocial Dispositions and Behavior. In *Handbook of Childhood Psychology* (edited by P. Mussen), *Vol. 4: Socialization, Personality, and Social Development* (edited by E. M. Hetherington) (4th ed., pp. 469-547). New York: Wiley.

Rawls, J. (1971). *A Theory of Justice*. Cambridge, MA: Harvard University Press.

Reck, C. (1978). A Study of the Relationship between Participants in School Services and Moral Development. Doctoral dissertation. St. Louis, MO: St. Louis University.

Redman, G. (1980). A Study of Stages of Moral and Intellectual Reasoning and Level of Self Esteem of College Students in Teacher Education. Unpublished manuscript. St. Paul, MN: Hamline University.

Rest, G. (1977). Voting Preference in the 1976 Presidential Election and the Influence of Moral Reasoning. Unpublished manuscript. Ann Arbor, MI: University of Michigan.

Rest, J. (1975). Longitudinal Study of the Defining Issues Test: A Strategy for Analyzing Developmental Change. *Developmental Psychology, 11*: 738-748.

Rest, J. R. (1976). New Approaches in the Assessment of Moral Judgment. In

Moral Development and Behavior (pp. 198-220), edited by T. Lickona. New York: Holt, Rinehart & Winston.

Rest, J. R. (1979a). *Development in Judging Moral Issues.* Minneapolis, MN: University of Minnesota Press (Available from MMRP, University of Minnesota).

Rest, J. R. (1979b). *Revised Manual for the Defining Issues Test.* University of Minnesota.

Rest, J. R. (1983). Morality. In *Manual of Child Psychology* (edited by P. Mussen) *Vol. 3: Cognitive Development* (pp. 556-629), edited by J. Flavell, & E. Markham. New York: Wiley.

Rest, J. R. (1984). The Major Components of Morality. In *Morality, Moral Behavior, and Moral Development* (pp. 24-40), edited by W. Kurtines, & J. Gewirtz. New York: Wiley.

Rest, J., Davison, M., & Robbins, S. (1978). Age Trends in Judging Moral Issues: A Review of Cross-Sectional, Longitudinal, and Sequential Studies of the Defining Issues Test. *Child Development, 49*: 263-279.

Rest, J. R., Cooper, D., Coder, R., Masanz, J., & Anderson, D. (1974). Judging the Important Issues in Moral Dilemmas-an Objective Measure of Development. *Developmental Psychology, 10*: 491-501.

Rest, J. R., & Thomas, S. (1984). The Relation of Moral Judgment Structures to Decision-Making in Specific Situations: The Utilizer and Nonutilizer Dimension. Unpublished manuscript. Minneapolis, MN: University of Minnesota.

Rest, J. R., & Thomas, S. J. (1985). Relation of Moral Judgment Development to Formal Education. *Developmental Psychology, 21*: 709-714.

Riley, D. A. (1981). Moral Judgment in Adults: The Effects of Age, Group Discussion and Pretest Sensitization. Doctoral dissertation. New York: Fordham University.

Sach, D. A. (1978). Implementing Moral Education: An Administrative Concern. Doctoral dissertation. Cambridge, MA: Harvard University.

Sauberman, D. (1978). *Irrational Attribution of Responsibility: Who, What, When and Why.* Paper presented to the Eastern Psychological Association, Washington, D.C.

Schaie, K. W. (1970). A Reinterpretation of Age-Related Changes in Cognitive Structure and Functioning. In *Life-Span Developmental Psychology: Research and Theory, edited* by L. R. Goulet, & P. B. Baltes. New York: Academic Press.

Schlaefli, A., Rest, J. R., & Thomas, S. J. (1985). Does Moral Education Improve Moral Judgment? A Meta-Analysis of Intervention Studies Using the Defining Issues Test. *Review of Educational Research, 55*, no. 3: 319-352.

Schomberg, S. F. (1978). Moral Judgment Development and Freshmen Year Experience. *Dissertation Abstracts International, 39*: 3482A (University Microfilms no. 7823960).

Schwartz, S. H. (1977). Normative Influences on Altruism. In *Advances in Experimental Social Psychology, 10, edited* by L. Berkowitz. New York: Academic Press.

Shafer, J. (1978). The Effect of Kohlberg Dilemmas on Moral Reasoning, Attitudes, Thinking Locus of Control, Self-Concept and Perceptions of Elementary Science Methods Students. Doctoral dissertation. Fort Collins, CO: University of Northern Colorado.

Shantz, C. U. (1983). Social Cognition. In *Manual of Child Psychology* (edited by P. Mussen), *Vol. 3: Cognitive Development* (edited by J. Flavell, & E. Markman) (4th ed., pp. 495-555). New York: Wiley.

Sheehan, T. J., Hustad, S. D., & Candee, D. (1981). The Development of Moral Judgment over Three Years in a Group of Medical Students. Paper presented at AERA Convention, Los Angeles.

Sheehan, T. J., Husted, S. D., Candee, D., Cook, C. D., & Bargen, M. (1980). Moral Judgment as a Predictor of Clinical Performance. *Evaluation and the Health Professions, 3*: 393-404.

Siegal, M. (1974). *An Experiment in Moral Education: AVER in Surrey.* Paper presented at Annual Conference, Canadian Society for Study of Education. Toronto, Ontario.

Simpson, E. L. (1974). Moral Development Research: A Case of Scientific Cultural Bias. *Human Development, 17*: 81-106.

Smith, A. (1978). The Developmental Issues and Themes in the Discipline Setting: Suggestions for Educational Practice. Unpublished manuscript.

Wittenberg University, West Germany.

Snarey, J. R. (1985). Cross-Cultural University of Social-Moral Development: A Critical Review of Kohlbergian Research. *Psychological Bulletin, 97*: 202–232.

Snarey, J. R., Reimer, J., & Kohlberg, L. (1985). The Development of Social Moral Reasoning among Kibbutz Adolescents: A Longitudinal Cross-Cultural Study. *Developmental Psychology, 20*(1): 3–17.

Spickelmier, J. L. (1983). College Experience and Moral Judgment Development. Doctoral dissertation. Minneapolis, MN: University of Minnesota.

Sprechel, P. (1976). Moral Judgment in Pre-Adolescents: Peer Morality Versus Authority Morality. *Master's thesis*. Madison, WI: University of Wisconsin.

Sprinthall, N. A., & Bernier, J. E. (1977). Moral and Cognitive Development for Teachers: A Neglected Area. *Chapter for Fordham University Symposium: Programs and rational in value-moral education*. New York: Fordham University Press. St. Denis, H. (1980). Effects of Moral Education Strategies on Nursing Students' Moral Reasoning and Level of Self-Actualization. Doctoral dissertation. Catholic University of America.

Staub, E. (1978, 1979). *Positive Social Behavior and Morality, 1-2*. New York: Academic Press.

Steibe, S. (1980). Level of Fairness Reasoning and Human Values as Predictions of Social Justice Related Behavior. Doctoral dissertation. University of Ottawa.

Stevenson, B. (1981). Curriculum Intervention. Doctoral dissertation. Minneapolis, MN: University of Minnesota.

Stoop, D. A. (1979). The Relation between Religious Education and the Process of Maturity through the Developmental Stages of Moral Judgment (doctoral dissertation, University of Southern California, 1979). *Dissertation Abstracts International, 40*: 3912A.

Tellegen, A., Kamp, J., & Watson, D. (1982). Recognizing Individual Differences in Predictive Structure. *Psychological Review, 89*, no. 1: 95–105.

Thoma, S. J. (1983). Defining Issues Test scores. Unpublished raw data.

Thoma, S. J. (1984). Estimating Gender Differences in the Comprehension and Preference of Moral Issues. Unpublished manuscript. Minneapolis, MN:

University of Minnesota.

Thoma, S. J. (1985). On Improving the Relationship between Moral Reasoning and External Criteria: The Utilizer/Nonutilizer Dimension. Doctoral dissertation. Minneapolis, MN: University of Minnesota.

Thornlindsson, T. (1978). Social Organization, Role-Taking, Elaborated Language and Moral Judgment in an Icelandic Setting. Doctoral dissertation. Iowa City, IO: University of Iowa.

Tsaing, W. C. (1980). Moral Judgment Development and Familial Factors. *Master's thesis.* National Taiwan Normal University.

Tsuchiya, T., Bebeau, M. J., Waithe, M. E., & Rest, J. R. (1985). Testing the Construct Validity of the Dental Ethical Sensitivity Test (DEST). Program and Abstract no. 102. *Journal of Dental Research, 64*: 186.

Tucker, A. B. (1977). Psychological Growth in Liberal Art Course: A Cross-Cultural Experience. In *Developmental Theory and Its Application in Guidance Programs: Systematic Efforts to Promote Growth* (pp. 225-249), edited by G. D. Miller. St. Paul, MN: Pupil Personnel Section, Minnesota Department of Education.

Turiel, E. (1966). An Experimental Test of the Sequentiality of Developmental Stages in the Child's Moral Judgments. *Journal of Personality and Social Psychology, 3*, no. 6: 611-618.

Turiel, E. (1978). Social Regulations and Domains of Social Concepts. In *New Directions for Child Development* (pp. 45-74), edited by W. Damon. San Francisco, CA: Jossey-Bass.

Villanueva, E. S. (1982). Validation of a Moral Judgment Instrument for Filipino Students. Doctoral dissertation. Quexon City, Philippines: University of the Philippines System.

Volker, J. M. (1979). Moral Reasoning and College Experience. Unpublished manuscript. Minneapolis, MN: University of Minnesota.

Volker, J. M. (1984). Counseling Experience, Moral Judgment, Awareness of Consequence, and Moral Sensitivity in Counseling Practice. Doctoral dissertation. Minneapolis, MN: University of Minnesota.

Wahrman, I. S. (1981). The Relationship of Dogmatism, Religious Affiliation and Moral Judgment Development. *Journal of Psychology, 108*: 151-154.

Walgren, M. B. (1985). Relationship between Moral Reasoning and Career Values. *Master's thesis*. Minneapolis, MN: University of Minnesota.

Walker, L. J. (1974). The Effect of Narrative Model on Stages of Moral Development. Unpublished manuscript. University of New Brunswick, Canada.

Walker, L. J. (1980). Cognitive and Perspective-Taking Prerequisites for Moral Development. *Child Development, 51*: 131-139.

Walker, L. J. (1985). Sex Difference in the Development of Moral Reasoning: A Critical Review. *Child Development, 55*: 677-691.

Walker, L. J., de Vries, B., & Bichard, S. L. (1984). The Hierarchical Nature of Stages of Moral Development. *Developmental Psychology, 20*: 960-966.

Walster, E., & Walster, G. W. (1975). Equity and Social Justice. *Journal of Social Issues 31*: 21-43.

Walters, T. P. (1981). A Study of the Relationship between Religious Orientation and Cognitive Moral Maturity in Volunteer Religion Teachers from Selected Suburban Chicago Parishes in the Archdiocese of Detroit. *Dissertation Abstracts International, 41*: 1517A-1518A (University Microfilms no. 8022800).

Watson, W. (1983). A Study of Factors Affecting the Development of Moral Judgment. Unpublished manuscript. Monash Chirering, Clayton, Victoria, Australia.

Whiteley, J. (1982). *Character Development in College Students*. Schenectady, NY: Character Education Press.

Willging, T. E., & Dunn, T. G. (1982). The Moral Development of Law Students. *Journal of Legal Education, 31*: 306-358.

Wilson, E. O. (1975). *Sociobiology: The New Synthesis*. Cambridge, MA: Belkap Press of Harvard University Press.

Wilson, T. (1978). Work and You (W.A.Y.): A Human Development Oriented Guidance and Work Experience Program. Unpublished manuscript. New port Harbor High School, Newport Beach, CA.

Wolf, R. J. (1980). A Study of the Relationship between Religious Education. Religious Experience, Maturity, and Moral Development. *Dissertation Abstracts International, 40*: 6219A-6220A (University Microfilms no.

8010312).

Wong, J. M. B. (1977). Psychological Growth for Women: An In-Service Curriculum Intervention for Teachers. In *Developmental Theory and Its Application in Guidance Programs: Systematic Efforts to Promote Growth* (pp. 265-285), edited by G. D. Miller. St. Paul, MN: Pupil Personnel Section, Minnesota Department of Education.

Zajonc, R. B. (1980). Feeling an Thinking: Preferences Need No Inferences. *American Psychologist, 35*: 151-175.

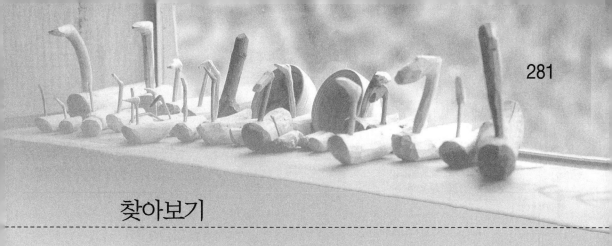

찾아보기

내 용

저 자 소 개

▶ 로버트 바넷(Robert Barnett)
1985년 미국 미네소타대학교에서 박사학위를 받았으며, 현재 미국 MDA 리더십 컨설팅 회사의 매니지 파트너로 일하고 있다.

▶ 뮤리엘 비보(Muriel Bebeau)
미국 미네소타대학교에서 교육심리학을 전공하였으며 현재 미네소타대학교 치과대학 예방과학교실의 부교수이자 생명윤리센터의 겸임교수다. 또한 그녀는 같은 대학 내 도덕발달연구센터의 소장이다.

▶ 데보라 디머(Deborah Deemer)
1985년 미국 미네소타대학교에서 생활경험과 도덕 판단력 발달로 박사학위를 받았으며, 최근까지 미국 노던 아이오와대학교 학교심리학과 조교수로 재직하였다.

▶ 아이린 겟츠(Irene Getz)
1985년 미국 미네소타대학교에서 도덕적, 종교적 이데올로기와 인권과의 관계로 박사학위를 받았으며, 미네소타 소재의 아메리칸 루터 교회에서 실무를 담당한 바 있다.

▶ 문용린(Yong Lin Moon)
1986년 미국 미네소타대학교에서 도덕 판단력 측정도구인 DIT검사문항에서의 성차에 대한 연구로 박사학위를 받았다. 이후 한국에서 대통령직속 교육개혁위원회 상임위원과 교육부장관 등을 역임했으며, 현재 서울대학교 교육학과 교수로 재직하고 있다.

▶ 제임스 레스트(James R. Rest)
미국 미네소타대학교 교육학과 교수로 재직하였다. 1982년 미네소타대학교 내에 도덕발달연구센터를 설립하고 초대 소장을 역임하였으며 도덕 판단력 검사(DIT: Defining Issue Test)를 개발하였다. 1999년 타계하기까지 그는 도덕성 발달에 관한 100여 편이 넘는 논문을 발표하여 도덕심리학 연구에 큰 기여를 하였다.

▶ 제임스 스피켈마이어(James Spickelmier)
1983년 미국 미네소타대학교에서 대학경험과 도덕 판단력 발달로 박사학위를 받았으며, 현재 미네소타 소재 베델대학교의 Associate Vice President로 재직 중이다.

▶ 스티븐 토마(Stephen J. Thoma)
미국 미네소타대학교에서 교육심리학을 전공하였고, 현재 앨라배마대학교 인간발달 및 가족학과 부교수로 재직하고 있다.

▶ 조셉 볼커(Joseph Volker)
1984년 미국 미네소타대학교에서 상담경험, 도덕 판단력, 상담실무에서의 과정의 인식과 도덕적 민감성으로 박사학위를 받았으며, 현재 미국 MDA 리더십 컨설팅 주식회사의 Principal Consultant and Master Coach로 재직 중이다.

편저자소개

▶ 제임스 레스트(James R. Rest)

도덕 추론능력을 측정하는 도구로 가장 널리 알려진 도덕 판단력 검사(DIT: Defining Issue Test)를 개발한 레스트 교수는 도덕심리 연구에 평생을 바친 교육자다. 그는 시카고대학교에서 역사와 철학을 전공한 후 동 대학원에서 박사학위를 받았다. 그 후 하버드대학교에서 박사 후 과정을 거친 뒤, 미국 미네소타대학교 교육학과 교수로 재직하며 1982년 미네소타대학교 내에 도덕발달연구센터를 설립하고 초대 소장을 역임하였다. 1970년도부터 교육심리학과 교수로 재직하며 1999년 타계하기까지 그는 도덕성 발달에 관한 100여 편이 넘는 논문을 발표하여 도덕심리학 연구에 큰 기여를 하였다.

역자소개

▶ 문용린

서울대학교 교육학과 및 동 대학원 교육학과를 졸업하고, 미국 미네소타대학교에서 교육심리학 박사학위를 받았다. 한국교육개발원 도덕연구실장과 자문교수를 거쳐 대통령 직속 교육개혁위원회 상임위원과 교육부장관 등을 역임했다. 현재 서울대학교 교육학과 교수로 재직 중이며, 청소년폭력예방재단 이사장을 역임하고 있다. 도덕성 연구와 관련된 주요 저서로 도덕성의 발달과 심리(역), 도덕 심리학(역), 콜버그의 도덕성 발달이론(역), Good Work(역), 윤리경영시대의 전문직업인의 윤리발달과 교육(역) 외 다수가 있다.

▶ 유경재

서울대학교 대학원 교육학과에서 상위표상과 분배정의추론의 관계로 석사학위를 받았고, 박사과정을 수료한 후 서울대학교 BK사업단 소속 연구원으로 재직한 바 있으며, 현재는 미국에서 '아동의 교육받지 않은 마음'에 관한 박사학위 논문을 준비 중이다.

▶ 원현주

서울대학교 대학원 교육학과에서 도덕적 자아와 도덕 행동 선택에 관한 연구-Blasi의 도덕적 자아를 중심으로-로 석사학위를 받았고, 박사과정을 수료한 후 현재 청주교육대학교, 방송통신대학교, 서울대학교 등에서 교육심리학 강의를 하며 '교사의 전문성'에 관한 박사학위 논문을 준비 중이다.

▶ 이지혜

서울대학교 대학원 교육학과에서 도덕민감성 척도 개발 및 특성에 관한 연구로 석사학위를 받았고, 박사과정을 수료한 후 교육심리학 강의를 하며 '의료인의 전문직업성'에 관한 박사학위 논문을 준비 중이다. 현재 서울대학교 교육학과 BK사업단 소속 연구원으로 재직 중이다.

도덕발달 이론과 연구 ─ 도덕 판단력, 행동, 문화 그리고 교육
Moral Development

2008년 1월 10일 1판 1쇄 인쇄
2008년 1월 15일 1판 1쇄 발행

편저자 • James R. Rest
옮긴이 • 문용린 · 유경재 · 원현주 · 이지혜
펴낸이 • 김 진 환
펴낸곳 • 학지사
121-837 서울시 마포구 서교동 352-29 마인드월드빌딩 5층
대표전화 02)326-1500 팩스 02)324-2345
http://www.hakjisa.co.kr
등록 1992년 2월 19일 제2-1329호

ISBN 978-89-5891-565-2   93180

정가 13,000원

역자와의 협약으로 인지를 생략합니다.
잘못된 책은 구입처에서 교환하여 드립니다.

인터넷 학술논문 원문 서비스 **뉴논문** www.newnonmun.com